A ÁLGEBRA DA RIQUEZA

A ÁLGEBRA DA RIQUEZA

UMA FÓRMULA SIMPLES PARA O SUCESSO

SCOTT GALLOWAY

Tradução de Antenor Savoldi Jr.

TÍTULO ORIGINAL
The Algebra of Wealth: A Simple Formula for Financial Security

PREPARAÇÃO
João Guilherme Rodrigues

REVISÃO TÉCNICA
Guido Luz Percú

REVISÃO
Juliana Souza
Lígia Almeida

DIAGRAMAÇÃO
Ilustrarte Design

DESIGN DE CAPA
Tyler Comrie

IMAGEM DE CAPA
Filo / Getty Images

CIP-BRASIL. CATALOGAÇÃO NA PUBLICAÇÃO
SINDICATO NACIONAL DOS EDITORES DE LIVROS, RJ

G162a

Galloway, Scott, 1964-
A álgebra da riqueza : uma fórmula simples para o sucesso / Scott Galloway ;tradução Antenor Savoldi Jr. - 1. ed. - Rio de Janeiro : Intrínseca, 2024.
273 p.

Tradução de: The algebra of wealth : a simply formula for financial security
ISBN 978-85-510-0971-0

1. Finanças pessoais. 2. Riqueza - Aspectos psicológicos. 3. Autorrealização (Psicologia). 4. Sucesso. I. Savoldi Jr., Antenor. II. Título.

24-91987 CDD: 332.024
CDU: 330.567.22

Meri Gleice Rodrigues de Souza - Bibliotecária - CRB-7/6439

[2024]

EDITORA INTRÍNSECA LTDA.
Av. das Américas, 500, bloco 12, sala 303
22640-904 – Barra da Tijuca
Rio de Janeiro – RJ
Tel./Fax: (21) 3206-7400
www.intrinseca.com.br

Para Alec e Nolan.
Por favor, leiam este livro e cuidem do seu velho.

SUMÁRIO

INTRODUÇÃO

RIQUEZA

O capitalismo é o sistema econômico mais produtivo da história, e também uma fera voraz. Ele favorece os dominadores do mercado em detrimento dos inovadores, os ricos em detrimento dos pobres, o capital em detrimento do trabalho, e distribui alegria e sofrimento de formas que, muitas vezes, são mais perversas do que justas. Compreender o capitalismo e os investimentos (e navegar por eles) pode abençoá-lo com escolhas, controle e conexões humanas livres de ansiedade econômica. Este não é um livro sobre como as coisas deveriam ser, mas sim sobre como elas são, e que descreve as melhores práticas para se ter sucesso neste sistema.

Há muitos caminhos para a riqueza. Shawn Carter, que abandonou o ensino médio e cresceu nos projetos de habitação do Brooklyn, transformou seu talento inato para escrever músicas em um império com a marca Jay-Z, tornando-se o primeiro bilionário do hip-hop. Ronald Read, a primeira pessoa em sua família a se formar no ensino médio, trabalhou a vida inteira como zelador, viveu frugalmente e investiu em ações de empresas *blue chips*. Quando morreu aos 92 anos, deixou um patrimônio avaliado em 8 milhões de dólares. Warren Buffett veio de origens mais ricas e aplicou as lições que aprendeu quando criança, passando tempo no escritório de uma corretora de Omaha, em uma carreira de investimento que lhe rendeu uma fortuna pessoal de mais de 100 bilhões de dólares.

Meu primeiro conselho é que você não caia na armadilha de achar que é Jay-Z, Ronald Read ou Warren Buffett. Cada um deles é uma exceção, não apenas em talento, mas também em sorte. Menos romantizados, porém mais comuns, são os zeladores frugais e os investidores prudentes, cuja trajetória inicial foi mais consistente do que explosiva. As exceções são ótimas inspirações... mas péssimos modelos.

Quando eu tinha 20 anos, pretendia me tornar excepcional. Queria alcançar os indicadores do sucesso capitalista e estava disposto a trabalhar para isso. No meio dessa busca, tive uma conversa sobre finanças com um amigo próximo, Lee. Ele me disse que tinha aplicado 2 mil dólares em uma conta de aposentadoria individual. Àquela época, eu não tinha poupança para aposentadoria. “Se 2 mil dólares for uma quantia importante para mim quando eu tiver 65 anos, vou colocar uma arma na minha boca”, respondi.

Essa fala foi arrogante e errada de minha parte. A estratégia que escolhi, de “apostar todas as fichas”, era mais arriscada, menos agradável e mais estressante que a do meu amigo. No fim das contas, funcionou. Ou só tive sorte? A resposta é sim. Eu fundei nove empresas, várias delas bem-sucedidas, e esse sucesso levou a um negócio de mídia que considero gratificante tanto econômica quanto emocionalmente. A segurança financeira é apenas um meio para atingir um fim: o tempo e os recursos para se concentrar em relacionamentos livres de estresse econômico. O caminho do meu amigo para a segurança financeira foi menos volátil e estressante do que o meu. Meu caminho me levou até lá, mas alguns princípios-chave aplicados antes poderiam ter me colocado no mesmo lugar mais cedo e às custas de menos ansiedade.

A ÁLGEBRA DA RIQUEZA

Como se alcança a segurança financeira? Há uma resposta (essa é a boa notícia). A má notícia? A resposta é... indo devagar. Este livro resume uma grande quantidade de informações sobre mercados e criação de riqueza em quatro princípios que estão ao alcance de todos.

RIQUEZA =
Foco + (Estoicismo x Tempo x Diversificação)

Este não é um livro típico de finanças pessoais. Não há planilhas para preencher, nem páginas inteiras de tabelas comparando os detalhes de dez planos de aposentadoria ou estruturas de taxas de fundos mútuos diferentes. Eu não vou dizer para você cortar seus cartões de crédito ou colar frases motivacionais na geladeira. Não que esse tipo de conselho não seja valioso, ou que devamos esperar alcançar a segurança financeira sem nunca fazer uma planilha. Mas há dezenas de livros, sites, vídeos do YouTube e contas do TikTok ensinando essas lições e oferecendo bons conselhos para tirar você da marcha à ré e colocá-lo de volta no caminho certo. Em resumo, não estou tentando superar a famosa consultora Suze Orman no que ela faz de melhor (se você tem cobradores na sua cola, comece com os livros dela). Este livro é para aqueles que têm a vida organizada e querem garantir o aproveitamento máximo de suas bênçãos. A depender da sua abordagem de carreira e dinheiro, duas pessoas com a mesma renda provavelmente acabarão, ao longo dos anos, em lugares muito diferentes.

Discutiremos como construir uma base, não apenas de riqueza, mas também de habilidades, relacionamentos, hábitos e prioridades que tragam vantagens. Os conceitos aqui transmitidos foram testados e comprovados pela ciência, mas acima de tudo são princípios dos quais você pode se apropriar. A última parte do livro fornece uma introdução aos conceitos centrais do sistema financeiro e de mercados. É um assunto importante para qualquer pessoa que viva e trabalhe no sistema, mas é mal abordado nas escolas e menosprezado na maior parte da literatura sobre finanças pessoais. Tudo aqui é baseado no que aprendi durante uma carreira cheia de altos e baixos, ao longo da qual fundei empresas, contratei e trabalhei com centenas de pessoas bem-sucedidas, até observei gerações de jovens passando por minhas aulas e se formando para vidas que se localizam em todos os pontos do espectro do sucesso.

POR QUE RIQUEZA?

A riqueza é um meio para alcançar um fim: segurança financeira. Em outras palavras, a riqueza é a ausência de ansiedade econômica. Livre da pressão de ganhar dinheiro, nós podemos escolher como viver. Nossos relacionamentos não são assombrados pelo estresse do dinheiro. Isso parece básico, óbvio até. Mas não é — vivemos em um mercado globalmente competitivo, com uma mentalidade que cria problemas que só podem ser resolvidos pelo gasto em coisas maiores e melhores.

Esta é a primeira lição deste livro: a segurança financeira não advém do que se ganha, mas do que se guarda e de saber o quanto é suficiente para você. Como disse uma vez a grande filósofa Sheryl Crow, felicidade não é "ter o que você quer, é querer o que você tem".[1] Não se trata de conseguir mais... e sim de saber o que você precisa e aplicar a estratégia certa para chegar lá, de modo que possa se concentrar em outras coisas.

Meu objetivo aqui é simples. Ter segurança financeira é adquirir ativos suficientes (não renda, mas ativos), de modo que a **renda passiva** que eles geram exceda o nível de gastos que você escolhe para si mesmo (sua **taxa de queima**, ou taxa de gastos). A renda passiva é o dinheiro que seu dinheiro ganha: juros acumulados com dinheiro emprestado a outra pessoa, valorização de seu imóvel, dividendos pagos pelas suas ações, aluguel pago por um apartamento que é seu. Falarei mais sobre essas e outras fontes de renda passiva mais adiante, mas, em resumo, trata-se de qualquer renda que não seja uma compensação paga pelo seu trabalho em um emprego. E sua taxa de gastos é quanto você gasta, dia a dia e mês a mês. Se a sua renda passiva for maior que seus gastos, você não *precisa* trabalhar (embora possa querer), porque não precisa do salário para pagar suas despesas.

SEGURANÇA FINANCEIRA =

Renda Passiva › Taxa de gastos

Isso é riqueza. Há numerosos caminhos para se chegar a ela. Os confiáveis levam tempo e trabalho árduo, mas estão ao alcance da maioria das pessoas. Buscar isso deve ser uma prioridade, desde cedo. Segurança financeira é controle. É saber que é possível planejar o futuro, usar o tempo como achar melhor e sustentar quem depende de você.

PERMITA-SE

Buscar riqueza nem sempre está na moda. Em uma sociedade corretamente preocupada com o aumento da desigualdade econômica, a riqueza parece ser o resultado injusto de um sistema fraudulento. "Cada bilionário é um fracasso político." Talvez. Ou talvez não. Mas isso não é relevante aqui. A questão urgente que você enfrenta é a sua própria segurança financeira, e não as virtudes de qualquer outra pessoa.

"O dinheiro não fala, mas xinga", segundo a letra de Bob Dylan.[2] Minha experiência é a de que o dinheiro muda de tom à medida que sua quantidade aumenta. Ele lança palavrões para nós quando não há o suficiente, e nos conforta conforme se acumula. Mas o xingamento que a maioria de nós ouvimos está ficando cada vez mais alto. O preço médio das residências nos Estados Unidos é seis vezes a renda anual média[3] (cinquenta anos atrás, era duas vezes), e a parcela de pessoas que compram uma casa pela primeira vez é apenas metade da média histórica e a mais baixa já registrada.[4] A dívida por conta de tratamentos de saúde é a principal causa de falência do consumidor nos Estados Unidos.[5] Metade dos adultos norte-americanos não seria capaz de arcar com um gasto de 500 dólares sem se endividar. Exceto entre o grupo mais rico, as taxas de casamento caíram 15% desde 1980, pois as pessoas não podem se dar ao luxo de se casar, muito menos de ter filhos.[6] Apesar do crescimento recorde em nossa prosperidade geral, apenas 50% dos estadunidenses nascidos na década de 1980 estão ganhando mais do que os pais na mesma idade, a porcentagem mais baixa de todos os tempos.[7] Além disso, 25% dos jovens da Geração Z não acreditam que vão conseguir se aposentar.[8] Divórcio, depressão e deficiências são como mariposas atraídas pelas chamas da tensão financeira.

PARCELA DE JOVENS DE 30 ANOS GANHANDO MAIS DO QUE OS PAIS GANHAVAM NA MESMA IDADE

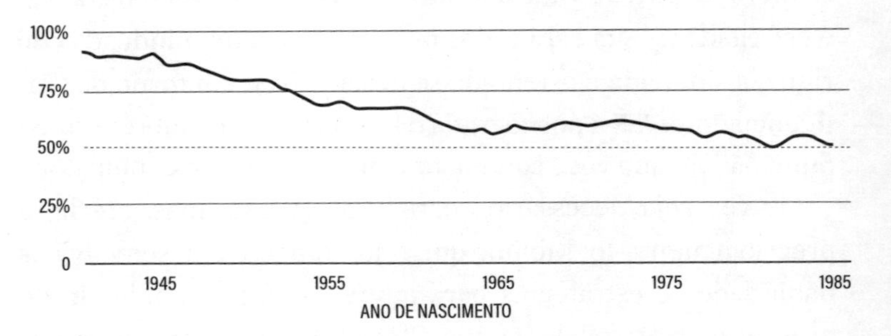

Fonte: The Equality of Opportunity Project

Em 2020, Bob Dylan vendeu seu catálogo de músicas por 400 milhões de dólares. O dinheiro não está mais xingando Bob. Quando ele escreveu essa letra em 1965, uma vida de classe média alta proporcionava 90% do que os ricos tinham. As famílias mais ricas tinham uma casa maior do que a sua, um guarda-roupa sofisticado e jogavam golfe no clube privado em vez de no campo municipal. Os anos desde então testemunharam a ascensão do complexo industrial da riqueza. Hoje, quando os ricos saem de férias, não apenas ficam em um quarto melhor do que o de uma família normal; eles voam em um avião diferente (o de Bob Dylan é um Gulfstream IV), hospedam-se em um resort diferente, visitam outros pontos turísticos (muitas vezes fora do horário comercial, quando o restante do público não é permitido). Os 1% mais ricos vão a médicos diferentes, comem em restaurantes diferentes, fazem compras em lojas diferentes. A riqueza costumava ser apenas um assento melhor. Agora é um *upgrade* para uma vida melhor.

A chave para a felicidade são as nossas expectativas, e expectativas irrealistas provocam infelicidade. No entanto, cada vez que você sai de casa ou atende o telefone, a sociedade e suas organizações estão cantando em seu ouvido ou xingando você. A diferença entre a vida dos 1% mais ricos e a dos 99% restantes é esfregada na sua cara todos os dias — toda uma indústria de riqueza simulada e ostentada se desenvolveu em torno de "influenciadores". É a pornografia da riqueza... um lembrete constante não do que você conquistou, mas do que *não* conquistou.

Talvez seja necessário corrigir o sistema, mas, até lá, é preciso aguentá-lo. Melhor que isso, trabalhe e desenvolva as habilidades e estratégias para aumentar a probabilidade de prosperar dentro dele. O que Churchill disse sobre a democracia (que é a pior forma de governo, mas não há nenhuma melhor) também se aplica ao capitalismo. A desigualdade aumenta a ambição, os incentivos impulsionam os resultados e a roda gira. Se o sistema combina com você, jogue o melhor que puder. Se não... jogue o melhor que puder também. Nada disso é culpa sua. A sociedade enfrenta riscos maiores do que você se tornar um milionário. E, até que atinja a segurança financeira, o seu tempo não será seu, e muito do seu estresse será improdutivo. (Veja o que falei antes: o dinheiro vai xingar você.)

Buscar a riqueza não indica que você é imoral, ganancioso ou egoísta, nem exige que seja assim. Na verdade, essas qualidades apenas dificultam a obtenção de segurança financeira e prejudicam sua felicidade quando você chega lá. Para superar os obstáculos entre você e a riqueza, é preciso ter aliados. Você provavelmente foi instruído a começar a economizar e investir cedo. Também comece a cultivar cedo aliados e admiradores. Em todos os aspectos da vida, é preferível ter a vantagem de jogar em casa. Você deve (e pode) estar à frente dos demais quando as pessoas são questionadas: "Quem seria bom para esse trabalho, esse investimento, esse comitê?" E o objetivo máximo deve ser desfrutar de uma vida rica em relacionamentos, não morrer com o maior número na conta do banco.

O NÚMERO

Normalmente, o aconselhamento financeiro pessoal se baseia na "aposentadoria" (uma distinção clara entre trabalhar e não trabalhar mais). É uma construção ultrapassada, e não é central para nossa filosofia de riqueza. Quero que você obtenha segurança financeira *antes* de parar de trabalhar. Quanto antes, melhor. Depois de alcançar a segurança financeira, é possível decidir se quer continuar focando no trabalho e na realização profissional. Eu fiz isso. Mas o estresse que rodeia o trabalho diminui drasticamente quando este se torna uma prancha de surf, em vez de um salva-vidas. Nós temos um desempenho melhor quando estamos confiantes. Nesse aspecto, o trabalho é um pouco como o namoro: quanto menos se precisa do trabalho, mais ele precisa de você.

Ao aplicar os princípios deste livro, e com um pouco de sorte e muito trabalho duro, você pode chegar a viver em um barco no Caribe aos 40 anos, sem nunca mais ganhar um único dólar. Ou então pode participar de conselhos de administração aos 70 anos e orientar CEOs enquanto ganha quatro dígitos por hora. A segurança financeira oferece opções. E a segurança financeira se resume a um número: uma base de ativos suficiente para financiar seu estilo de vida. Você pode preferir continuar trabalhando, pois existem muitos estudos que mostram que o trabalho pode prolongar a vida e o bem-estar. O que nos mata é o estresse, e muito desse estresse é causado por não termos segurança financeira. O trabalho sem estresse econômico é motivado não por necessidade, mas por propósito.

Quão alto é o número que você precisa em sua conta bancária? Não existe uma resposta única, mas existe uma resposta para você. Embora trate-se mais de um objetivo do que de uma resposta, e uma vez que a segurança financeira não é uma questão de certo ou errado, percorrer a maior parte do caminho até seu objetivo tornará a vida mais fácil e gratificante. Thomas J. Stanley disse: "A riqueza não é uma questão de inteligência, mas de aritmética." Lembre-se da nossa matemática: sua renda passiva deve ser maior que seu gasto.

Então, qual é a sua taxa de gastos? Ou, para ser mais preciso, qual é a taxa de gastos que deseja manter para sempre? Isso fica mais fácil de responder quanto mais velho você for, pois estará mais próximo da perpetuidade. Mas, mesmo que esteja no início de sua carreira ou ainda na escola, você pode ter uma ideia se elaborar um orçamento do zero, perguntando aos familiares sobre suas despesas e pesquisando os custos típicos de moradia, alimentação e outros itens. Não é necessário projetar cada centavo de seus gastos para daqui a quarenta anos, e você nem deveria fazê-lo. Isso não é possível, nem necessário. Um esboço é um bom começo: é algo que pode ser refinado conforme seu objetivo se tornar mais claro.

Este exercício é em parte financeiro, mas também é profundamente pessoal. À medida que ganha experiência, você conhece melhor a si mesmo e tem uma ideia mais clara do que precisa. A taxa de gastos de cada pessoa é diferente. Para meu pai, não é muito alta. Algumas necessidades básicas, um estúdio no Wesley Palms (um residencial com cuidados para idosos), uma rede de streaming que transmita os jogos de hockey do Maple Leafs e uma noite de passeio (voltando às sete da noite), com comida mexicana e uma michelada. Para mim é diferente. Minha grana queima em uma taxa mais alta. A um nível estelar, digamos. Mas, quer você goste de cerveja barata ou de grifes caras, arredonde suas despesas projetadas para um ano e some tudo. Aumente 20% para cobrir impostos (30% se deseja morar na Califórnia, em Nova York ou em outro lugar com impostos altos). Essa é a sua taxa de gastos anual.

Agora multiplique essa taxa de gastos por 25. Esse é (aproximadamente) o seu número (a base de ativos que precisa para gerar renda passiva maior que seus gastos). Por que 25? Isso pressupõe que seus ativos produzam renda a uma taxa de 4% em relação à inflação. Diferentes planejadores financeiros sugerem números ligeiramente diferentes, mas 4% é uma boa referência, e multiplicar por 25 facilita as contas. Este é apenas um esboço inicial. Nossa estimativa de tributos é simplista. Sua taxa de gastos aumentará se tiver filhos em casa, e vai cair quando eles seguirem a própria vida. Nós não consideramos a previdência social, que pode ou não existir daqui a trinta anos. (Eu acho que vai existir, porque os idosos continuam vivendo mais, e também votam; acho mais provável que nos livrem das escolas, do programa espacial e de metade da marinha antes de cortarem a previdência social.) Mas qualquer obra de arte começa com um esboço.

Se você precisar de 80 mil dólares por ano para cobrir sua taxa de gastos, então 2 milhões é o seu número. Se atingir isso em ativos investidos, então você venceu: derrotou o capitalismo. (No entanto, o capitalismo tem alguns truques na manga: 2 milhões de dólares é o seu número hoje — se planeja acumular essa base de ativos daqui a 25 anos, a inflação aumentará seu número para até mais de 5 milhões de dólares. Veremos isso mais adiante.)

DUAS JAQUETAS E UMA LUVA

Alguns anos atrás, nós fomos esquiar, um hobby que eu enfrento para manter meus meninos presos em uma montanha passando tempo comigo. Uma tarde, estou em nosso quarto de hotel em Courchevel, usando o trabalho como desculpa para escapar de minhas obrigações na pista de esqui. Meu filho mais velho, que tinha 11 anos na época, entra, e eu sei que algo está errado. Como regra, ambos os filhos se anunciam sempre que entram em um cômodo com uma pergunta ou uma necessidade corporal. ("Posso assistir TV?", "Onde está a mamãe?" [Arroto].) Mas... ele não falou nada, até que chegou à minha frente. Estava chorando.

— O que houve?

— Eu perdi uma luva.

Mais lágrimas.

— Tudo bem, é apenas uma luva.

— Você não entende. A mamãe acabou de comprá-las pra mim. Custam 80 euros. É muito dinheiro. Ela vai ficar brava.

— Ela vai entender. Eu perco coisas o tempo todo.

— Mas eu não quero que ela compre outro par pra mim... esse custou 80 euros.

Foi fácil para mim ser empático nesse caso. Meu filho herdou de mim essa tendência de perder coisas. Minha ex-esposa dizia que, se meu pênis não estivesse grudado ao corpo, nós o encontraríamos no SoHo, em uma mesa de cartas ao lado de alguns livros usados e um roteiro de *Os bons companheiros*. Eu nem carrego mais chaves, qual a necessidade?

Então eu o entendia. Concordamos em refazer seus passos. Ao longo do caminho, minha mente dispara: *Isso é uma lição de vida? Comprar um novo par para ele seria mimá-lo?* Eu olho para baixo — ele está chorando. O chão se abre sob meus pés e no mesmo instante tenho 9 anos de novo.

Depois da separação dos meus pais, o estresse econômico transformou-se em ansiedade econômica. A ansiedade atormentava minha mãe e eu, sussurrando em nossos ouvidos que não éramos úteis, que havíamos falhado. Minha mãe, secretária, era inteligente e trabalhadora... e nossa renda familiar era de 800 dólares por mês. Eu disse a mamãe, aos 9 anos, que não precisava de babá, porque assim poderíamos aproveitar os 8 dólares a mais por semana. Sem falar que, quando o caminhão de sorvete passava, minha babá dava 30 centavos para cada um de seus filhos e 15 centavos para mim.

"É inverno, você precisa de uma jaqueta", disse minha mãe. Então, fomos para a loja Sears. Nós compramos uma de um tamanho maior, pois minha mãe calculou que eu poderia usá-la por dois, talvez três anos a mais. Custou 33 dólares. Duas semanas depois, deixei minha jaqueta na unidade escoteira local, mas assegurei a minha mãe que a pegaria de volta na reunião seguinte. Nunca mais recuperei a jaqueta.

Então, para comprar outra jaqueta, dessa vez fomos na JCPenney. Mamãe me disse que aquele era meu presente de Natal, pois não teríamos dinheiro para mais nada depois de comprar outra jaqueta. Não sei se isso era verdade ou se ela estava tentando me ensinar uma lição. É provável que fossem ambas as coisas. Independentemente disso, tentei fingir animação com meu presente de Natal adiantado, que, aliás, também custou 33 dólares.

Várias semanas depois... perdi a segunda jaqueta. Sentei-me em casa depois da escola, com medo, esperando minha mãe voltar para casa e absorver outro golpe duro para nossa família, que já enfrentava problemas financeiros. Ouvi a chave girar, ela entrou e eu me adiantei, nervoso: "Perdi a jaqueta. Tudo bem, eu não preciso de outra... eu juro."

Eu senti vontade de chorar, berrar mesmo. Mas algo pior aconteceu. Minha mãe começou a chorar. Então ela se recompôs, caminhou até mim e bateu na minha coxa várias vezes com o punho, como se estivesse em uma sala de reuniões tentando provar um ponto e minha coxa fosse a mesa. Não sei se foi mais perturbador ou estranho. Em seguida ela subiu as escadas para o quarto. E desceu uma hora depois. Nós nunca mais conversamos sobre isso.

A ansiedade econômica é como pressão alta: está sempre presente, à espera de transformar uma doença menor em algo potencialmente fatal. Isso não é uma metáfora. Crianças que crescem em famílias de baixa renda têm pressão arterial mais alta do que crianças de famílias ricas.[9]

Enquanto isso, nos Alpes, um pai e seu filho com uma única luva ficaram andando por trinta minutos sob uma temperatura de oito graus. Para tentar reanimá-lo, começo a cantar e dançar, falando que as *coisas* não são importantes, mas sim os relacionamentos. No meio dessa cena ruim de um filme de Sessão da Tarde, meu filho para e depois corre até uma pequena árvore de Natal em frente à loja Philipp Plein. A mesma loja onde, no dia anterior, o irmão dele de 8 anos tentou me convencer a gastar 250 euros em um moletom com uma caveira incrustada nas costas. No topo da árvore, no lugar da estrela, há uma luva cor azul-elétrico. Um bom (e criativo) samaritano a encontrara e a colocara ao alcance dos olhos de qualquer garoto que procurasse o acessório de cor vibrante. Meu filho alcança a luva, suspira, segura-a contra o peito e visivelmente sente uma mistura de alívio e recompensa.

Nós vivemos em uma era de inovação nas finanças, mas nenhuma criptomoeda ou aplicativo de pagamento é capaz de oferecer o que mais desejo: enviar dinheiro de volta no tempo, para pessoas que amei e não o tinham. A insegurança e a vergonha presentes na casa da minha infância sempre estarão lá. Mas tudo bem, pois isso me trouxe motivação.

Sua busca pela riqueza pode ser motivada por outras coisas. Talvez por validação ou um sentimento de propósito. Uma paixão pela boa vida, por luxos e experiências que só o dinheiro pode trazer. O desejo de resolver os problemas do mundo. Pela minha experiência, intenções nobres são uma boa motivação para o trabalho árduo, e o desejo também é poderoso (mas o medo vence as duas coisas). O que o move é problema seu. Encontre, alimente e leve essa motivação consigo.

Você precisará de motivação, pois há muito trabalho pela frente.

O JEITO DIFÍCIL

Mas, como alguém alcança a segurança financeira? Existem apenas duas maneiras, é sério. A maneira fácil é herdá-la, mas a maioria de nós terá que seguir o caminho difícil. É simples. Ganhe dinheiro trabalhando duro. Economize uma parte. Invista. Se maximizar sua renda, minimizar seus gastos e investir a diferença com sabedoria, posso garantir com razoável certeza: você vai alcançar a segurança financeira.

Executar esse plano não é tão simples quanto enunciá-lo. Fazer isso vai além das finanças e além do que você consegue registrar em uma planilha. A riqueza é o produto de uma vida bem vivida (trabalho árduo, frugalidade, sabedoria). Isso não significa ser um monge (há espaço para o prazer, para o erro, para a vida), mas sim trabalhar arduamente e ter certa dose de disciplina. E vale a pena. A Álgebra da Riqueza tem quatro componentes:

O **estoicismo**, segundo o qual deve-se levar uma vida planejada e moderada dentro e fora do trabalho. Trata-se, sim, de economizar dinheiro, mas também de desenvolver um caráter forte e se conectar com uma comunidade. Essas coisas são importantes.

O **foco** diz respeito à renda em si. Para explicar melhor, sua renda sozinha não o tornará rico, mas é o primeiro passo necessário. E você vai precisar de uma quantia razoável. Portanto, nós o ajudaremos a planejar e se aprimorar em uma carreira, maximizando a renda gerada por ela.

O **tempo** é seu ativo mais importante. Ele começa e termina com o entendimento da força mais poderosa do universo: os juros compostos. Vamos compartilhar como fazê-lo trabalhar para você. O tempo é a verdadeira moeda, o único ativo que todos recebemos ao nascer, e a base da riqueza.

A **diversificação** é nossa abordagem às questões tradicionais das finanças pessoais, um roteiro para tomar decisões de investimento sólidas e para participar do mercado financeiro com embasamento.

Vamos acionar os motores?

FOCO

+

(ESTOICISMO

×

TEMPO

×

DIVERSIFICAÇÃO)

1
ESTOICISMO

O que me impediu de alcançar a segurança financeira durante grande parte da minha vida foi uma crença teimosa de que eu era excepcional. O mercado reforçou isso. Eu fundava empresas, aparecia em revistas e levantava dezenas de milhões para as minhas startups. Estava (obviamente) próximo de garantir dezenas, se não centenas, de milhões, já que eu era (obviamente) excepcional. Chegar perto disso algumas vezes só reforçou essa crença.

Convencido de que logo alcançaria a velocidade da luz, ignorei a ideia de viver com menos do que tinha, ou de poupar e investir. O IPO (Oferta Pública Inicial, em inglês) ou aquisição da minha empresa aconteceria a qualquer momento. Eu poderia facilmente economizar de 10 a 100 mil dólares por ano nos meus 20 e 30 anos, mas por que fazer esse sacrifício quando há muito mais bem ali, virando a esquina? Certo? Errado. A bolha das empresas pontocom em 2000, um divórcio e a grande recessão financeira determinaram que toda vez que a bola parecesse estar rumo ao gol, bateria na trave. E então, aos 42 anos, meu primeiro filho nasceu.

Anjos cantando? Um momento de filme da Sessão da Tarde? Pelo contrário. Eu estava tão nauseado que não conseguia ficar em pé. Não foi o sangue nem os gritos que me deixaram paralisado, mas a onda de vergonha que tomou conta de mim. Eu tinha estragado tudo. Poderia muito bem ter alguns milhões de dólares no banco, mas não tinha. Eu havia falhado. Até minutos antes, conseguia lidar com isso, porque só havia falhado comigo mesmo. O que não consegui suportar foi a contatação de que eu havia falhado com meu filho.

Meu fracasso foi construído a partir de más escolhas, mas não foi por falta de conhecimento. Eu tinha um MBA, levantava muitos milhões de dólares em capital, pagava a folha de pagamentos toda semana e obtinha lucros a cada trimestre. Eu *entendia* de dinheiro. Só não era *bom* nisso. E não estava sozinho. Um estudo sobre os consumidores do Reino Unido descobriu que, embora tanto o analfabetismo financeiro quanto a falta de autocontrole contribuam para que as pessoas se endividem, há "um papel mais forte da falta de autocontrole que do analfabetismo financeiro na explicação para o superendividamento do consumidor".[1]

A segurança financeira não é produto de um exercício intelectual. Ela é o resultado de um padrão de comportamento. Como podemos evitar o padrão de comportamento que leva ao superendividamento e desenvolver aquele que leva à riqueza? Colocando de outra forma: como podemos alinhar nosso comportamento com as nossas intenções? Na superfície, isso parece ser questão de autocontrole. Mas o autocontrole sugere força de vontade, seguir um plano com firmeza. É exaustivo lutar constantemente contra os próprios impulsos. É necessário que haja algo mais profundo que permita a algumas pessoas alinhar seu comportamento com suas intenções de forma consistente ao longo dos anos.

A resposta sintetizada: caráter. Diante de tentações, fragilidades humanas, contratempos e azares do capitalismo moderno, nossos comportamentos intencionais exigem durabilidade, e isso só ocorre quando tais comportamentos estão enraizados em nosso verdadeiro caráter. Se mudanças duráveis de comportamento pudessem surgir puramente de nossas intenções, manteríamos nossas resoluções de ano-novo e nunca esqueceríamos de mandar um bilhete de agradecimento. O que fazemos é uma manifestação de quem somos. Ao contrário da expressão popular, o que vale não é a intenção.

Dividido em três partes, este capítulo explora o desenvolvimento de nosso caráter. Primeiro, exploro a mecânica e os princípios essenciais da construção do caráter. Depois, descrevo como aplico tais princípios em minha própria vida e depois sugiro como você pode pensar em construir um caráter próprio que seja forte. Por último, amplio o foco para pensar sobre o caráter na comunidade. Os seres humanos são uma espécie social, e só podemos atingir todo o nosso potencial quando cooperamos (e por vezes competimos) com outros.

CARÁTER E COMPORTAMENTO

Os seres humanos buscaram construir caráter ao longo da história. A boa notícia: nós sabemos como se faz. A má: é difícil. Mas não é algo insondável nem complicado. Caráter e comportamento existem em um ciclo de autorreforço. Assim como nossas ações refletem nosso caráter, o nosso caráter é o produto de nossas ações. Esse ciclo pode ser virtuoso ou uma espiral destrutiva: a escolha é sua. Isso é verdade para mais coisas do que apenas o sucesso financeiro. Viver com propósito e consistência resulta em levar uma vida autêntica, dando tudo de si, mesmo que seja insuficiente. A busca pela riqueza, assim como sua prima, a busca pela felicidade, é um projeto para a pessoa como um todo.

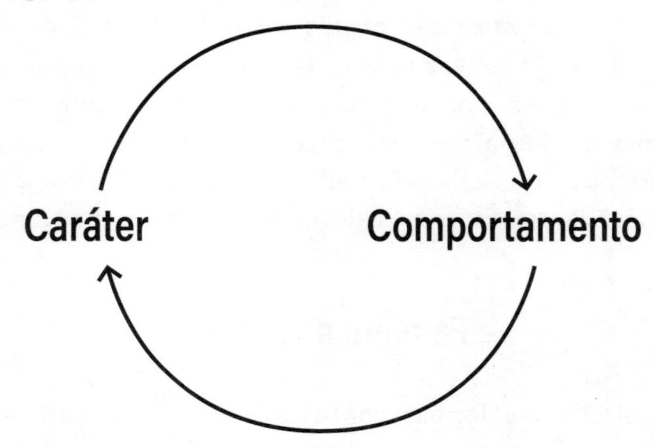

A humanidade aprendeu o processo muitas vezes, inclusive por meio dos ensinamentos do estoicismo. O estoicismo é uma escola de filosofia fundada na Grécia clássica que floresceu no Império Romano e vem ganhando novo rigor por meio de intérpretes modernos. Os estoicos consideram o desenvolvimento do caráter a virtude mais elevada e escreveram bastante sobre essa busca. Eu chamo este capítulo de "Estoicismo" porque a linguagem dos filósofos estoicos e de seus intérpretes modernos ressoa em mim, e seus ensinamentos influenciam a maneira como abordo minha vida tanto profissional quanto pessoal. Dito isso, esta seção não é uma interpretação da filosofia estoica, nem se limita a seus ensinamentos. Marco Aurélio não sugeriu que nós devemos "fazer amigos ricos", como vou fazer mais adiante. Mas gosto de pensar que ele concordaria com a maior parte deste capítulo.

Na mesma época em que os primeiros filósofos estoicos contemplavam a virtude na Grécia, os discípulos de Siddhartha

Gautama estavam elaborando seus ensinamentos, com ênfase na intenção, na ação e na atenção corretas, que formam o coração do budismo. Séculos depois, Jesus pregou a importância da correção e da resistência à tentação, fazendo um alerta: "O espírito está pronto, mas a carne é fraca." Na América do século XIX, Thoreau escreveu que o objetivo da filosofia não é meramente "ter pensamentos sutis", mas "resolver alguns dos problemas da vida, não apenas na teoria, mas na prática". Suspeito que toda cultura e filosofia tenha alguma variação do que abordo aqui. Pegue emprestado dessas tradições o que lhe for útil.

Faminto na Hungria

Depois de me formar na UCLA, viajei pela Europa. No aeroporto de Viena, troquei 300 dólares em cheques de viagem da American Express (nem pergunte o que era isso... nem naquela época fazia sentido). De qualquer forma, em troca de três imitações de notas de Benjamin Franklin, convertidas em 96 centavos para cada dólar em uma agência de viagens American Express (veja o que disse antes: não fazia sentido), eu recebi várias pilhas de florins húngaros, e então me tornei o astro que sempre quis ser. Uma curta viagem de trem era tudo o que me separava da orgia de consumo que me aguardava em Budapeste.

Na vitrine de uma loja, vi uma linda bolsa de viagem de couro, então entrei. Lá eu encontrei pessoas comprando... carretéis de linha e agulhas. Antes mesmo de ter a chance de perguntar sobre a bolsa, a mulher atrás da mesa apontou para o objeto e disse: "Não está à venda." Logo eu estava de volta à agência de viagens com minha pilha de florins agora apenas um pouco menor, após aprender uma lição sobre câmbio de moeda e o diferencial de valor de compra e venda.

Trinta e cinco anos de capitalismo mais tarde, esteja em Budapeste, na Hungria ou Budapeste, na Geórgia (sim, esse local existe), se você quiser uma pasta para dentes sensíveis com infusão de azeite ou cereal sabor rabanada, sem problema. Esses produtos existem e podem estar à sua porta na mesma tarde. Diga o que quiser sobre o comunismo, mas com certeza ele tornou fácil ser frugal.

"A maneira mais fácil de ganhar um dólar é economizar um dólar" é um bom conselho. No entanto, todos os dias, centenas de vezes por dia, somos confrontados com mensagens, argumentos e incentivos para gastar. O capitalismo aproveita a criatividade e a energia de uma sociedade inteira para um propósito singular: nos convencer a gastar dinheiro. É o que faz o sistema funcionar. As tentações variam de uma compra por impulso de chiclete feita no caixa até produtos adicionais no carrinho da Amazon, a um upgrade para a classe econômica plus, com embarque prioritário e bebidas gratuitas. E, a propósito, você deseja "proteger" sua viagem (ou seja, contratar seguro) para o caso de algo acontecer... Ou vai clicar na caixa "Não quero proteger minha viagem", para sentir-se irresponsável e até mesmo negligente? Não se preocupe, a American Airlines (ou seu parceiro de seguros) pode fazer você se sentir menos negligente por 39,95 dólares adicionais.

O desejo está em nosso DNA

O capitalismo tem muito com que lidar. Durante 99% da existência da nossa espécie, a maioria das pessoas não viveu além dos 35 anos. E o exterminador número um era a fome, a falta de "coisas". O melhor conselho que você pode seguir não é "Só se vive uma vez", mas sim algo muito mais forte: "Você precisa de coisas agora"... ou então vai morrer.

Nós somos biologicamente programados para procurar açúcar, gordura e sal, porque durante a maior parte da existência da nossa espécie esses itens estiveram escassos. O simples toque dessas substâncias em nossas papilas gustativas desencadeia uma cascata de reações químicas que nossa consciência interpreta como prazer. Nosso cérebro vincula lembranças desse prazer a tudo, desde a cor da embalagem do chocolate até a esquina onde fica nossa lanchonete favorita. Quando faz isso, o cérebro está tentando ajudar, mapeando um caminho de volta à nossa recompensa definitiva, à melhor sensação: a de sobrevivência.

E fica pior. Depois de assinalar a caixa "sobrevivência", outra voz instintiva começa a gritar com você: propagação. Para mim é fácil dizer aos jovens para pouparem, investirem etc. No entanto, alguém de 20 e poucos anos geralmente almeja encontrar uma companhia. E encontrar uma companhia envolve sinalização e gastos. Os relógios Rolex e os sapatos Louboutin são sinais de reconhecimento das obrigações evolutivas, que nesse caso seria encontrar um companheiro mais forte, mais rápido e mais inteligente do que você, para que seus genes se misturem aos dele ou dela e vivam para sempre.

Aos 23 anos, após meu primeiro ano no Morgan Stanley, recebi um bônus de 30 mil dólares. Até aquele momento, eu nunca havia tido mais de mil dólares em minha conta-corrente. Finalmente, tinha uma base. Base? Aham, vai sonhando. Saí e comprei uma BMW 320i (olá, garotas). Era azul-marinho e pendurei óculos de natação no retrovisor. Por quê? Porque uma vez por semana eu (adivinhe) nadava. Nenhuma dessas ações tinha a ver com transporte ou exercícios, mas sinalizavam que eu era forte e tinha recursos... e que a pessoa deveria fazer sexo comigo. Então, sim... é mais fácil falar do que fazer. Além disso, há alguma lógica que justifica um certo nível desse tipo de sinalização: ter uma boa aparência, colocar-se em situações sociais onde há oportunidades de acasalamento (por exemplo, o festival Coachella, ir a baladas, Ibiza).

Os seres humanos modernos são duplamente desfavorecidos. Vivemos em um mundo de excesso, mas somos feitos para um ambiente de escassez. E construímos nossa economia com base na exploração dessa desconexão. Você não vai conseguir sair desse dilema apenas com a força do pensamento.

Você é o que você faz

Conselhos sobre carreira, orçamento e investimento não são difíceis de encontrar. As estantes de livros, a internet e as reuniões sociais e familiares estão repletas deles. Nada disso importa se não for transformado em ação. A lacuna entre suas intenções e suas ações é um bom indicador de projeção para seu sucesso futuro, tanto emocional quanto financeiro. Quando descrevemos pessoas que admiramos, as chamamos de "corajosas", "empreendedoras" ou "inovadoras". Todas essas características têm a ver com uma determinada nuance de ação, mais especificamente com pessoas dispostas a ações que se alinham a seus valores, palavras e planos. Como Carl Jung disse: "Você é o que faz, não o que diz que fará."

Infelizmente, somos bombardeados com mensagens afirmando que existem atalhos para preencher essa lacuna entre intenções e ações. Ao se preparar para escrever o clássico guia de desenvolvimento pessoal *Os 7 hábitos das pessoas altamente eficazes*, Stephen Covey não apenas estudou pessoas bem-sucedidas, mas também revisou a literatura sobre como se tornar bem-sucedido.[2] Do período pós-Segunda Guerra Mundial em diante, ele percebeu uma mudança do que chamou de "ética do caráter" para uma "ética da personalidade". Obras mais antigas encorajavam os leitores a construir o caráter:

promover princípios e valores em si mesmos, construir o sucesso com base em virtudes como a temperança, a diligência e a paciência. Os conselhos mais recentes, por outro lado, eram centrados em como mudar apenas a própria personalidade: o modo como se apresenta aos outros. Como diz o título do avô desses livros de desenvolvimento pessoal: *Como fazer amigos e influenciar pessoas*.

Covey escreveu o livro na década de 1980, mas qualquer busca na internet vai apenas confirmar que essa tendência só se acelerou. A mídia social está repleta de "life hacks" (já viram algo chamado café com cogumelos?), cantadas para a hora da conquista e outros "truques estranhos". Cada aspecto de nossa vida tem uma dieta da moda correspondente. O que mantém o fluxo dos conselhos de ética da personalidade é que eles podem lhe dar um impulso momentâneo, mas não funcionam durante um período significativo ou contra alguma oposição importante. (Um levantamento de 121 estudos descobriu que inúmeras dietas populares, independentemente da teoria que defendessem ou da celebridade que as promovesse, não apresentavam nenhum efeito sobre o peso depois de um ano.)[3]

Assim como os adeptos das dietas da moda inevitavelmente voltam ao peso anterior, essas táticas para o sucesso são apenas isso (táticas, inteiramente enraizadas em um comportamento específico) e não duram. Se eu lhe contar que o segredo do sucesso é acordar às 5h30, tomar um banho frio e correr 8 quilômetros, não será um *mau* conselho. Provavelmente você ficará mais focado e produtivo nos dias em que fizer tudo isso. E talvez siga o conselho por alguns dias, ou mesmo, se for altamente disciplinado, por algumas semanas. Mas a novidade passa e a escuridão e o frio matutinos persistem. Eu passei grande parte da vida profissional perto de pessoas ricas, e algumas acordam mesmo às 5h30, tomam banho frio etc. Mas não é *por isso* que elas são bem-sucedidas. Esses hábitos resultam de uma vida proativa e disciplinada. Caráter e comportamento são indissociáveis.

Antigas defesas contra tentações modernas

Os estoicos identificaram quatro virtudes: coragem, sabedoria, justiça e disciplina. Eu acredito que essas são as chaves para resistir às tentações (e para muito mais).

A **coragem** é a nossa persistência, o que os pensadores modernos costumam chamar de "determinação". Nós temos coragem quando não deixamos o medo guiar nossas ações: medo da pobreza, medo da vergonha, medo do fracasso. Em vez disso, somos trabalhadores, positivos e confiantes. Os profissionais de marketing são mestres em explorar nossos medos e inseguranças. Ter coragem é mais barato que comprar Chanel, e funciona melhor.

A **sabedoria**, conforme descrita por Epicteto, é a capacidade de "identificar e desmembrar assuntos para que eu possa dizer claramente a mim mesmo quais deles são externos e não estão sob meu controle, e quais têm a ver com algo que eu posso controlar". Ou como escreveu Annie Proulx em *Brokeback Mountain*: "Se você não consegue consertar, tem que aguentar."

A **justiça** é um compromisso com o bem comum, um reconhecimento de que somos interdependentes. O imperador estoico Marco Aurélio acreditava que a justiça era "a fonte de todas as outras virtudes". Quando agimos com justiça, somos honestos e levamos em consideração todas as consequências de nossas ações. Nós não temos como construir bons hábitos sozinhos, e a última parte deste capítulo explica por que o nosso caráter é, em parte, uma função da comunidade.

A **disciplina** é, para mim, a virtude mais importante, porque é a mais testada pela cultura moderna. O capitalismo é alimentado pela nossa falta de autocontrole, pela nossa obsessão com o status e o consumismo. E não apenas no sentido óbvio de comprar batatas fritas tamanho grande e bolsas luxuosas. A sociedade ocidental encoraja a indulgência não só nos gastos, mas também nos rompantes emocionais, na vitimização e no vitimismo. Ter disciplina é conseguir resistir a (ou, pelo menos, controlar) *todas* as nossas indulgências.

Devagar

Como colocamos essas virtudes em prática? Como construímos o caráter que faz do autocontrole uma maneira natural e intuitiva de ser, e não uma batalha constante contra os impulsos? A gente pode começar indo mais devagar.

Talvez você tome uma centena de decisões moderadamente importantes por dia: o que comer no café da manhã, se deve ir à academia, como responder a uma mensagem atravessada de um colega no Slack, o que fazer no fim do dia quando o tempo finalmente pertencerá apenas a você. É da natureza humana tomar essas decisões de forma reativa, sem pensar, com base no instinto ou na emoção. Essa é a maneira mais rápida. Em retrospecto, nós tendemos a atribuir nossa resposta às condições — deixamos de tomar o café da manhã *porque* estávamos atrasados, escrevemos uma resposta dura *porque* a mensagem do Slack não tinha sido razoável.

Lembre-se da virtude estoica da sabedoria: saiba o que você pode controlar. É fácil traçar essa linha, como Marco Aurélio deixou claro: "Você tem poder sobre sua mente... não sobre eventos externos." O psicólogo Viktor Frankl observou: "Entre o estímulo e a resposta, há um espaço. Nesse espaço está nosso poder de escolher nossa resposta. Em nossa resposta, reside nosso crescimento e nossa liberdade." Nós não somos capazes de controlar nosso ambiente, mas conseguimos controlar como reagimos a ele.

Se você conseguir encontrar esse espaço que Frankl descreve em apenas algumas daquelas centenas de decisões que toma todos os dias, e levar em conta seus valores e o plano que estabeleceu para si mesmo, você vai criar força para a próxima vez. Mesmo que seja apenas uma vez por dia, dizer "Eu controlo isto, a minha resposta é escolha minha" e escolher o comportamento que você sabe ser o certo, em vez de ceder àquela sensação do momento, são um passo no caminho para o estoicismo.

Isso não significa nunca ficar com raiva — eu, por exemplo, fico com raiva com frequência, até demais. Nem significa nunca ficar desanimado, frustrado ou envergonhado. Essas são respostas humanas normais a contratempos e erros. O objetivo é reconhecer a raiva ou o medo (ou a ganância), mas não permitir que isso determine seu comportamento.

Caráter e comportamento podem criar um ciclo que se reforça. Comece com apenas alguns comportamentos escolhidos, e você construirá o caráter para fazer mais.

Faça disso um hábito

Ao desenvolver hábitos, nós podemos dar uma turbinada nesse ciclo. Hábitos saudáveis aproveitam a tendência do cérebro para a reatividade e a direcionam para as respostas proativas que desejamos. As últimas décadas testemunharam interesse científico e cultural naquilo que um dos principais livros populares sobre o assunto chama de "poder do hábito". Acontece que muito do que fazemos é habitual, e isso é bom. Se tivéssemos que processar conscientemente cada decisão, nunca passaríamos do café da manhã.

A chave é treinar nossos hábitos de forma proativa, de modo que nossa resposta reativa e automática aos estímulos corresponda à resposta que escolheríamos se pudéssemos reservar um tempo para fazer aquela escolha. Quanto mais oportunidades tivermos para nos treinar a tornar a resposta habitual desejada, mais energia cognitiva e emocional teremos para tomar as rédeas das decisões e reações mais importantes e difíceis.

Existem várias estratégias para a formação de hábitos intencionais. No livro *O poder do hábito,* Charles Duhigg descreve o ciclo “deixa-rotina-recompensa”. James Clear, autor de *Hábitos atômicos,* prefere “estímulo-desejo-resposta-recompensa”. Tenho certeza de que existem outros. Como o estoicismo e o budismo, ambos são caminhos semelhantes que levam ao mesmo lugar.

APENAS FAÇA

Em uma noite de quinta-feira no fim de 2016, escrevi minha primeira postagem em um blog. A equipe da minha mais recente startup, a L2, estava discutindo como promover a empresa, e tivemos a inovadora ideia de criar um “blog” (apenas vinte anos depois de os blogs terem se tornado um sucesso). Eu escrevia muito no trabalho (cartas para investidores, propostas para clientes etc.) e buscava adotar uma linguagem incisiva e atraente. Mas eu não me descreveria como um escritor. Também não pensava em mim como alguém que se comprometeria a fazer *qualquer coisa* rigorosamente semana após semana. Sempre fui mais um cara do tipo “faço quando estou inspirado”. De qualquer modo, o primeiro post foi fácil o suficiente: critiquei o Zuckerberg e tirei sarro dos hábitos de namoro dos CEOs do Vale do Silício, e minha equipe adicionou alguns bons gráficos. Nós escolhemos o título "*No Mercy/No Malice*" (Sem piedade/ Sem maldade) e enviamos por e-mail para nossa lista de clientes com alguns milhares de pessoas. Tivemos até algum feedback positivo.

Depois, como acontece toda semana, já era quinta-feira de novo. O que significava que eu tinha que escrever outro post. Menos novidades, mais trabalho. Mas eu escrevi e nós o enviamos. E então, na semana seguinte, outra vez. Pelo título da postagem, dá para ter uma ideia do meu humor na terceira noite de quinta-feira: "Eu me odeio menos a cada dia que passa". Já não estava divertido. Mas foi ficando cada vez mais gratificante à medida que o blog se tornava mais relevante e publicávamos algo decente... toda semana. Meu cérebro conectou as sessões de escrita à satisfação que obtinha quando as pessoas liam meu trabalho e respondiam. As noites de quinta-feira tornaram-se estimulantes, e, embora a escrita em si não tenha ficado mais fácil, a decisão de me sentar em frente ao computador e escrever as primeiras palavras tornou-se um hábito. Um ano, depois dois, e eu era alguém que conseguia cumprir prazos e produzir algo de qualidade consistente. Meu hábito se tornou minha identidade. Eu era um escritor.

Hoje, o *No Mercy* é mais longo, mais analítico e melhor. O projeto ganhou o prêmio Webby em 2022 e é entregue a mais de quatrocentas mil pessoas todas as semanas. Ele potencializa um princípio fundamental que defendo: a grandeza está na agência dos outros. Há uma equipe de pessoas na Prof G Media que trabalha em todos os nossos canais, incluindo o *No Mercy/No Malice*. Mesmo assim, toda quinta à noite, eu me sento no sofá com meus cachorros e rum Zacapa, e começo a trabalhar. Porque sou um escritor.

Este livro, o meu quinto, parece quase impossível para mim. É impossível que o primeiro tenha acontecido. Que eu de fato tenha concebido, escrito, editado e publicado um livro. Eu poderia muito facilmente nunca ter escrito um esboço, falado com um agente, ou nunca ter desistido dos meus fins de semana e dos fins de noite... simplesmente poderia não ter feito nada. Sim, era uma boa ideia, mas a ideia representa cerca de 10% (no máximo) do valor. Os outros 90% acontecem toda quinta-feira à noite. É uma pergunta que vale a pena, e que todas as pessoas devem se fazer: o que você deve simplesmente *fazer*? O que você deveria começar hoje? James Clear, do livro *Hábitos atômicos*, que vendeu mais de 15 milhões de cópias, coloca da seguinte maneira: "Sua identidade surge dos seus hábitos".[4]

CONSTRUINDO UM CARÁTER FORTE

Essa é a mecânica, os princípios básicos. A forma como aplicamos (ou não) é algo pessoal, mas não precisa ser privado. Eu (ainda) não sou um modelo de comportamento virtuoso e de bons hábitos, mas nos últimos quinze anos, mais ou menos, descobri algumas coisas que funcionam para mim. Não é por acaso que esses também foram os anos do meu maior sucesso financeiro, bem como os mais ricos em relacionamentos.

Mas nem sempre foi assim. Passei os primeiros quarenta anos da minha vida buscando alguma forma ocidental de relevância para poder registrar mais picos de dopamina. Veja o que eu disse antes: eu (achava que) era excepcional, queria mais e sempre mais, e ainda assim sempre ficava aquém. Meu primeiro casamento e o foco exigido por duas de minhas startups de sucesso me abasteceram por um tempo, mas, quando eu tinha 33 anos, me divorciei e me desliguei do gerenciamento ativo de ambas as empresas. E não apenas das minhas empresas. Conscientemente decidi que queria *desapegar* do meu casamento, da minha comunidade e dos amigos. Havia um insight naquele impulso (o que eu tinha naquele momento obviamente não estava funcionando para mim), mas ele estava enterrado sob uma tonelada de egoísmo.

Eu me mudei para Nova York para que tudo fosse a meu respeito. Trabalhar um pouco, fazer falsos amigos (mais parceiros de festas do que amigos) e não depender de ninguém e nem deixar que ninguém dependesse de mim. Eu era uma ilha vivendo em uma outra ilha. Tom Wolfe disse: "Qualquer um se identifica com Nova York no mesmo instante." Também descobri, no mesmo instante, que gostava de ficar sozinho. Talvez estivesse sendo o filho único ou me tornando aos poucos mais parecido comigo mesmo, um introvertido. Eu era capaz de passar dias sem interagir com ninguém, e tudo bem.

Dar aulas na NYU, festejar em restaurantes caros, passar férias em St. Barts e de vez em quando fazer consultorias para um fundo hedge... ser egoísta era algo fácil para mim. Retrocedi para um status de homem das cavernas e só saía do meu loft por comida, sexo ou para caçar (ganhar dinheiro). Foi uma experiência vazia mas que proporcionava prazer suficiente para continuar.

Minhas falhas *daquela época* são mais claras para mim *hoje*. Em vez de direcionar minhas energias seguindo uma bússola interna, eu reagia a qualquer estímulo que fosse mais urgente no meu campo de visão imediato. O estímulo que atraía minha atenção com maior urgência era o dinheiro, não como um meio de estabelecer segurança financeira, mas para alimentar meu vício: a validação dos outros. Eu queria coisas legais e poder cuidar da minha mãe, mas via meu valor através dos olhos de outras pessoas e acreditava em seus critérios para definir o que constituía o sucesso financeiro. E eu conseguia essas coisas. Ganhei status e encontrei prazer, mas a segurança real e a felicidade duradoura me escapavam. Eu não sabia como ser de outra maneira.

O que mudou? O estímulo externo foi o nascimento do meu primeiro filho. Mas a mudança externa é apenas uma oportunidade. Eu ainda tinha que cruzar aquela ponte. A vergonha e o arrependimento que senti foram um estímulo para fazer um balanço e efetuar mudanças. Foi aí que minha jornada realmente começou. A seguir estão os insights que tive ao longo desse caminho. Começarei com algumas coisas que aprendi sobre o que *não* funciona e, depois, abordarei algumas que funcionam.

Trabalhar duro não é o mesmo que ter caráter

De Wall Street ao Vale do Silício, esta é a grande mentira do mundo do trabalho: se você trabalha muitas horas a mais, isso significa que é disciplinado, virtuoso e forte. Essa falsa equivalência foi a base da minha postura durante anos. Eu era disciplinado em relação ao trabalho. Trabalhei muito, mesmo quando não estava criando riqueza. Eu me enganava pensando que, se estivesse trabalhando duro, seria uma pessoa de bom caráter.

Quando eu estava na casa dos 20 anos e trabalhava no Morgan Stanley, virar a noite trabalhando era o mesmo que ter virtude. "Até que horas você ficou aqui ontem à noite?" era o grande desafio que fazíamos ao mundo, batendo no peito e mexendo em nossos suspensórios da Hermès. Hoje em dia são o fetiche pela correria e os shakes que substituem refeições para economizar os três minutos necessários para fazer um sanduíche de peru.

No próximo capítulo, vou lhe dizer para trabalhar de forma árdua, e acredito que isso seja essencial não apenas para a segurança financeira, mas para a realização pessoal. "Faça coisas difíceis" é o melhor conselho que se pode receber. Mas, apesar de o trabalho árduo ser *necessário* para o sucesso pessoal e profissional, ele não é *suficiente* e, mais importante, **não é o objetivo final**. Trabalhar arduamente por si só é apenas queimar energia no vazio capitalista. Seja forte para poder sustentar os outros. Ganhe poder para conseguir fazer justiça. Trabalhar pelo trabalho é masturbação econômica.

Muitas pessoas usam o trabalho duro como desculpa. Uma desculpa para ignorar o parceiro, negligenciar a saúde, ser grosseiro, cruel ou abusivo. Eu disse antes que a busca pela riqueza sempre esconde uma história. Igualar trabalho duro a caráter é enfiar os dedos nos ouvidos e cantar "Roxanne" para abafar o que de fato o motiva, aquilo no que você realmente precisa trabalhar.

O trabalho duro é necessário, mas tem um custo. Você o está minimizando ou ignorando? Um bom indicador são seus gastos. Quando olho para os meus 20 e 30 anos, vejo que não tinha disciplina sobre meus gastos. Eu *merecia* coisas boas porque trabalhava muito (era o que eu dizia a mim mesmo). Eu *não precisava* economizar porque trabalhava tanto que sempre iria receber bastante (era o que eu dizia a mim mesmo). Nenhum dos conselhos que ofereço no próximo capítulo, "Foco", o levará para onde precisa estar, a menos que você também siga os conselhos sobre gastos e poupança no capítulo que vem logo depois, "Tempo".

A falsa equivalência entre trabalho duro e caráter esconde falhas mais significativas do que maus hábitos de consumo.

Meu maior pecado, nessas duas primeiras décadas de carreira, foi não ter investido nos outros e nos relacionamentos. E o trabalho duro foi uma ótima desculpa para isso. Mas tudo se retroalimentava: amizades transitórias e parcerias de festas nunca me responsabilizariam e certamente não me diriam para parar de gastar. A riqueza é um projeto do indivíduo como um todo.

Se dinheiro for o objetivo, você nunca terá o suficiente

Na década de 1970, os psicólogos Donald Campbell e Philip Brickman estavam estudando a felicidade e depararam com um fato que se mostrou persistente: as mudanças nas circunstâncias de vida tinham pouco impacto mensurável na felicidade. Um de seus estudos comparou pessoas que ganharam grandes prêmios de loteria com pessoas que haviam ficado paraplégicas.[5] De forma contraintuitiva, os vencedores da loteria não ficaram mais felizes que as amostras de controle, e os paraplégicos se mostraram apenas moderadamente menos felizes, além de apresentarem o nível mais alto de otimismo em relação ao futuro. Estudos posteriores com diferentes grupos de vencedores da loteria e prêmios de diferentes tamanhos às vezes encontraram aumentos mensuráveis de felicidade, mas nada parecido com o salto quântico que se poderia esperar como resultado da riqueza repentina.[6]

Campbell e Brickman cunharam o termo “esteira hedonista” para descrever o que viram nos dados: não importa quanto progresso aparente façamos em relação ao nosso objetivo, nós permanecemos no mesmo lugar, só que girando a esteira mais rapidamente.

ESTEIRA HEDONISTA

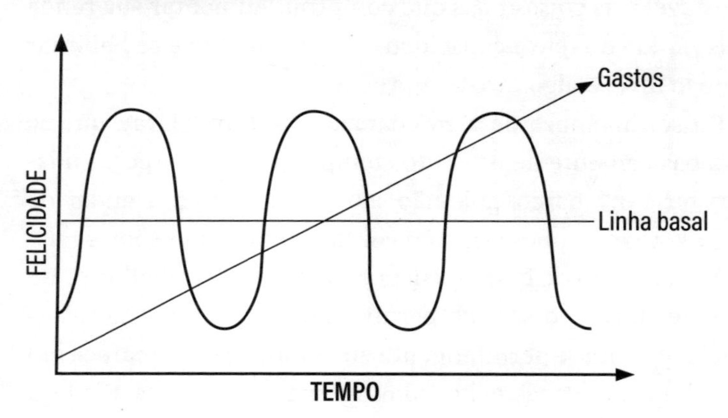

Fonte: Conceito Ilustrado por TictocLife

O historiador Yuval Noah Harari, autor do livro *Sapiens*, escreveu: "Uma das poucas leis férreas da história é que os luxos tendem a se tornar necessidades e a gerar novas obrigações." A inflação do estilo de vida é inevitável, e é como uma corrida armamentista. Desde roupas velhas que fazem com que nos sintamos malvestidos ao lado de um colega de trabalho com roupas de grife (trabalhar em casa talvez nos economize essa despesa) até contratar um tutor para o filho que está no primeiro ano porque ele está competindo contra crianças que contam com dois tutores (praticamente não existe um nível de renda que filhos não consigam consumir). Cada melhoria incremental que fizer em seu estilo de vida fará com que todos os outros aspectos da sua vida pareçam superados e precisando de um novo brilho. E cada melhoria o deixará mais perto da atualização seguinte, que não parecerá tão grande ou tão irracional. Isso também não se trata apenas de avanços fúteis. Provavelmente, você vai se casar e, talvez, ter filhos, o que naturalmente o deixará mais preocupado em obter os melhores cuidados de saúde, em comer alimentos mais saudáveis e em dirigir um carro mais seguro. Também vai querer ter uma renda estável e as coisas boas que comprou. Aumentar sua renda mais rápido do que a capacidade de sua mente de se habituar ao novo nível é algo raro e improvável.

Eu sou membro de algo chamado Barton & Gray, que se trata basicamente de usufrutos temporários de barcos. Eu jamais teria um barco, pois não sou apaixonado por andar de barco, e todas as pessoas que conheço e têm um sempre estão reclamando de quanto custa e de quanto é trabalhoso. De qualquer forma, o serviço permite que um barco seja reservado e um cara superinteligente emocionalmente aparece em um ótimo barco abastecido com Zacapa, gelo e cajus. Ele leva você e sua família para um passeio à tarde e depois (a parte genial) deixa todos de volta no cais e vai embora.

Outro dia, saindo do porto de Palm Beach em um barco da Barton & Gray, vi um iate incrível. Apesar da minha antipatia geral por embarcações marítimas, naquele momento pensei: *Eu queria ser dono daquele barco.* Um dos meus amigos em nosso barco (que agora parecia barato) disse que Eric Schmidt (ex-CEO do Google) era o proprietário. Nada mau. Mas então, ao passarmos pelo barco de Schmidt, vimos logo além dele o iate encomendado por Steve Jobs (que morreu antes de ver seu iate pronto). O barco de Eric é maior, mas o do Steve é mais legal. Meu primeiro pensamento foi: *Há uma probabilidade diferente de zero de que Eric esteja parado do outro lado de seu barco, neste momento, olhando para a embarcação flutuante projetada por Jobs e pensando: "Eu queria muito ser dono daquele barco."*

Sempre há um barco melhor, um carro mais rápido, uma casa mais bonita. Mas ao menos existe o potencial de saciedade ou, pelo menos, limites práticos. Em algum momento, você ficará sem espaço na sua doca. O que de fato é prejudicial são as recompensas abstratas. Há um ótimo episódio de *Frasier* (uma série de comédia genial) em que Frasier e seu irmão, Niles, ganham acesso a um spa exclusivo apenas para descobrirem que há um nível mais VIP depois do outro. Quando os dois enfim estão felizes com o que consideram ser o nível mais alto, descobrem uma entrada premium para mais um nível, e desvalorizam a própria experiência. "Este é o céu apenas para as pessoas que não conseguem entrar no céu de verdade!", exclama Niles.

O rei das recompensas abstratas? O próprio dinheiro. Porque o dinheiro é apenas um número, e os números são infinitos. E, como tal, nunca há o suficiente. Luke Skywalker prometeu a Han Solo que a recompensa por resgatar a Princesa Leia seria "mais riqueza do que você pode imaginar". A resposta de Han foi: "Não sei, eu consigo imaginar bastante." E esse é o problema em uma sociedade baseada no dinheiro: todos podemos imaginar mais.

Não apenas sempre haverá mais dinheiro, como também o dinheiro tem a infeliz característica de se tornar menos valioso quanto mais se tem. Os economistas se referem a isso como "utilidade marginal decrescente". Se você tem 100 dólares na conta bancária, cada dólar extra é importante, e mil dólares podem mudar sua vida. Se você tem 10 milhões na conta bancária, outros mil são irrelevantes.

Pesquisas sobre níveis de felicidade e renda sustentam essa ideia. Ao contrário do que alguns estudos anteriores apresentaram, a pesquisa mais atualizada (pelo menos até 2023) mostra que rendas mais altas *são* associadas a maior felicidade, mas o aumento de felicidade não acompanha o aumento da renda e, para algumas pessoas, não há nenhuma correlação com rendas mais altas.[7] O aumento da felicidade associado ao salto da renda de 60 para 120 mil dólares é o mesmo que o associado ao salto da renda de 120 para 240 mil e, depois, é preciso chegar a 480 mil dólares para perceber novamente o mesmo salto em felicidade. Isso é consistente com o conceito já bem estabelecido da utilidade marginal decrescente. Quanto mais se tem algo, menos benefício se obtém por cada unidade desse algo. Quanto mais se recebe, menos se ganha.

O dinheiro é a tinta em sua caneta, mas não é a sua história. Ele pode escrever novos capítulos e tornar alguns deles mais brilhantes, mas o arco narrativo depende de você.

Suficiente

Essa esteira não precisa ser uma armadilha. Você não consegue sair dela, mas, depois de perceber como ela funciona, pode parar de ser escravizado por ela. Pesquisas sugerem que a genética predetermina até 50% do nosso nível de felicidade.[8] Isso é consistente com a nossa experiência de vida. Todos conhecemos pessoas que quase sempre são dinâmicas e alegres, e outras que parecem permanentemente para baixo. Nota: as duas são desagradáveis. Mas os 50% de predisposição genética ainda deixam 50% sob seu controle. Não é produto da circunstância, da sorte ou nem de qualquer outra coisa.

O esforço que faz a esteira girar é inato e também... *útil.* A chave é direcionar as recompensas externas de forma que se tenha o luxo de se concentrar na realização interna. Os jovens *devem* ser motivados pelo dinheiro, mas como um meio para atingir um fim, e devem estar muito concentrados em alcançar um certo nível de segurança financeira. Para além disso, torna-se um assunto pessoal: mais dinheiro pode deixá-lo mais feliz e oferecer novas oportunidades, mas, em algum momento, os retornos podem se tornar negativos. Uma obsessão por carreira e dinheiro (além do que você poderia gastar) começa a diminuir aqueles que são a fonte da verdadeira satisfação: os relacionamentos. O grande estoico romano Sêneca escreveu: "Não é possível desfrutar da posse de algo valioso a menos que se tenha alguém com quem compartilhá-lo." Muitas pessoas de sucesso só percebem isso quando tudo o que possuem são os bens valiosos.

Sorte

Quando olho para o meu próprio sucesso, noto que ele se resume a duas coisas acima de tudo: ter nascido nos Estados Unidos na década de 1960 e ter alguém na minha vida que era irracionalmente apaixonada pelo meu sucesso (minha mãe). Embora tenha sido criada em uma casa onde havia pouco afeto, minha mãe sempre demonstrou todo seu amor por mim. Para mim, carinho foi a diferença entre esperar que alguém me achasse maravilhoso ou digno e saber que eu era isso tudo.

O indicador mais confiável do seu sucesso é onde e quando você nasceu. No entanto, a cultura ocidental prega a independência e a autossuficiência, e a mensagem implícita é a de que os resultados, bons ou maus, são consequência apenas dos nossos esforços. Quando não reconhecemos o enorme papel que a sorte (e, de um modo mais geral, as forças fora do nosso controle) desempenha nos resultados, tiramos as lições erradas deles e reduzimos nossas chances de sucesso no futuro.

Pessoas de sucesso tendem a subestimar a contribuição que a sorte fez para seu sucesso, e isso lhes traz problemas, pois podem superestimar a própria capacidade e desperdiçar riqueza em empreendimentos nos quais não deveriam se envolver. Isso pode acontecer em qualquer nível de sucesso, desde um executivo de vendas júnior que ganha 100 mil dólares por ano perdendo tudo ao fazer *day-trade*, até um bilionário comprando um time de futebol. Ninguém fica tão vulnerável a um grande erro quanto depois de uma grande vitória, quando começamos a acreditar na falsa premissa de que nosso sucesso se deve única e exclusivamente a nós mesmos. Sim, você é brilhante e trabalhador, mas a grandeza depende também da ação de outras pessoas, e o momento certo (assim como outras características da sorte) é tudo.

Todo mundo é diferente nesse sentido, mas geralmente tendemos a ser mais rápidos em nos creditar por resultados positivos e em culpar forças externas pelos negativos (às vezes, isso é chamado de viés de atribuição). Pense em seus últimos resultados importantes, seja no trabalho ou em sua vida pessoal. Onde você obteve sucesso: como isso aconteceu? E onde não conseguiu: o que causou o fracasso? É raro o resultado que não inclua uma mistura de ambos, portanto, se estiver apostando todas as suas fichas em apenas um, ou se percebe um viés claro de como você explica seus sucessos e fracassos... Bem, isso provavelmente só significa que você é humano.

Deixando de lado o viés de atribuição, ignorar o papel da sorte é igualmente perigoso para quem não tem sucesso. Essa é a desvantagem da nossa mentalidade que diz "você pode fazer tudo o que quiser". Porque a implicação é que, se você não tiver sucesso, a culpa deve ser sua. A verdade é que todos cometemos erros, e boa parte dos fracassos é atribuível ao erro. Mas muita coisa depende da sorte, de acontecimentos fora do nosso controle. Uma empreendedora que não alcança o sucesso com seu primeiro empreendimento não é uma fracassada. Com sorte, ela se torna uma empreendedora mais sábia e ambiciosa.

Tive muitos fracassos na vida. E minha capacidade de superá-los me tornou apto a ter sucesso. Nós nos concentramos na base tradicional do sucesso: educação formal, assumir riscos, fazer contatos etc. O que descobri, porém, é que o atributo mais importante é, segundo Winston Churchill, "a disposição de superar o fracasso sem perder o entusiasmo".

Nada nunca é tão bom ou tão ruim quanto parece

Seguir o conselho de Churchill é muito mais fácil se colocarmos nossos fracassos (e nossos sucessos) em perspectiva. Assim como tendemos a subestimar a sorte, nós superestimamos bastante a importância do momento presente. Isso é especialmente verdadeiro quando somos jovens. A gente extrapola nosso futuro a partir de nosso estado emocional atual, quando, na verdade, inevitavelmente vamos retornar à linha basal. Desenvolva a força do caráter para sentir a dor e desfrutar do prazer, mas compreenda a verdade absoluta: "Isso também vai passar."

Uma pesquisa com idosos descobriu que o maior arrependimento deles foi se preocupar demais.[9] Quando olhar para trás, você vai perceber que as coisas sobre as quais você mais se cobrava não eram tão importantes assim. Ao mesmo tempo, mais tarde você perceberá que (como eu disse antes) grande parte daqueles momentos em que você arrasou foi resultado de pura sorte.

Desenvolver essa perspectiva é mais fácil se você consegue diferenciar o evento da sua percepção e da sua reação. Ryan Holiday colocou desta maneira no livro *O obstáculo é o caminho*: "Não há bem ou mal sem nós, apenas percepção. Há o evento em si e a história que contamos a nós mesmos sobre o que esse evento significa."[10] Não me interpretem mal, os eventos são importantes... mas muitas vezes nossa percepção imediata deles é exagerada, reativa, emocional. A mídia moderna piora isso, com sua tendência a transformar todas as reviravoltas dos eventos em catástrofe. Não deixe que isso distorça sua perspectiva.

Raiva, indiferença e vingança

Eu tenho problemas com a raiva. Ela me prejudica e tem sido um verdadeiro obstáculo ao sucesso e à realização. É uma característica herdada. Meu pai não falava muito, pelo menos não comigo. Ele era charmoso, intenso e propenso a ataques imprevisíveis de raiva. Como muitos meninos, eu era fascinado pelo meu pai. Quando ele me buscava para passar o fim de semana, eu me sentava no banco do passageiro e ficava olhando para ele, que começava a falar consigo mesmo, embora não estivesse de fato falando consigo mesmo. Falava com outra pessoa. Alguém do trabalho, será? Fosse quem fosse, a conversa aumentava de volume e a cada respiração ele começava a xingar quem estava do outro lado desse diálogo imaginário. Ele sempre estava com muita raiva.

Se algo ou alguém me causa gatilhos, eu tenho dificuldade para superar. Por 40 anos eu carreguei um placar imaginário comigo (para todos os lugares). Qualquer depreciação, grosseria ou falta de respeito precisava ser rebatida com um contra-ataque equivalente para tornar o mundo equilibrado de novo. Meu Deus, que desperdício de energia. Não cometa esse erro. Você não sabe o que está acontecendo com a outra pessoa. Talvez ela tenha sido demitida, tenha pedido o divórcio ou descobriu que o filho tem diabetes. Ou talvez apenas seja cruel. Quem se importa? Você não deveria. Não é necessário responder a cada depreciação, a cada pequena injustiça.

Mais fácil falar do que fazer, claro. Expressar a raiva tem um valor a curto prazo, pois alivia a pressão. O peso da queixa não processada pode ser um estorvo tão grande quanto a raiva causada por ela. Qualquer coisa ou pessoa que viva em sua cabeça sem pagar aluguel a está ocupando indevidamente. Essa energia e capacidade ocupadas poderiam ser melhor investidas em outro lugar.

A abordagem estoica para a raiva é cultivar a indiferença. Não podemos controlar o que os outros fazem, mas podemos controlar nossa reação ao que acontece. Algumas pessoas meditam para limpar a mente. Eu acho isso quase impossível. O que fiz, porém, foi treinar para lançar na escuridão as pessoas que me afetaram. Na minha escuridão mental, quero dizer. Primeiro, faço o que recomenda a analista financeira Lyn Alden: "Não pense nos seus inimigos como inimigos, mas como pessoas. Deixe-os acreditar que você é um inimigo, mas aprenda com isso e siga em frente." Eu tento compreender o que pode ser aprendido (ex.: o que fiz para inspirar esta ação, eu conseguiria reparar a situação/o relacionamento, etc.?). E então jogo a pessoa na escuridão e tento nunca mais pensar nela.

Mas tenho que admitir que nem sempre é suficiente. Algumas pessoas simplesmente não ficam na escuridão. Tudo bem, porque sei como me vingar. Vinte e cinco anos atrás, Hamid Moghadam (CEO da Prologis) me disse algo que me ajudou de forma tangível a lidar com minha raiva, e carrego esse ensinamento comigo todos os dias. Eu estava no meio de uma batalha de anos com a Sequoia Capital, especificamente com um sócio que eu considerava incrivelmente pequeno (veja o que disse antes: dificuldade para superar as coisas). Ao me ouvir reclamar, Hamid me interrompeu e disse: "Scott, a melhor vingança é viver uma vida melhor." Ótimo conselho.

Suar a camisa

Um dos conselhos financeiros mais importantes que posso oferecer não tem ligação direta com finanças: pratique bastante exercício físico. Pode parecer senso comum, mas talvez seja a coisa mais eficaz que você pode fazer para notar uma melhoria generalizada na sua qualidade de vida, a curto e longo prazo. Entre as muitas pessoas de alto desempenho com quem trabalhei ou que conheci, há as matutinas e as noturnas, as maníacas da limpeza com suas mesas arrumadas e as de gênios caóticos, as introvertidas e as extrovertidas... mas, de longe, a característica observável mais comum é que elas são comprometidas com o exercício físico. A ciência sustenta o que estou dizendo. Uma revisão de mais de sessenta estudos realizados em ambientes, culturas e profissões concluiu: "A prova científica da eficácia das atividades de condicionamento físico para a produtividade no local de trabalho é irrefutável".[11] Encontre uma atividade de que goste. É um tempo bem gasto e renderá dividendos em sua saúde e sua produtividade.

Pela minha experiência, o exercício devolve o tempo gasto nele: se gastar quatro ou seis horas por semana com atividades físicas, você recupera essas horas porque tem mais energia, está mentalmente mais saudável e é capaz de trabalhar mais. Como tantas outras coisas, exercício e caráter formam um círculo de autorreforço virtuoso: quanto mais nos exercitamos, mais forte nosso senso de propósito se torna; e quanto mais forte nosso senso de propósito, mais nos exercitamos.[12] O estresse de trabalhar duro causa estragos em nosso sistema nervoso e o exercício nos ajuda a regular isso, pois produz neuroquímicos que melhoram o humor e nos ajudam a dormir melhor. Uma revisão de 97 estudos independentes concluiu que o exercício é 50% mais eficaz do que terapia ou medicamentos no tratamento da depressão.[13] O jornalista Steven Kotler, que construiu uma carreira estudando pessoas excepcionais com a melhor performance possível, coloca de forma simples: "O exercício é algo não negociável para alcançar o desempenho máximo."[14]

Qualquer coisa, desde uma caminhada rápida pelo bairro até escalar uma montanha, pode funcionar, mas, se você não estiver se esforçando ultimamente, comece com a caminhada rápida. Ande rápido o suficiente para aumentar sua frequência cardíaca, e isso vai limpar sua mente e melhorar seu humor. Evolua a partir dessa base.

Sou um grande fã de treinos curtos e intensos e de levantamento de pesos pesados. Uma mitologia se desenvolveu em nossa cultura em torno do levantamento de peso. As pessoas pensam que isso reduz a flexibilidade (quando na verdade é o contrário) ou que vai deixá-las grandonas (acontece apenas se treinarem exatamente para isso). Na verdade, o trabalho de resistência melhora o humor e a memória, e traz benefícios à saúde no longo prazo.[15] Já comprovei que isso faz eu me sentir confiante e poderoso. (Era aqui que eu costumava dizer que é necessário ser forte o suficiente para que, ao entrar em uma sala, você sinta como se pudesse matar e comer todos que estivessem nela. Estranhamente, as pessoas me disseram que isso seria ir longe demais.)

A álgebra das decisões

A vida é um acúmulo de decisões, grandes e pequenas. É estranho que "tomada de decisão" não seja uma disciplina curricular, uma matéria padrão do ensino médio. Nas livrarias deveria haver uma seção sobre tomada de decisão. O segundo presidente Bush foi muito criticado por descrever seu cargo com a frase "sou quem decide", mas implicitamente ele quis dizer algo profundo sobre o trabalho. O presidente Truman fazia o mesmo com uma placa em sua mesa que dizia THE BUCK STOPS HERE (o problema acaba aqui). Na Casa Branca, há um time de especialistas que tomam todas as decisões fáceis e a maioria das difíceis. As únicas decisões que chegam à mesa da presidência são as brutais e intransponíveis. Em sua vida, você também as enfrenta, só não tem uma equipe para ajudá-lo. Portanto, vale a pena dedicar tempo a pensar em como toma decisões e como pode tornar suas decisões melhores.

Dito isso, você quer tomar mais decisões certas do que erradas. Seus instintos são um guia digno para a sobrevivência e a propagação, mas um mundo complexo oferece exponencialmente mais desafios e recompensas. Eu aprendi que preciso de uma estrutura, um conjunto de valores que ajude a definir como quero viver minha vida e que sirva como uma lente para filtrar meus pensamentos.

- Para mim, a competição de mercado do capitalismo é um princípio importante. O que criará mais valor? Qual será a jogada mais bem-sucedida, mesmo que não seja a que eu acho que *deveria* ser?
- Também aprendi a ouvir o que minhas emoções me dizem, mas não necessariamente a seguir suas instruções. Os instintos são úteis, mas é preciso distinguir entre a sabedoria que fervilha em seu subconsciente e a sua amígdala pressionando o botão de pânico. Ou o botão da ganância (luxúria). Esse vai fazê-lo tropeçar.
- Como vou descrever mais adiante neste capítulo, obter a opinião de outras pessoas é crucial para tomar grandes decisões.
- Finalmente, tento tomar as decisões mais importantes à sombra da morte. "*Memento mori*", diziam os estoicos. "Lembre-se, você vai morrer." Isso parece sombrio? Não deveria. Eu sou ateu e acredito que, quando tudo acabar, realmente acabou. Frida Kahlo disse: "Quero que minha partida seja gloriosa e não quero voltar." Colocar-me ali, perto da morte, me ajuda a analisar a vida e a pesar as decisões que vão me trazer paz. Sei que no final ficarei mais

chateado com os riscos que não corri do que com as consequências daqueles que corri.

No entanto, ainda tomaremos muitas decisões erradas, e tão importante quanto essa habilidade essencial para a vida é saber como lidar com os erros. Quando eu era mais jovem, acreditava que sempre tomaria a decisão certa por meio de liderança e persuasão. Estava mais concentrado em provar que minhas decisões estavam certas... porque sou incrível... do que em tomar as melhores decisões. É verdade que há um benefício em tomar decisões depressa: a velocidade pode compensar, de certa forma, o erro de direção. Mas não adianta ser alguém decidido se, depois, a pessoa for alérgica à correção de rumo. As pessoas muitas vezes confundem isso com ter princípios. Não é a mesma coisa. **Suas decisões são um guia e um plano de ação, não um pacto suicida**. Esteja aberto a evoluir e mudar de ideia quando receber novos dados ou visões e insights interessantes. Recuar um passo no caminho errado é dar um passo na direção certa.

Um proprietário de uma pequena empresa de sucesso me disse há pouco tempo que, pela sua experiência, não é quem toma as *melhores* decisões que sai na frente, e sim a pessoa que toma *mais* decisões. Tomar mais decisões significa obter mais feedback e melhorar com isso. Cada decisão tomada é uma oportunidade de redirecionar, e, quanto mais decisões houver, menor é a importância de qualquer decisão errada que você tomou. O acúmulo de decisões corretas cria confiança. O acúmulo de decisões erradas cria cicatrizes.

CONSTRUINDO UMA COMUNIDADE FORTE

Um erro que me atrapalhou por muito tempo foi não levar em conta que eu precisava de outras pessoas, e por isso era preciso investir nelas. Uma comunidade tem muitas e variadas camadas, desde a família até mentores, da rede profissional a inúmeros fornecedores, parceiros, funcionários e pessoas aleatórias com as quais vamos interagir todos os dias. As pessoas mais bem-sucedidas que conheço geram uma tonelada de valor por meio de sua comunidade, e dão ainda mais em retorno.

Um aspecto essencial do caráter, e que contribui para o sucesso, é a apreciação da nossa interdependência (e o fato de acreditarmos nela). No livro *Os 7 hábitos das pessoas altamente eficazes*, Stephen Covey descreve três maneiras de se relacionar com os outros: a dependência, a independência e a interdependência. A independência está intimamente relacionada à mentalidade americana. É difícil de manter e não é produtiva a longo prazo. Pode até mesmo ser tóxica, pois, com muita facilidade, se transforma em egoísmo. A *interdependência* é o termo de Covey para os tipos de relacionamento que as pessoas bem-sucedidas desenvolvem. O termo estoico para isto é "sympatheia", a noção de que, conforme os ensinamentos de Marco Aurélio, "todas as coisas estão interligadas umas com as outras". Portanto, conforme ele escreveu: "Trate seus semelhantes como se fossem seus próprios membros, como se fossem uma extensão de você mesmo."

Não seja estúpido

Nossas ações afetam a nós mesmos e às pessoas ao nosso redor. Busque o benefício de ambos. No livro *As leis fundamentais da estupidez humana*, Carlo M. Cipolla desenha uma matriz 2 x 2 para capturar esses dois grupos e nosso impacto sobre eles.

A MATRIZ DA ESTUPIDEZ DE CIPOLLA

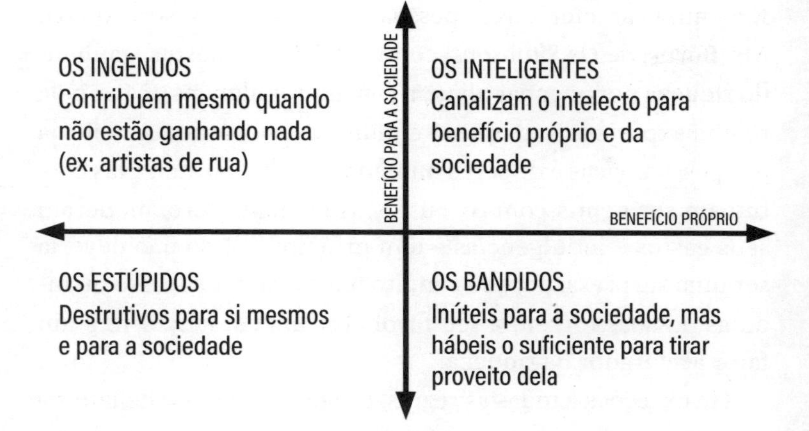

Fonte: Carlo Cipolla, *As leis fundamentais da estupidez humana*

Sobre o quadrante inferior esquerdo (nota: você nunca deve estar no quadrante inferior esquerdo), as pessoas estúpidas às quais ele se refere não obtêm nenhum ganho com isso, ou mesmo incorrem perdas. De modo invariável, nós subestimamos o número de indivíduos estúpidos em circulação, pois a probabilidade de uma determinada pessoa ser estúpida independe de outras características ou credenciais (por exemplo, pode ter um doutorado ou ser presidente). Nós (os não estúpidos) somos vulneráveis aos estúpidos e às suas ações, pois temos dificuldade em imaginar e compreender (ou organizar uma defesa racional contra) um ataque que carece de estrutura racional ou de movimentos previsíveis. Como disse Friedrich Schiller: "Contra a estupidez, os próprios deuses lutam em vão."

Reconheça que a estupidez existe, descubra como não ser estúpido e, em vez disso, aspire a ser "inteligente", o que também é algo possível... e nobre.

A grandeza está no apoio dos outros

É comum caracterizarem pessoas ricas que as mostra como o Mr. Burns, de *Os Simpsons*: coniventes e desonestos, ganhando riqueza por enganar alguém (ou muitos alguéns). Mas, pela minha experiência, o oposto é muito mais comum. A maioria das pessoas ricas é de seres humanos de alto caráter. Elas costumam ser gentis com os outros, trabalham duro, moderam seus gastos e indulgências e têm princípios. Isso não deveria ser uma surpresa, porque é muito mais fácil ter sucesso quando as pessoas torcem a seu favor. Ter um caráter forte é um fator acelerador da riqueza.

Há exceções a todas as regras, e algumas pessoas de fato alcançam grande riqueza apesar de, ou mesmo com a ajuda de, seu caráter inferior. Mas isso não é motivo para seguir o exemplo delas. Além disso, as pessoas que obtêm riqueza sem grande caráter em geral perdem seu caminho e sua riqueza junto com ele. Não por acaso, pois, quando começam a cometer erros, elas perdem rede de apoio e amigos de verdade com quem possam ser honestos e que consigam redirecioná-los. É mais provável que eles sejam acusados por caluniadores. O caráter não apenas ajuda a criar riqueza, é a chave para protegê-la.

Busque vínculos e garantias

Procure oportunidades de criar vínculos. Para a maioria de nós, o vínculo mais profundo e poderoso é a família. As famílias mórmons tradicionalmente doam 10% da renda (ou de sua riqueza) à igreja. Esse é um motivador poderoso, pois coloca o trabalho em conexão direta com um propósito maior. Pela minha experiência, o custo desses 10% é compensado pelo maior poder aquisitivo de alguém a trabalho desse propósito maior.

As democracias colocam os líderes a serviço dos eleitores e as empresas vinculam os CEOs aos interesses dos acionistas (em teoria e, na maior parte das vezes, na prática).

Isso se torna mais importante quanto mais bem-sucedido você se torna. O sucesso em qualquer área traz poder: o poder da riqueza, o poder sobre as carreiras de outras pessoas, o poder de fazer mudanças no mundo. E o poder é uma substância que minimiza os custos e aumenta as recompensas. Pessoas com poder são psicologicamente mais inclinadas a agir de acordo com os próprios instintos do que aquelas que não o possuem. Isso contribui inclusive para o assédio sexual no local de trabalho. O poder tem uma influência inconsciente na excitação sexual. Um traço comum entre agressores e assediadores sexuais é a crença de que seus avanços são bem-vindos. O poder, de fato, intoxica.

O antídoto é se comprometer com os outros. Pode ser algo pessoal (com crianças), institucional (com a igreja) ou estrutural (com o conselho de administração). No filme *Wall Street: poder e cobiça*, o sumo sacerdote da ganância egoísta, Gordon Gekko, disse ao pupilo: "Se você precisa de um amigo, compre um cachorro." É uma boa frase, destinada a mostrar o quanto Gekko é um canalha egoísta. Mas também é um bom conselho. Não porque os cães não sejam leais (eles são) ou afetuosos (também são), mas porque eles precisam de você.

Crie um "gabinete de cozinha"

Como uma consequência da limitação de nossas garantias, construa, ao longo do tempo, a orientação informal de um "gabinete de cozinha". O termo "gabinete de cozinha" vem da presidência de Andrew Jackson, que às vezes se reunia com um pequeno grupo de conselheiros de confiança vindos de fora do governo. O conceito é familiar a quase qualquer líder de sucesso. É um grupo de pessoas fora da estrutura formal de sua organização que dá conselhos diretos e livres de interesses.

À medida que construir sua carreira, forme um gabinete de cozinha com pessoas que possam colocá-lo para cima, mas também se certifique de manter os pés no chão (como falei antes: seja honesto com você mesmo). Devem ser pessoas em quem você confia, pessoas que têm os seus melhores interesses em mente e que não têm medo de lhe dizer quando está sendo um idiota. Seu gabinete será a quem você recorrerá quando precisar de conselhos de carreira e de segundas opiniões sobre decisões comerciais e pessoais.

É melhor se os membros do seu gabinete de cozinha forem pessoas inteligentes com muita experiência, mas essa não deve ser a principal virtude deles. O maior valor agregado é o fato de que eles *não são você*. É difícil ler o rótulo de dentro da garrafa, e seu gabinete traz algo que você não pode fornecer, não importando seu talento ou esforço: uma perspectiva diferente. Pedir conselhos não significa que você precisa aceitá-los. Muitas vezes, o mais valioso a respeito dos conselhos não é o curso de ação recomendado, mas as perguntas que obtém em resposta — testando seu raciocínio sob pressão.

Mesmo nos meus momentos mais egoístas, sempre valorizei (para não dizer que sempre segui) o conselho de outras pessoas. Coleciono pessoas nas quais confio e que me conhecem e estão dispostas a me dizer o que realmente pensam, e não o que eu quero ouvir. Alguns dos conselhos mais valiosos que recebo não são sobre o que fazer, mas o que não fazer. Eu fiz muitas coisas idiotas na vida, mas diversos desastres foram evitados porque alguém disse: “Ei, talvez... não faça isso.”

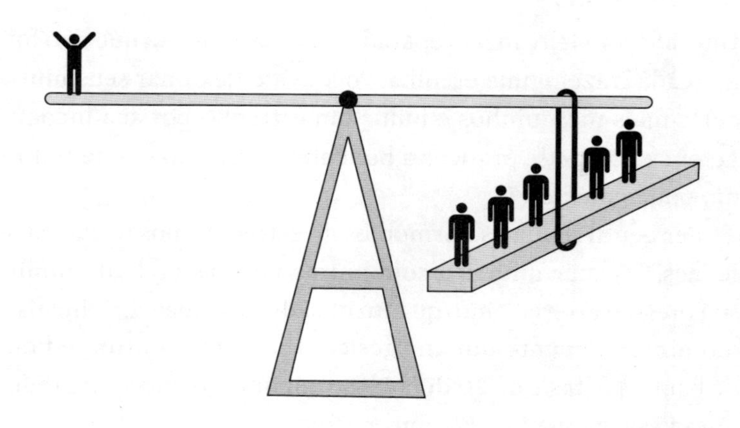

Dê boas gorjetas

Muitas vezes, é difícil fazer a coisa certa. Controlar sua resposta emocional a uma traição pessoal, gerenciar uma equipe em meio a uma grave queda de produtividade... essas são coisas que exigem nossas reservas de caráter. Mas, com muito mais frequência, fazer a coisa certa é muito fácil. Tão fácil que podemos não perceber a oportunidade. Mas isso é um erro, porque fazer a coisa certa quando é fácil ajuda a consolidar os hábitos de generosidade, bondade e compreensão dos quais precisaremos no momento em que enfrentarmos desafios reais. Lembre-se, você é o que você faz.

Para isso, dê boas gorjetas. Digo isso literalmente, em termos de recompensas monetárias pelo serviço prestado, mas também em um sentido mais amplo: pratique a gentileza com todos que encontrar em restaurantes e hotéis, no consultório médico, em um carro de Uber e até no local mais difícil de enfrentar, o aeroporto. Nós vivemos em uma economia de serviços, então precisamos encontrar com os respectivos profissionais muitas vezes ao dia. Cada uma dessas interações é uma oportunidade para praticar a virtude e construir seu caráter.

Um café com leite mal preparado ou uma consulta que não foi marcada trazem uma escolha: você pode flexionar seus músculos mais mesquinhos e punir um estranho por sua incompetência, ou pode praticar a bondade e tornar o dia de todos um pouco melhor.

Ser gentil reduz os hormônios do estresse e nos torna mais felizes.[16] Gastar dinheiro com outras pessoas pode diminuir sua pressão arterial tanto quanto uma dieta saudável. O altruísmo é precisamente um analgésico. Então faça outro pedido de batatas fritas e dê 20 dólares ao cozinheiro que assim todo mundo sai ganhando. Eu amo a ciência.

Faça amigos ricos

Desde a infância, aprendemos por mimetização. Nosso subconsciente fica constantemente monitorando como as pessoas ao nosso redor agem, modelando nosso próprio comportamento de acordo com o que observa. Somos fortemente influenciados pelas pessoas a quem nos associamos. A implicação é óbvia: dê ao seu subconsciente os melhores exemplos possíveis para tomar como base.

Nosso cérebro está programado para conectar o que fazemos com o que os outros fazem. Os chamados neurônios-espelho são circuitos biológicos específicos que disparam quando tomamos uma atitude e quando observamos *outra pessoa* tomando aquela atitude (e alguns podem disparar quando meramente imaginamos outra pessoa tomando uma atitude). Como animais sociais, estamos sempre nos comparando com os outros, aprendendo com eles e adaptando nosso próprio comportamento para se encaixar nas normas de nossos grupos. As pessoas até comem mais quando estão com outras pessoas que estão comendo.[17] Os seres humanos são imitadores excepcionais.[18] É o nosso principal meio de aprendizado infantil, e isso persiste até a idade adulta. Na verdade, há evidências de que os adultos são *mais* propensos a replicar sem pensar nas ações de outras pessoas. As crianças são inteligentes o suficiente para imitar apenas os comportamentos que resolvem um problema ou geram uma recompensa, enquanto os adultos servilmente imitam um professor e até mesmo seus trejeitos. E isso inclui nossa relação com dinheiro. Aproximadamente 78% dos jovens adultos relatam replicar, de modo consciente, os hábitos financeiros de seus amigos (suspeito que o número verdadeiro esteja mais próximo de 100%).[19]

Como em tanta coisa das ciências, a filosofia chegou lá primeiro. Dois mil anos atrás, Sêneca escreveu: "Associe-se a pessoas que podem melhorar você. Acolha aqueles que você é capaz de melhorar. O processo é mútuo: o ser humano aprende enquanto ensina."

Este é um dos meus conselhos mais controversos, e a parte que realmente deixa as pessoas incomodadas é uma de suas consequências, que seria deixar para trás, com graciosidade, os relacionamentos pessoais que o impedem de ir adiante. Para deixar claro, não estou sugerindo que abandone todos os seus amigos de infância ou que corte laços com alguém apenas baseado na sua conta bancária. Os relacionamentos de longa data têm um valor inerente que não tem como ser replicado de outra maneira. A amizade verdadeira é um presente. Mas a verdade incômoda é que mesmo amizades fortes podem se tornar tóxicas. Nem todo mundo supera a imaturidade de uma vida egoísta baseada em tirar proveito, e quase todos nós temos amigos que nunca passaram dessa fase. Isso não é um comportamento que você deve querer imitar, e você não tem obrigação de se associar a alguém só porque estudou com a pessoa no ensino médio ou a conheceu no seu primeiro emprego. O filósofo estoico Epicteto colocou da seguinte maneira: "Acima de tudo, vigie isso de perto — você nunca está tão ligado a seus conhecidos e amigos a ponto de se rebaixar ao nível deles. Caso contrário, estará arruinado... Você precisa escolher se deve ser amado por esses amigos e permanecer a mesma pessoa ou, então, se tornar alguém melhor à custa desses amigos... Se tentar ter as duas coisas, não vai progredir nem manter o que já tem."

Encontrar e se conectar com pessoas ricas lhe fornecerá modelos de comportamento para obter e viver com riqueza. Isso é particularmente importante se você, assim como eu, cresceu sem muito dinheiro e sem muita exposição a ele. Pessoas ricas costumam conhecer outras pessoas ricas, e essa rede pode ser inestimável. Muitas coisas são esperadas das conexões — elas raramente são suficientes para compensar a falta de habilidade ou de trabalho duro, mas podem aumentar o número de oportunidades que você tem para recuperar o tempo perdido.

Porém, tenha cuidado com o que seus amigos ricos dizem sobre os investimentos deles (na verdade, isso vale para qualquer pessoa que fale sobre os próprios investimentos). É muito mais provável falar sobre a própria vitória do que sobre a própria perda, por isso, em qualquer conversa sobre investimentos, é provável que você pense que é o estranho no ninho, o único sem uma fila de troféus para mostrar. Aprenda com as vitórias das outras pessoas, mas saiba que elas também sofreram perdas.

Fale sobre dinheiro

Dentro dos relacionamentos que criou, fale de dinheiro. Pessoas ricas (e os empregadores) perpetuam essa noção de que as pessoas não devem falar sobre dinheiro, que isso é, de alguma forma, indelicado. Que besteira. Nós vivemos em uma sociedade capitalista, por opção ou não, e o dinheiro é o sistema operacional dessa sociedade. É claro que as pessoas que têm dinheiro não querem que todos falem sobre isso; vai que os outros aprendem alguma coisa? Músicos falam sobre música, programadores falam sobre programação, jogadores de golfe falam sobre golfe (sem parar — não me arrependo de desistir do golfe). Somos todos, gostemos ou não, capitalistas, então por que não falamos de dinheiro? Você reunirá informações sobre remuneração, refinará suas estratégias para redução de impostos, avaliará sua perspicácia orçamentária e testará seus planos de emergência. Normalize falar sobre dinheiro para que você possa melhorar sua relação com ele.

O relacionamento mais importante

A decisão econômica mais importante a ser tomada em sua vida não é no que você vai se formar, onde vai trabalhar, qual ação comprar ou onde morar. É o seu parceiro afetivo. Seu relacionamento com seu cônjuge é o relacionamento mais fundamental da sua vida. E terá um enorme impacto em sua trajetória econômica.

Do ponto de vista econômico, casar-se (e permanecer casado) é uma das coisas mais benéficas que se pode fazer. Indivíduos casados são 77% mais ricos que pessoas solteiras.[20] A cada ano de casado, seu patrimônio líquido em geral aumenta 16%. Pessoas casadas também vivem mais e são estatisticamente mais felizes que pessoas solteiras.[21] Existem muitas razões para isso, mas uma que me chama atenção é que os cônjuges são um meio de prestação de contas, e a responsabilidade é essencial para o sucesso. Da mesma forma que os CEOs são responsabilizados por seus conselhos de diretores e acionistas, seu cônjuge é a pessoa que o ajudará a chegar aonde você deseja, pois são eles que têm a maior participação em seu sucesso. Nos relacionamentos mais bem-sucedidos que conheço, ambas as partes abraçaram o valor de alcançar as expectativas de seus cônjuges.

Como em qualquer decisão importante, no entanto, existem riscos. Uma das piores atitudes econômicas que se pode tomar é se divorciar. Em média, o divórcio nos Estados Unidos reduz a riqueza das partes em cerca de três quartos (para homens e mulheres).[22]

Acertar no casamento é um projeto de muitas dimensões para toda a vida, mas o dinheiro é mais importante do que queremos admitir. O maior motivo de divórcio nos Estados Unidos, tanto para homens como para mulheres, não é a traição, as decisões parentais ou os objetivos profissionais, e sim desacordo financeiro. O dinheiro é o segundo tema mais discutido entre os casais norte-americanos (o número um é o tom de voz ou o comportamento).[23] Metade dos estadunidenses que lutam contra a tensão financeira dizem que esse assunto teve um impacto negativo na intimidade com a outra pessoa do casal.[24] A falta de dinheiro é um dos maiores (se não *o* maior) causadores de tensão nas relações, razão pela qual as taxas de divórcio são significativamente mais elevadas entre os estadunidenses de renda mais baixa.[25] Casar-se com alguém que lida melhor com dinheiro do que você pode ser um grande benefício (nota: "melhor com dinheiro" não significa ser pão-duro). Casar-se em termos de habilidades financeiras é bom (metade dos cônjuges fazem isso), mas saiba no que está se metendo. Um amigo meu tem uma renda incrível e sua esposa não tem o menor critério quando se trata de gastos. Essa pessoa gasta 1.500 dólares, sem exagero, em flores para um jantar. Eles estão destruídos quando se trata de administrar dinheiro. É uma fonte de ansiedade para ambos. A relação problemática com o dinheiro pode assumir muitas formas e corroer os relacionamentos.

Desde o início do relacionamento, é necessário ser franco a respeito de dinheiro. O casamento é muitas coisas: um contrato econômico é uma delas. Isso significa falar de dinheiro. Tratar o dinheiro como um tabu pode ser uma das piores normas sociais dos Estados Unidos. Encontre um tempo para sentar-se e ter uma conversa mais ampla. Como é a nossa relação com dinheiro? Quais são as evidências em nossa vida que confirmam isso? (Porque a pergunta não é como *desejamos* que a nossa abordagem ao dinheiro poderia ser.) Qual é a classe econômica em que esperamos estar? Como estamos contribuindo para manter essa classe? (Algumas das contribuições mais importantes não são monetárias.) Em especial, é importante se comunicar quando as coisas não estão bem. Assim como lidar com um conselho administrativo, más notícias são razoáveis. O que não são razoáveis são as surpresas.

PONTOS DE AÇÃO EM TÓPICOS

RESUMO DO CAPÍTULO

- **Combine ações com intenções.** A segurança financeira não é o produto de um exercício intelectual, e sim o resultado de um padrão de comportamento. Nem o conhecimento nem o planejamento por si só o levarão até lá.
- **Construa seu caráter para o longo prazo**. A chave para combinar suas ações com suas intenções é o caráter. O caráter é sua defesa contra as fraquezas da nossa espécie e as tentações que o capitalismo oferece para explorar essas fraquezas.
- **Desacelere**. Observe algumas das muitas decisões que você toma de modo inconsciente todos os dias (pular o café da manhã, reagir a um insulto). Diga a si mesmo, antes de agir: "Estou no controle, minha resposta é minha escolha."
- **Reconheça as respostas emocionais**. Não negue a raiva, a vergonha ou o medo; eles são naturais e saudáveis. Mas não deixe que essas respostas determinem suas ações. Às vezes você precisará de um escape. Encontre um que seja saudável.
- **Treine seus hábitos**. Identifique os comportamentos que você *deseja* naturalizar e use a ciência da formação de hábitos para transformá-los em respostas instintivas.
- **Apenas faça**. Cuidado com a paralisia pelo excesso de análise. Não confunda planejamento com ação. Você aprenderá mais e fará mais progresso em suas tentativas e seus erros iniciais do que através da teorização.
- **Procure recompensas, mas não dependa delas**. Você precisa de motivação, e recompensas como dinheiro e status são motivadores poderosos. Mas sempre haverá uma casa maior, um clube mais exclusivo: quanto mais dinheiro se ganha, menos ele vale. Não pense que essas recompensas por si só lhe tragam felicidade.
- **Reconheça o papel da sorte**. Os resultados (bons ou ruins) estão apenas parcialmente sob nosso controle. A maioria de nós tende a dar crédito excessivo a si mesmo pelos resultados positivos, e culpar indevidamente as circunstâncias pelos resultados negativos. Alguns de nós têm a tendência oposta.

Esteja atento às tendências pessoais e leve-as em consideração na hora de avaliar seus resultados.

- **Sue a camisa**. A correlação entre exercício regular e saúde, sucesso e felicidade é inegável. Encontre tempo para a atividade física e você ganhará mais tempo no final, graças à maior produtividade. Levante pesos. Corra. Mova-se.
- **Tome boas decisões**. Tenha consciência do seu próprio processo de tomada de decisão, revise as decisões boas e as ruins, e aprenda com as duas. No final, você provavelmente se arrependerá mais dos riscos que não correu do que das consequências do que fez.
- **Não seja estúpido**. Pessoas estúpidas tomam atitudes que prejudicam não apenas a si mesmas, mas também suas comunidades. O sucesso depende da sua rede e da saúde do ecossistema do qual você depende.
- **Busque garantias e conselhos**. Reconheça e valorize as pessoas e as estruturas em sua vida que o mantêm com os pés no chão e oferecem uma perspectiva diferente sobre suas ações. Isso é especialmente importante à medida que você ganha riqueza e poder, pois menos pessoas lhe dirão de maneira confiável o que realmente pensam.
- **Dê boas gorjetas**. Você terá um melhor serviço, se sentirá mais feliz e viverá mais tempo.
- **Faça amigos ricos**. Pessoas ricas são modelos para viver com dinheiro, oferecer acesso a oportunidades e elevar suas ambições.
- **Fale de dinheiro**. Goste ou não, o dinheiro é o sistema operacional da nossa sociedade. Normalize falar de dinheiro, é algo importante demais para ser evitado.
- **Invista em seu parceiro.** A decisão mais importante que você pode tomar é fazer parceria com alguém e enfrentar a vida em equipe, e seu par é o relacionamento mais importante que você terá. O casamento traz um impulso econômico, mas requer esforço e atenção contínuos.

FOCO

+

(ESTOICISMO

×

TEMPO

×

DIVERSIFICAÇÃO)

2

FOCO

Nosso foco nos define. A cada momento, nosso cérebro processa vastas quantidades de dados de nossos sentidos e subconsciente. A consciência (nosso senso de identidade) se dá pelo desprezo total a quase todos esses dados. De um instante a outro seguimos apenas uma linha de pensamento, monitoramos um estreito fluxo de estímulos. Focar é escolher em que vamos prestar atenção.

De semana a semana, ano a ano, a sociedade nos oferece uma variedade de tentações e terrores, campos mais verdes e encruzilhadas na estrada. Nossa vida é o produto das escolhas que fazemos. Podemos vagar sem destino, tropeçando na prosperidade um ano, perdendo o caminho em outro, ou então a partir de previsões e flexibilidade. Nós podemos ser conscientes. Podemos estar focados.

Construir a segurança financeira exige um esforço sustentado ao longo de décadas, e isso não é algo que possa ser mantido sem foco. Meu sucesso se dá em função de diversos fatores, muitos dos quais estavam fora do meu controle. A única coisa que posso controlar é a mesma que você pode. Eu trabalhei com afinco, muito afinco... e com foco. Trabalhar com afinco é sua potência. Ela impulsiona sua carreira rumo a seu objetivo. Mas, sem foco, você simplesmente queima combustível derrapando no mesmo lugar.

Não basta apenas que lhe digam para ter foco. Por isso, este capítulo fala de como alcançar e direcionar o seu foco — principalmente na sua carreira, para a qual acredito que você precisará direcionar grande parte de sua energia. São conselhos extraídos de meus sucessos e consideráveis erros, e do que vi funcionar para colegas, clientes, alunos e amigos. O capítulo segue de forma um tanto cronológica, começando com conselhos sobre como escolher um caminho profissional, seguidos de insights mais apropriados à medida que avança. Embora as carreiras variem e estejam em constante mudança, penso que esses princípios são relevantes na maioria das áreas e situações.

EQUILÍBRIO

É como muitos dizem: você pode ter tudo, mas não tudo de uma vez. Essa é uma verdade universal, mas funciona de maneira diferente para pessoas diferentes. Minha vida tem sido linear: tenho muito equilíbrio agora, em função da falta dele entre os meus 20 a 30 anos. Dos 22 aos 34 anos, além da faculdade de administração, eu me lembro de trabalhar e nada mais. Horas no escritório, dias na estrada, planos cancelados e experiências perdidas. Minha falta de equilíbrio como jovem profissional me custou meu casamento, meu cabelo e, provavelmente, meus 20 anos. Tudo isso teve um custo muito real. Para mim, pelo rumo que minha vida tomou, valeu a pena. Há coisas que eu faria diferente. Trabalhar menos não é uma delas.

Para muitas pessoas, esse é o caminho. Na verdade, entre aqueles que não foram inteligentes o suficiente para serem herdeiros, não conheço ninguém que tenha feito algo além de trabalhar arduamente durante, pelo menos, vinte anos. Um estudo recente com 233 milionários descobriu que 86% deles trabalhavam mais de 50 horas por semana.[1]

Tudo bem, mas nem todo mundo pode ou quer dedicar tanto tempo e energia à carreira. E, embora eu não acredite que exista uma forma (legal) de criar segurança financeira. que não inclua muito trabalho árduo, existem recursos que você pode utilizar para tirar o máximo proveito do seu tempo. Na verdade, é disso que se trata o restante deste capítulo: quer trabalhe 30 ou 60 horas por semana, você deseja que essas horas sejam produtivas. Mas, se estiver mais perto de 30 horas, é crucial que tire o máximo proveito delas.

Aceitação

Haverá limitações práticas no tempo que você pode dedicar ao trabalho devido a escolhas e fatores fora de seu controle. Não agrave isso com limitações psicológicas. O que quero dizer é que é preciso aceitar a primazia do trabalho nos anos críticos (para a maioria das pessoas, dos 20 e poucos anos até os 40, mas essas margens não são categóricas). Você vai passar *muito* tempo trabalhando — quer mesmo ficar ressentido esse tempo todo?

Como discuto neste capítulo, aceitar o papel do trabalho é mais fácil se estivermos trabalhando no que somos bons, se for recompensador financeiramente e se cultivarmos a paixão pelo crescente domínio do ofício. Esse é o círculo virtuoso do foco. Se você se ressentir por ter pouco tempo livre devido às noites e aos fins de semana de trabalho (e, ainda mais, pelas energias cognitivas e emocionais que precisa direcionar), você não fará o seu melhor trabalho, não fará o trabalho bem e, o pior de tudo, não vai apreciar o restante da sua vida, porque o ressentimento influencia tudo. Lembre-se de que sua versão futura pode não parecer real agora, mas ela será grata pelo seu sacrifício.

Da mesma forma, não finja ser alguém que não é, nem se ressinta pelas próprias limitações. Você vai encontrar pessoas que têm relações poderosas, estão em forma, doam tempo para organizações de defesas dos animais, têm um blog de comida e são atletas profissionais. Suponha que você não seja uma pessoa assim (provavelmente elas também não são — você nunca sabe quais sacrifícios elas estão fazendo nos bastidores ou o apoio que estão recebendo). Percebi cedo que eu não era essa pessoa. Sou talentoso, mas não o suficiente para ter sucesso econômico sem precisar trabalhar para isso, e (sendo realista) nem você. Fique em paz com suas limitações.

Flexibilidade

Você pode conseguir trabalhar mais horas se alocá-las em torno de suas outras obrigações e tiver flexibilidade de horário. A tecnologia está tornando o conhecimento mais flexível em todas as áreas, mas tal flexibilidade não é distribuída igualmente. Os compromissos fixos são mais comuns em trabalhos colaborativos, funções de gerenciamento e empregos em grandes organizações. Qualquer coisa que envolva clientes e pacientes é inerentemente menos flexível. Quanto menos tempo precisar dedicar à carreira, mais você se beneficiará com a flexibilidade.

A flexibilidade pode ser conquistada por meio da reputação, mas tenha cuidado, pois isso funciona de um jeito específico em cada organização. Depois de cinco ou dez anos em uma empresa, um funcionário de alto desempenho terá conquistado a (boa) confiança da administração e, em geral, conseguirá acomodar os ajustes em sua agenda. No entanto, se ele for para outra empresa, terá que construir essa reputação novamente.

À medida que se torna mais experiente, uma boa gestão pode lhe proporcionar flexibilidade. No trabalho, existem poucas sensações melhores do que entregar à equipe uma tarefa complexa com a total confiança de que ela será cumprida. (Gerenciamento é uma habilidade, não um traço de personalidade, e pode ser aprendido.)

Da mesma forma, se você quiser manter momentos de compromissos inegociáveis fora do trabalho, direcione sua trajetória de carreira para o desempenho individual, construa a reputação de conseguir realizar seu trabalho e (se trabalha dentro de uma organização) torne-se bom de verdade em gerenciar e delegar.

Faça parcerias

A alavanca mais importante que se pode acionar para maximizar a eficiência é encontrar o parceiro certo. Um casal pode fazer mais do que duas pessoas solteiras, porque uma casa de família exige um mínimo de tempo e atenção fixa para funcionar bem. É preciso compartilhar esse fardo com alguém. Isso é ainda mais verdadeiro quando se tem filhos, é claro, mas as pessoas subestimam o salto na carreira que o próprio casamento provoca.

A maioria das pessoas mais bem-sucedidas que conheço fazem parte de uma equipe na qual os parceiros têm diferentes papéis em casa e na carreira. Assim como o equilíbrio é algo que você deve procurar ao longo da vida, e não do seu dia, os casais mais bem-sucedidos encontram o equilíbrio em conjunto, não de forma independente. Não pense que você será o parceiro focado na carreira ou o gerente da família. Isso é, em parte, uma função flexível: uma das minhas parceiras fundadoras da L2 era capaz de se dedicar totalmente à carreira (no noticiário de televisão) quando os filhos eram jovens porque o marido estava iniciando seu próprio negócio. As obrigações dele eram inúmeras, mas também flexíveis — então, quando alguém precisava pegar a criança doente na escola ou receber um fornecedor em casa, ela não precisava deixar o estúdio.

O poder das restrições

Mesmo com outras prioridades, não subestime o quanto você pode trabalhar e o quanto pode realizar. Testemunhei isso em primeira mão depois que comecei a Prophet, uma empresa de consultoria em estratégia de marca. Desde o início, recebíamos poucas ofertas. Eu conseguia encontrar clientes, mas não atrair pessoas boas o suficiente para crescer tão rápido quanto éramos capazes. A razão era óbvia: consultores experientes não precisavam trabalhar para um jovem de 26 anos recém-saído da faculdade de administração. Nossa solução (não planejada) foi contratar mães que quisessem voltar ao mercado de trabalho. As grandes empresas eram inflexíveis em suas exigências e podiam se dar ao luxo de ser assim. Nós éramos desconhecidos e precisávamos ser mais criativos. Então, essas consultoras experientes e perspicazes trabalhavam para nós porque eu disse a elas que poderiam sair mais cedo ou até mesmo trabalhar de casa (!) alguns dias por semana.

Elas estavam entre nossos funcionários mais produtivos e valiosos. E gerenciavam muitas coisas: clientes, equipes de iniciantes, o próprio trabalho cognitivo, além de suas obrigações em casa. Portanto, não tiveram escolha além de serem eficientes. Seus colegas que perdiam prazos não tinham tanta coisa com que lidar, mas isso acabou sendo um problema, pois eles acreditavam que podiam estender o almoço, comandar o time de futebol virtual no escritório e, depois, só ficar até mais tarde para concluir o trabalho. Isso comprovou o ditado "Se você quer algo feito, peça a uma pessoa ocupada".

Tudo volta à questão do foco. Foco é dizer "não". Steve Jobs afirmava que a coisa mais importante que fez como CEO foi dizer não. O mantra de Elon Musk quando construiu o melhor carro já feito foi "A melhor peça é nenhuma peça". Descubra como simplificar e agilizar sua vida para que possa se concentrar no que importa. E então faça.

NÃO SIGA SUA PAIXÃO

Se alguém lhe disser para seguir sua paixão, significa que essa pessoa já é rica. E, normalmente, fez fortuna em alguma indústria nada glamurosa, como fundição de minério de ferro. Sua missão é encontrar algo em que seja bom e aplicar as milhares de horas de coragem e sacrifício necessárias para se tornar excelente nisso. Ao chegar lá, a sensação de crescimento e o crescente domínio de seu ofício, juntamente com as recompensas financeiras, o reconhecimento e a camaradagem, vão fazer você se apaixonar por tudo o que "nisso" significa. Ninguém cresce dizendo: "Sou apaixonado por direito tributário", mas os melhores advogados tributários do país têm segurança financeira, acesso a uma seleção mais ampla de parceiros e são (porque são muito bons nisso) apaixonados por direito tributário. É improvável que você seja ótimo em algo que não gosta de fazer, mas o domínio pode levar à paixão.

Você não sabe o que não sabe

Talvez o pior aspecto do conselho sobre seguir sua paixão seja que, para a maioria de nós, isso não é algo factível. O psicólogo William Damon, de Stanford, descobriu que apenas 20% das pessoas com menos de 26 anos conseguem definir uma paixão que oriente suas escolhas de vida.[2] Portanto, quatro em cada cinco de nós não podemos seguir nossa paixão, mesmo que seja a nossa intenção, porque não sabemos que paixão é essa. E, mesmo quando conseguimos "definir uma paixão", muitas vezes é algo socialmente determinado, refletindo o que nossa cultura espera de nós, mas que não nos é inerente. Os pesquisadores que estudam as aspirações dos jovens descobriram que suas "paixões" na verdade são "altamente maleáveis e suscetíveis à influência" de fatores como a decoração da sala de aula.[3] Para a maioria de nós, o tipo de paixão que nos guia, como uma estrela no horizonte, não é algo que recebemos ao nascer. É algo que encontramos através do trabalho duro.

O autor Cal Newport escreveu um livro, *Bom demais para ser ignorado*, que desmascara o que chama de "hipótese da paixão". Ele começa examinando o talvez mais famoso símbolo desse mito, Steve Jobs. Em 2005, Jobs fez o discurso de formatura em Stanford e incentivou os formandos a "encontrar o que amam" e fazer disso uma carreira. Esse discurso foi visto mais de 40 milhões de vezes no YouTube. Mas, como salienta Newport, a carreira de Jobs contradiz o conselho que dá no discurso. Antes de fundar a Apple, Jobs teve inúmeras paixões: meditação, caligrafia, frutarianismo, andar descalço. Seu interesse em tecnologia começou quando quis construir um aparelho que fizesse ligações telefônicas gratuitas de longa distância (se isso não faz sentido para você, pergunte a seus pais). Quando ele enfim encontrou sua vocação, não era nenhuma dessas coisas. Estava promovendo um computador de uso pessoal construído por outra pessoa (seu amigo, Steve Wozniak). Jobs não encontrou o que amava, ele encontrou seu talento. Ele *veio* a se apaixonar pelo marketing de computadores de consumo (o que mais tarde chamaria de "bicicletas para a mente") porque era muito bom nisso.

Carreiras por paixão são uma droga

Acreditar que você precisa ser apaixonado por alguma coisa antes de embarcar na difícil jornada rumo ao domínio dessa atividade o levará a carreiras em que a oferta de trabalhadores ávidos excede em muito a demanda (atividades mais adequadas a serem passatempos do que carreiras).[4] Apenas 2% dos atores profissionais vivem do ofício, 1% dos melhores músicos obtém 77% de seus rendimentos com músicas gravadas, e metade de todos os artistas visuais obtém menos de 10% de seus rendimentos com a arte. A mídia digital deveria democratizar isso, mas apenas reforçou uma economia em que o vencedor leva quase tudo. Apenas 3% dos principais canais do YouTube recebem 85% de todas as visualizações na plataforma, e, mesmo que um criador atinja esse limite (cerca de um milhão de visualizações por mês), sua paixão gera apenas 15 mil dólares em receitas anuais.

No entretenimento e em outras carreiras que a princípio parecem desejáveis, diretores de elenco, produtores, vice-presidentes seniores (também conhecidos como o pequeno grupo de pessoas com poder) sabem que o talento bruto é barato e está sempre fluindo a seu favor. Eles têm poucas razões para investirem ou virarem mentores de alguém que ainda não seja uma estrela lucrativa. Bancos de investimento, esportes, música e moda sofrem com esse problema. Uma ex--cliente minha, a Chanel, está entre as marcas mais fortes do mundo, definindo preços na casa dos milhares e margens brutas de mais de 90%. A família proprietária da Chanel é bilionária. E eles tinham estagiários não remunerados. Bilionários que decidiram que não poderiam pagar 7,25 dólares por hora aos jovens (principalmente mulheres) que sonhavam estar no mercado da moda. Por que eles faziam isso? Porque podiam. "Siga sua paixão" significa "Prepare-se para ser explorado" em latim.

Este conselho é válido mesmo que sua paixão seja uma carreira em potencial, pelo menos no início da vida. As faculdades de Direito estão cheias de pessoas que cresceram assistindo a *Law & Order* e sonhavam em ser advogadas, mas que deixaram a profissão depois de alguns anos, lamentando a escolha. Quem vê de fora (ou pior, pela TV) dificilmente enxerga a realidade. Isso não quer dizer que seja pior, apenas diferente. Atletas profissionais, em especial aqueles em esportes coletivos, adoram competir, mas, quando se afastam da profissão, o que dizem com mais frequência não é que sentem falta das vitórias, mas sim da camaradagem, dos momentos de foco altruísta, do vínculo com outras pessoas trabalhando duro nos treinos (coisas que nós, fãs, dificilmente vemos).

O trabalho estraga a paixão

Seguir sua paixão não é apenas ruim para sua carreira, é ruim para sua paixão. O trabalho é algo difícil, que vem com contratempos, injustiças e decepções. Se você entrou em uma área porque é a sua "paixão", essa paixão pode esmorecer. Como Morgan Housel disse: "Fazer algo que ama em uma agenda que você não é capaz de controlar pode parecer o mesmo que fazer algo que você odeia." Jay-Z seguiu sua paixão e agora é um bilionário. Supondo que você não seja o Jay-Z, siga sua paixão apenas nos fins de semana.

SIGA SEU TALENTO

Em contraste com a paixão, o talento é observável e testável, e pode ser mais prontamente convertido em uma carreira de alto valor, se desenvolvendo mais à medida que você o explora. A paixão por algo talvez o torne melhor em tal coisa, mas o talento com certeza fará isso. Os economistas se referem à "qualidade de correspondência" como a compatibilidade entre o talento de um funcionário e seu trabalho.[5] E os estudos mostram repetidas vezes que as pessoas têm melhor desempenho, melhoram mais rapidamente e ganham mais dinheiro nas áreas em que têm alta qualidade de correspondência. Fazer aquilo em que você é bom cria um círculo virtuoso. Suas realizações acontecem mais rápido, reforçam sua confiança e incentivam mais esforços focados. Seu cérebro também funciona melhor, pois o fluxo de neuroquímicos de recompensa melhora a memória e o desenvolvimento de habilidades. Toda a experiência é algo mais agradável do que cansativo, facilitando o retorno dia após dia, ano após ano.

"Talento"

Eu defino talento de uma forma ampla. Uma boa definição geral é: o que você faz com facilidade que é difícil para outras pessoas? Aliás, essa também é a raiz da estratégia de negócios: o que você é capaz de fazer que os outros, não são? Tendemos a pensar em "talento" quando falamos de coisas como tocar bem um instrumento ou ser muito bom em matemática. No entanto, um conjunto muito mais amplo de habilidades tem influência para o sucesso na carreira.

Uma das primeiras pessoas que contratei foi Connie Hallquist, uma consultora da Prophet que, antes de se juntar à nossa empresa, havia sido professora de francês, tenista profissional e corretora de moedas. Todos esses são caminhos que aproveitam talentos óbvios e específicos. Mas Connie era realmente boa em gestão de pessoas, e isso ela percebeu trabalhando na Prophet. Pouquíssimas vezes eu vi alguém com tanta habilidade em montar um plano, motivar uma equipe e levar todos a um objetivo comum. Era onde ela deveria estar, porque, desde a primeira semana com ela a bordo, minha estratégia se tornou vender o maior e mais ambicioso projeto que eu pudesse, e então colocar Connie para executá-lo. E ela o fez. Depois ela fundou o próprio negócio e, desde então, foi chamada para uma série de trabalhos como CEO. Ao contrário de jogar tênis ou ser corretora, "gerenciar pessoas" é algo subjetivo e um talento difícil de ser identificado. Mas, quando identificado e cultivado, é sem dúvida o mais valioso que alguém pode ter. As pessoas costumam pressupor que, quando se é inteligente e uma boa pessoa, esse alguém será um bom gestor. Isso não é verdade. Trata-se de uma habilidade distinta e treinável, mas, como a maioria das habilidades, floresce melhor naqueles com um talento natural.

Há um outro Scott que é uma inspiração em minha vida: Scott Harrison, que fundou uma organização sem fins lucrativos singular e cativante, chamada Charity: Water. Conheci Scott em sua vida anterior, quando ele era promotor de uma boate em Nova York. Scott ganhava a vida sendo chamado por telefone. Ele sabia para onde ir e quem estava lá. Scott era, e é, *cool*. Acontece que isso é um talento. E, quando chegou a um ponto na vida em que queria que isso significasse mais do que apenas uma série de noitadas incríveis, aproveitou esse talento para arrecadar fundos. Scott construiu a base de doadores que sustenta a Charity: Water, assim como construía listas de convidados para festas noturnas no centro da cidade. Scott tem muitos outros talentos, e a Charity: Water é inovadora e admirável de vários modos, mas nada disso poderia ter acontecido se ele não tivesse cultivado seu talento para fazer conexões.

Talento é *qualquer* coisa que você consegue fazer e que outros não conseguem ou não querem fazer. Depois da faculdade, meu primeiro emprego foi como analista no Morgan Stanley. A maioria dos meus colegas estava mais bem preparada do que eu sobre o assunto. Eles tinham merecido o emprego. Eu entrei lá por acaso: o chefe do departamento também remava na faculdade e decidiu que isso era um indicador de que eu seria um grande banqueiro de investimentos. Meus colegas se sentiam mais confortáveis com as finanças e a cultura de Wall Street, tinham mais em comum com nossos chefes "mestres do universo" e, fundamentalmente, tinham uma noção melhor da razão pela qual estavam ali. Eu nunca seria um analista de banco de investimento melhor do que Chet, de Falls Church, ou Shannon, de Greenwich. Mas o vice-presidente que me contratou estava certo a respeito de uma coisa. Estar na equipe da faculdade significava acordar às cinco horas da manhã e remar até vomitar: eu havia aprendido a suportar a dor. Então me apoiei nisso. Quando Chet e Shannon saíam do escritório, às duas da manhã, eu ainda estava lá. Quando eles voltavam, às oito da manhã, eu continuava lá. Guardava uma camisa reserva na gaveta. Trabalhava 36 horas seguidas todas as terças-feiras, a partir das 9 horas. Fiquei conhecido por isso. E, naquele ambiente, isso tinha valor. Se isso soa confuso e uma glamourização do excesso de trabalho... confie nos seus instintos. Meu conselho não é "trabalhar a noite inteira só por trabalhar a noite inteira". Se eu estivesse apto a competir com Chet e Shannon tendo mais horas de sono, eu teria feito isso.

A chave é descobrir o que você consegue fazer que outros não conseguem ou não estão dispostos a fazer. Trabalho árduo é um talento. A curiosidade é um talento. Paciência e empatia são talentos. Para lutadores e boxeadores, ganhar peso é um talento. Se você é jóquei, ser baixo é um talento. A questão é lançar uma rede ampla e levar em conta não apenas suas *habilidades*, mas suas vantagens, suas diferenças, suas tolerâncias, o que o torna único. Isso requer tempo, flexibilidade e autorreflexão.

Encontrando meu talento

Levei muitos anos e muitos falsos positivos (além de suportar a dor) antes de encontrar meus verdadeiros talentos. Passei da consultoria para o comércio eletrônico, para os fundos hedge e para tudo o que achava que impressionaria outras pessoas. Sem nunca encontrar meu verdadeiro eixo. Esses planos de carreira foram quase fracassos, porque todos tocavam naquilo em que sou genuinamente talentoso, que é a comunicação. Em retrospecto, vejo hoje que é algo óbvio, mas na época não era.

Cheguei mais perto quando entrei para o corpo docente da NYU, aos 38 anos. Foi ali que minha carreira de fato começou. Em frente a quinze, depois cinquenta, e depois trezentos alunos de MBA do segundo ano, tentar destrinchar os princípios do marketing em doze sessões de 140 minutos serviu para aprimorar esse talento de comunicação. Então comecei a escrever uma newsletter semanal (*No Mercy/No Malice*), produzi um programa semanal no YouTube, escrevi meu primeiro livro, passei a fazer palestras remuneradas e lancei dois podcasts. Em algum lugar ao longo do caminho, meu talento floresceu e se transformou na minha verdadeira carreira, algo que me manteve trabalhando muito tempo depois de alcançar a segurança financeira. Isso se tornou (e parece algo tão bobo de escrever quanto imagino que seja de ler) minha paixão.

Percorrer esse longo caminho até encontrar meu talento trouxe vantagens, a maior das quais é que esses anos de experiência como empreendedor e consultor me proporcionaram algo sobre o que comunicar. Mas também foi um privilégio, e não o caminho mais eficiente. Você pode ter muito mais autoconsciência para identificar seu talento.

Encontrando seu talento

Então, como se faz para encontrar seu talento? Para a maioria de nós, a escola domina as primeiras duas décadas da vida, mas nosso sistema educacional é centrado no que podemos produzir, e não em quem somos. Os talentos raramente surgem, a menos que haja demanda, e a sala de aula promove apenas uma parcela dos talentos que podem ser aproveitados no local de trabalho.

Coloque-se em diferentes contextos, posições e organizações. Trabalho voluntário, grêmio estudantil, empregos, esportes... os ambientes revelam talentos, então explore vários espaços desde cedo. Repito, você deve descobrir o que não funciona e no que você não é bom para conseguir definir no que você *é* bom. Esse tipo de exploração é mais útil na escola e no início da carreira porque é quando se tem tempo. É bom pensar nos seus 20 anos como um momento de aprendizagem prática, nos seus 30 anos como o período para se tornar bom no campo escolhido e nos seus 40 e 50 anos como o momento de colher os frutos.

Modelos predefinidos de análise de personalidade podem ajudar a direcionar essa busca pelo talento. Eu não sou um defensor apaixonado desses tipos de sistema, e a ciência por trás deles é limitada e controversa, mas o tempo gasto para realizá-los é insignificante, e mesmo uma pequena correção de curso ou um empurrãozinho no início da carreira pode render enormes dividendos.[6] O bilionário gestor de fundos hedge Ray Dalio confia em testes de personalidade e os utiliza em sua empresa, a Bridgewater Associates. Usando algo que ele chama de "cartões de beisebol", a Bridgewater pede aos funcionários que avaliem uns aos outros em várias categorias, incluindo "criatividade" e "extroversão", para compreender melhor seus talentos. Eu acredito que isso é um pouco demais, mas Dalio citaria mais de 200 bilhões de razões (o valor dos ativos sob gestão da Bridgewater) pelas quais estou errado.

A ferramenta mais conhecida é a Myers-Briggs. Usando uma bateria de perguntas, esse teste mapeia sua personalidade em quatro dimensões. Não creio que a pontuação do teste Myers-Briggs *surpreenda* muitas pessoas, mas o processo de responder às perguntas e de ler os resultados é esclarecedor — vá além dos títulos e leia os resumos da sua categoria formada pelas quatro letras. Outra ferramenta a ser considerada é o CliftonStrengths, da Gallup, que visa mais explicitamente à identificação de talentos. Ele identifica 34 áreas e você faz um teste de avaliação para chegar às suas cinco principais.

Além dos questionários padrão, procure evidências que revelem seus talentos reais. Que papéis os outros pedem a você que assuma? Onde você teve sucesso e onde teve dificuldades? É importante olhar abaixo da superfície dessas experiências para encontrar talentos mais profundos que são transferíveis para sua carreira. Pergunte-se *por que* essas experiências se desenrolaram daquela maneira. Se você dá grandes festas, isso não significa (necessariamente) que deve ser um promotor de eventos. Mas pode revelar que você é criativo, organizado, bom em promover e vender, tem habilidades empresariais ou a capacidade de levar as pessoas a fazer o que você deseja (vir à sua festa). Algumas pessoas se referem a isso como liderança. Em suma, olhe para seus sucessos (e fracassos) e destrinche as habilidades necessárias para alcançá-los. Faça uma avaliação pessoal de cada uma dessas habilidades. O que levou ao sucesso ou à falta dele? (Saber no que você *não* é bom é o outro lado da moeda do conhecimento pessoal.) Se você tem algo pelo qual é apaixonado, investigue. O que você aprecia naquilo, especificamente? Aposto que é o aspecto em que seu talento aparece. O que mais você pode fazer com esse talento?

Você nem sempre consegue o que quer

É injusto, mas nossos talentos raras vezes combinam com nossas primeiras ambições. E não apenas na infância, tipo "quero ser um jogador de baseball do Dodgers". Mesmo em nossa primeira carreira, tendemos a formar ideias sobre quem *queremos* ser baseados em dados irrelevantes. O que nossos pais fizeram ou valorizavam, em que nossos amigos se destacam, o que é valorizado em qualquer trabalho depois da faculdade. Pode ser difícil aceitar, ou mesmo perceber, que nossos talentos provavelmente estão em outro lugar.

Às vezes as pessoas batem a cabeça na parede quando há uma porta bem ao lado delas. Outra contratação minha para a Prophet foi um jovem que se juntou a nós depois de alguns anos no setor financeiro. Johnny Lin sentia-se naturalmente confortável com números e análises quantitativas, da mesma forma que um músico pega um instrumento e sabe como executar melodias. Você poderia dar qualquer conjunto de dados incompatíveis para ele, fazer qualquer pergunta a respeito, e ele os converteria em respostas baseadas em uma planilha lógica e limpa. A única pessoa que não ficava impressionada com o talento de Johnny era o próprio Johnny. Ele queria ser um "cara da estratégia", criar narrativas a partir de slides de Power Point. Ele seguiu carreira no varejo, em que uma empresa após outra o promovia para cargos de gestão com base em sua facilidade com números... até que, em certo momento, ele enfim fez as pazes com seu talento e aprendeu como poderia usá-lo como base para um papel maior, atuando como diretor de marketing e depois presidente de diversas empresas de varejo. Ao longo do caminho, Johnny trabalhou duro para superar suas fraquezas e também se tornou um comunicador confiante. O conselho é seguir seu talento, e não se limitar a ele.

Assim como no caso de Johnny, é comum haver discrepância entre a maneira como o mundo enxerga nossos talentos e como nós os percebemos. Nós tendemos a desconsiderá-los (enquanto vemos com mais clareza os das outras pessoas) *porque* somos muito bons nesses aspectos. Se algo nos é fácil, não o valorizamos. Por outro lado, quando vemos alguém fazer algo difícil para nós, ficamos impressionados com seu talento. Provavelmente, eles também admiram algo em nós.

Todo tipo de coisa pode confundir nossa capacidade de identificar nossos talentos. Nosso editor-chefe da Prog G Media, Jason Stavers, era um advogado de sucesso e agora é um excelente escritor e editor, mas insiste que deveria ter sido programador. Por que ele não seguiu esse caminho? Apesar de ser fascinado por código e de programar com naturalidade quando criança, ele se esquivava porque não era algo considerado legal. "É constrangedor admitir isso", ele me disse, "mas, quando eu tinha 13 anos, apesar de viver literalmente no Vale do Silício, eu não tinha autoconfiança para ser visto no laboratório de informática, estava muito preocupado em ser popular". O mundo é um lugar barulhento e pode ser difícil abaixar o volume para ouvir aquilo que faz seu coração bater.

Minha nota de rodapé para você, antes de esmagar todos os seus sonhos: algumas pessoas (<1%) demonstram tanto talento precoce em uma "categoria de paixão" (esportes, artes etc.) que pode fazer sentido para elas buscar isso como carreira. Se você tiver evidências de que pode ser seu caso, sem dúvida, vá com tudo. Mas faça uso de métricas exigentes para poder avaliar, desde o início, se é realmente onde está seu talento e (mais importante) se o mundo o está reconhecendo. Ganhar a vida na maioria dessas categorias de paixão exige que você esteja entre os 0,1%. Em outras carreiras (qualquer coisa que uma criança de 5 anos *não* diga quando perguntada sobre o que quer ser quando crescer), você pode ganhar uma vida de maneira sólida apenas dando as caras. Dito de outra forma, é mil vezes mais fácil garantir uma boa vida por meio de uma carreira não romântica. Conquiste a segurança financeira e siga sua paixão nos fins de semana.

Encontre sua paixão

O final feliz da busca pelo talento é o fato de que ele o levará à paixão. Não ao amor ingênuo da ambição infantil, mas à paixão duradoura de uma carreira significativa — o que lhe será necessário para passar por anos de trabalho duro. Essa paixão vem da excelência, do sentimento e da atividade de fazer muitíssimo bem algo difícil. No livro *O design da sua vida*, baseado no curso de Stanford superpopular de mesmo nome, os professores Bill Burnett e Dave Evans colocam a questão desta forma: a paixão é o resultado de um bom projeto de vida, não a causa.

(Talento + Foco) → Excelência → Paixão

É difícil exagerar o valor da excelência, e ainda mais difícil é comunicá-lo aos jovens que ainda não tiveram tempo para desenvolvê-la. Pela minha experiência, pouquíssimas pessoas com menos de 25 anos, ou mesmo 30, conseguiram dominar uma tarefa complexa. Mesmo os atletas de elite, que em geral dedicaram a juventude ao desporto, são "novatos" quando assinam o primeiro contrato profissional, e geralmente atuam como tal. Leva anos, mesmo como profissionais adultos, para que dominem seu ofício. Malcolm Gladwell popularizou a ideia de que a excelência requer *dez mil horas* de prática.

O caminho para chegar à excelência traz paralelos com um ótimo design de produto. A inovação é incremental. A chave é produzir algo e começar a melhorá-lo. A primeira coisa produzida por todas as empresas que fundei não se parecia em nada com o que veio a se tornar em dois anos. Tenho uma obsessão irracional em fazer sucesso na televisão, e venho tentando realizar esse sonho há anos. O primeiro vídeo do YouTube que produzimos era horrível. Mas (e isso é fundamental) nós o produzimos. E fizemos de novo, e de novo. Ao longo dos anos, fizemos centenas de pequenas melhorias: iluminação e som, uma linguagem de design padronizada, o modo como preparamos e roteirizamos o conteúdo etc. Até que, em certo ponto, nós tornamos tudo bom o suficiente para que a Vice me oferecesse meu próprio programa em 2020. Nós fizemos o primeiro episódio (ou seja, assinamos nosso primeiro contrato profissional), e eu o mostrei para minha esposa. Ela chorou (e não eram lágrimas de felicidade). Éramos novatos. Mas melhoramos. Dois anos depois, fui convidado para apresentar meu próprio programa na Bloomberg (o que não aconteceu; uma longa história envolvendo eu estar sem camisa), e um ano depois disso eu estava apresentando meu próprio programa na CNN+, que foi imensamente melhor do que o que eu havia preparado antes. Quando a CNN+ fechou, a BBC me ofereceu um programa em sua nova rede de streaming, e também teria sido melhor se o mercado de mídia não tivesse sofrido ajustes que impediram o lançamento da rede. E tudo bem. Cada programa melhorou, e, como resultado, agora nós recebemos com regularidade propostas das redes para fazer um programa.

O objetivo é alcançar a excelência. Ainda não conquistei a TV, mas minha função é ficar na frente de uma multidão e comunicar sobre negócios e questões que me interessam. Quando faço isso, fico em um estado de fluxo, que é a sensação característica de quem alcançou a excelência. O termo "flow", fluxo em inglês, cunhado pelo psicólogo Mihaly Csikszentmihalyi, refere-se a um estado de foco intenso, no qual perdemos a autoconsciência e até mesmo a noção do tempo em total imersão na nossa atividade. O fluxo não é apenas um estado de melhoria de desempenho; também é nele que aprendemos melhor. E é agradável, pois produz uma onda de substâncias neuroquímicas que passamos a desejar depois que elas desaparecem, puxando-nos de volta àquilo que estamos tentando dominar. E esse é o truque central de uma carreira de sucesso: encontre sua paixão, cultive-a até a excelência, e sua paixão virá junto. "Siga sua paixão" não é exatamente algo errado, mas seu sentido é o inverso.

OPÇÕES DE CARREIRA

Após queimar a largada no banco de investimentos, escolhi o empreendedorismo ou, sendo mais exato, ele me escolheu, porque eu não tinha habilidades para prosperar em uma empresa. Estava muito inseguro para trabalhar para outras pessoas e não era particularmente bom nisso. Acontece que não sou o único. Pesquisadores investigaram um grupo de trabalhadores e empresários tradicionais e descobriram que os empreendedores obtiveram uma pontuação significativamente menor em "concordância" (um dos chamados cinco grandes traços de personalidade) do que os trabalhadores tradicionais.[7] Chocante. Há também evidências de que o empreendedorismo se correlaciona com a propensão ao risco[8] e é um traço genético.[9] A lição? Saber quem você é pode e deve ajudar na sua escolha de carreira.

Depois de ter uma maior noção de si mesmo e saber quais são seus talentos, como você combina isso com uma carreira? Pode ser útil começar com eliminação — evitar uma carreira para a qual você é inadequado é, acredito, ainda mais importante do que encontrar o caminho certo. Eu comecei no banco de investimentos e descobri que não gostava do trabalho, das pessoas nem dos clientes.

No entanto, cuidado para não descartar algo pelos motivos errados. Bill Burnett incentiva as pessoas a conversarem com outras que são mais experientes em diferentes carreiras. "É como uma viagem no tempo", diz ele, porque é possível seguir em frente e perceber como seria uma carreira caso você investisse nela — e geralmente ela é diferente no início da caminhada. No início da carreira, você quer basear suas decisões em aonde chegará, não em onde você começa. Como Burnett coloca: "Você quer que seu eu de 22 anos diga ao seu eu de 40 o que fazer?"[10] Ouça o seu futuro. Muitas carreiras exigem trabalho pesado nos primeiros anos, e é provável que todas as carreiras tenham elementos tediosos, ainda mais quando se domina o básico. Burnett aponta que ficar entediado pelas *tarefas* é normal, porque, à medida que você cresce na carreira, geralmente executa diferentes tarefas. O que você deve evitar é ficar entediado pela sua *essência*.

Carreiras: alguns princípios básicos

Seu trabalho, sua profissão e sua área são três coisas diferentes. Um vice-presidente de finanças na Disney não tem o mesmo trabalho que um diretor de animação na Disney. O vice-presidente de finanças da Disney também não tem o mesmo trabalho que um vice-presidente de finanças em uma startup de vinte pessoas. Promotores e advogados de direitos autorais são advogados, mas têm experiências muito diferentes após a faculdade de Direito (e muitas vezes até antes). O que você realmente faz (e os talentos que mobiliza) fica no cruzamento entre o seu setor, o que você domina, quem é seu empregador, qual é sua localização e outros fatores.

Ao avaliar as opções, o potencial de valorização é fundamental. Qual é o resultado econômico se tudo correr do seu jeito? Se ele não for suficiente para levá-lo para onde você deseja estar financeiramente, suas expectativas ou sua carreira precisam mudar.

Falando em potencial de valorização, alguns setores se expandem mais do que outros, assim como sua remuneração. Você está à caça de funções em que a remuneração aumenta junto com os lucros ou a valorização da empresa. As finanças são o exemplo por excelência — muitos empregos em corretoras, em bancos de investimento e outras funções adjacentes ao investimento partilham a valorização do setor de investimentos. O setor de vendas, especialmente em empresas em crescimento, se expande bastante em momentos favoráveis. O setor imobiliário geralmente inclui uma comissão. O setor de softwares é conhecido por ser escalável, porque a maior parte do trabalho é necessária para fazer a primeira versão (o que é vendido depois disso é lucro). Já os produtos que dependem de mão de obra humana são de difícil expansão. Uma sociedade médica ou jurídica só pode atender tantos clientes quanto for possível pela quantidade de médicos ou advogados disponíveis. Mesmo que o setor seja escalável, sua remuneração só aumenta se estiver vinculada aos lucros, seja por meio de um plano de bônus ou com participação acionária. Em resumo, você quer uma fatia do bolo.

A dinâmica do mercado supera o desempenho individual. (Eu sei que isso soa pessimamente.) Alguém com talento mediano no Google teve um desempenho melhor na última década do que alguém excelente na General Motors. Especialmente no início de sua carreira, esteja atento à onda em que você está remando: quando jovem, qualquer oportunidade que tenha de escolher entre caminhos diferentes é uma grande bênção.

Procure a melhor praia com as maiores ondas. Há 25 anos, escolhi a onda do comércio eletrônico. Minha primeira tentativa (chamada Red Envelope) fracassou. Pior ainda, fracassou aos poucos... por mais de dez anos (veja mais adiante: "Saiba quando desistir"). Mas eu escolhi a onda certa. Remei de volta e abri uma empresa (chamada L2) que ajudava outras empresas a desenvolver estratégias digitais. Demorei um pouco, mas a força e o tamanho da onda me mantiveram em movimento, me levaram para a frente e deram às pessoas a impressão de que eu era um surfista mais talentoso do que de fato sou. Eu estava pegando uma onda como as gigantes de Nazaré.

Os ciclos macroeconômicos determinam os tipos de oportunidade que transformam bons surfistas em ótimos. As crises econômicas são, na minha opinião, a melhor hora para iniciar um negócio. Eu abri nove empresas, e o único fator em comum que consigo identificar entre as bem-sucedidas é que as iniciei em recessões. Não fui o único. A Microsoft foi fundada em uma recessão em meados dos anos 1970, e a Apple logo após o término dela. A Grande Recessão pós-2008 resultou em Airbnb, Uber, Slack, WhatsApp e Block. Há várias razões para isso. Nas crises, é difícil encontrar empregos com bons salários, porque ninguém está se demitindo. Pessoas muito boas (e ativos baratos) são abundantes. A ausência de capital barato e fácil significa que o conceito precisa funcionar desde o primeiro dia. Quem funda empresas durante uma crise imprime um DNA mais disciplinado na cultura da companhia: eles não têm escolha. Clientes e consumidores também são mais abertos a mudanças do que quando estão em bons momentos, quando há pouca motivação para fazer algo além do que já está sendo feito.

Outro aspecto geral a ser considerado é procurar maneiras de alavancar os investimentos de outras pessoas. A criação de extrema riqueza é mais fácil para uma empresa que se alavanca em investimentos do governo. A genialidade é aplicar uma espessa camada de inovação assentada sobre investimentos maciços do governo em pesquisa e infraestrutura. Ou em ser hiperacelerado por regimes fiscais e regulatórios favoráveis (veja, por exemplo, o caso dos imóveis). O Vale do Silício é, em essência, o investimento governamental mais bem-sucedido na história. Clique duas vezes em qualquer grande produto ou empresa de tecnologia e você encontrará investimentos do governo. Apple, Intel, Tesla e Qualcomm foram todas beneficiárias de programas de empréstimos federais. É provável que a Tesla tivesse falido sem financiamento do governo. O algoritmo principal do Google foi desenvolvido com uma bolsa da National Science Foundation. A economista Mariana Mazzucato, em seu livro *O Estado empreendedor*, calcula que as agências governamentais dos Estados Unidos forneceram, aproximadamente, um quarto do financiamento total para empresas de tecnologia em estágio inicial e que, na indústria farmacêutica (um setor que requer imensa experimentação e disposição a falhas), 75% das novas entidades moleculares foram descobertas por laboratórios ou agências governamentais com financiamento público.[11] Você paga impostos, de modo que pode usar esses investimentos para alavancar os negócios.

Como mencionado antes, seguir carreiras por paixão é uma armadilha. Quanto mais atraente uma indústria parece, mais provável de que seja menos recompensadora como carreira. Mudar-se para Los Angeles para se tornar ator parece fascinante na prática, mas lá já estarão dezenas de milhares de outras pessoas (todas as crianças mais bonitas e mais carismáticas de suas escolas também) lutando pelas mesmas centenas de papéis. O problema criado não é a competição, mas a exploração.

A melhor carreira para muitas pessoas (ainda mais no início de uma trajetória) é a escalada nada sexy da escada corporativa. As empresas norte-americanas ainda são o principal veículo da criação de riqueza da história. Se você tiver a sorte de ser chamado para trabalhar em empresas como Goldman Sachs, Microsoft, Google etc., com certeza deve aproveitar a oportunidade. É fácil zombar da segurança do grande empregador corporativo, mas você não precisa ficar lá para sempre, há muito o que aprender, e potencialmente muito a ganhar. É como falei antes: as empresas dos Estados Unidos são as maiores geradoras de riqueza da história. Você vai precisar de habilidades políticas para navegar em uma organização, encontrar apoio no nível sênior e ter maturidade e serenidade para tolerar injustiças, que são uma característica fixa do mundo corporativo. Se tiver essas habilidades (ou tomar para si o trabalho de desenvolvê-las), você pode construir riqueza. Devagar, mas de modo confiável.

Com cada vez menos exceções, uma habilidade que funciona como aceleradora em qualquer carreira é a capacidade de comunicar ideias. Não é preciso ser um talento natural e é algo que certamente pode ser aprendido. Se tem uma habilidade que vou tentar garantir que meus dois meninos dominem quando entrarem no mercado de trabalho, não é ciência da computação ou mandarim, mas comunicação. Não a história das comunicações ou da linguística, mas como se expressar em diferentes meios. Há pouco tempo comprei uma câmera Insta360 para meu filho mais novo, pois ele gosta de fazer vídeos, e tenho gravado podcasts com o mais velho, a quem dou a tarefa de escrever e gravar segmentos de dois a três minutos nos quais eu o entrevisto sobre um tópico. A comunicação é uma facilidade principalmente verbal, mas não subestime a importância da comunicação visual. O design está ganhando popularidade. Não é por acaso que os CEOs da Airbnb e da Snap são formados pela Escola de Design de Rhode Island e pela Escola de Design de Stanford, respectivamente.

Por fim, tenha em mente que as organizações também são culturas, na medida em que o ambiente tende a se fundir em torno de certos tipos de personalidade. Há muitos escritórios de advocacia diferentes entre si, com certeza, mas quaisquer dois escritórios de advocacia têm muito mais em comum do que com um set de filmagem ou uma sala de emergência. É possível que você tenha passado muito tempo perto de pessoas que odeia e não tenha passado tempo suficiente com as que ama, ou pelo menos de quem gostaria de estar por perto. Pense nos tipos de pessoa que trouxeram à tona o que há de melhor em você.

No conceituado guia de procura de emprego *De que cor é o seu paraquedas?*, o autor Richard Bolles sugere o "Exercício da Festa" para identificar ambientes onde você vai prosperar entre seis tipos: realista, investigativo, artístico, social, empreendedor e convencional. O exercício é simples: imagine que você foi convidado para uma festa. Em seis cantos diferentes dessa festa estão seis grupos de pessoas, cada um representando uma dessas categorias. Para qual grupo você se dirigiria primeiro? Com quem você quer ficar? Quem você evita? As pessoas com quem você trabalha têm o poder de construir ou destruir seu ambiente. Elas são, como escreve Bolles, "drenos de energia ou geradores de energia".

Então, qual é o lugar certo para você?

Não quero fazer parecer que sei o que traz o sucesso em todas as carreiras possíveis, e você precisa se aprofundar nos fatores críticos do sucesso para qualquer carreira que estiver cogitando seguir. Não presuma que esses fatores sejam óbvios ou claros para quem está de fora. Para fazer um levantamento geral das características de personalidade e outros fatores que mapeiam o sucesso em diversas áreas, consulte o *Do What You Are*, um livro que aborda testes vocacionais (em inglês) que usa a estrutura do modelo Myers-Briggs para dividir centenas de opções de carreira por tipo de personalidade. Mesmo que não se anime com o modelo Myers-Briggs, ele é útil como um compêndio de todas as formas imagináveis de ganhar dinheiro.

No entanto, sei que algumas áreas são melhores do que outras, e a seguir exponho meus pensamentos a respeito disso. Vou começar com as áreas que conheço melhor: empreendedorismo, meio acadêmico e mídia. Tive um sucesso modesto no primeiro caso, fui melhorando no segundo e o terceiro surgiu como uma surpresa mais tarde. Essas, e algumas outras áreas que também vou discutir, são o que eu sei. Elas estão longe de ser o escopo completo das oportunidades disponíveis para você.

Empreendedor

Uma das muitas coisas que aprendi trabalhando no Morgan Stanley foi que não queria trabalhar no Morgan Stanley, em qualquer grande organização e nem para qualquer outra pessoa. Eu me ressentia das pessoas acima da minha hierarquia, não aceitava bem as críticas, me ofendia com injustiças triviais e não ficava motivado a menos que sentisse uma conexão direta com as recompensas. É como observei antes: não tenho as habilidades necessárias para ter sucesso em uma grande organização. Felizmente, essa é a característica definidora de um empreendedor. Como sociedade, a gente romantiza o empreendedorismo.

Conheci centenas, talvez milhares, de empreendedores e estou convencido de que a maioria não abriu empresas porque podia, mas sim porque não tinha alternativa.

Os jovens parecem desanimados quando falo isso, mas trabalhar em uma organização ou plataforma oferece melhores retornos ajustados ao risco. A razão pela qual uma organização existe é que ela pode reunir recursos e ser maior que a soma de suas partes. Seja uma de suas partes, e ela vai compartilhar esse excesso de valor com você. Se tivermos as competências e a paciência para superar os obstáculos e a política, e a maturidade para suportar as injustiças que certamente existirão, colheremos recompensas a médio e longo prazo. Eu comecei na Morgan Stanley com um colega que hoje é vice-presidente. Nós dois acabamos em uma situação financeira semelhante, mas acho que ele suportou muito menos estresse e volatilidade que eu.

A nossa economia se beneficia da mitificação do empreendedorismo, pois nós precisamos que as pessoas impulsionem o futuro de maneiras que desafiem a ortodoxia e rompam com os padrões tradicionais de negócios. Mas as histórias que contamos a nós mesmos sobre o empreendedorismo são baseadas quase por inteiro na minúscula fatia de empreendimentos que se tornaram fenomenalmente bem-sucedidos. Vinte por cento das startups fracassam no primeiro ano e, de certa forma, essas são as sortudas.[12] Nos dez anos seguintes, outras 45% também vão fechar e acabar com o sofrimento, e menos de 15% das novas empresas chegam a durar duas décadas. A atenção da mídia amplia o foco nas exceções entre as exceções — aplicativos, produtos ou serviços de consumo que são familiares ou compreensíveis para nós. Entre as exceções, startups que tornam seus fundadores e investidores ricos, grande parte está em categorias menos atraentes (as maiores taxas de sobrevivência pertencem a empresas nas áreas de serviços essenciais e manufatura), que exigem experiência e conhecimento do setor, não apenas uma boa ideia e alguma ambição. Dois jovens em uma garagem mexendo com um computador *podem* mudar o mundo. Aconteceu algumas vezes, mas, como uma estratégia para obter segurança financeira, é melhor trabalhar no Google e brincar na sua garagem apenas nos fins de semana.

Além disso, ganhando ou perdendo, tentar ser empreendedor é assinar contrato para trabalhar 24 horas por dia e se estressar. Quanto mais sucesso inicial tiver, mais estresse. Digamos que a ideia do seu produto seja atrativa e você obtenha financiamento. "Financiamento" na verdade significa dinheiro para contratar outras pessoas. Na primeira manhã em que você entra em seu novo escritório (provavelmente fruto de um contrato de aluguel de 24 meses que não tem como pagar até o prazo) e vê a cara renovada dos jovens ambiciosos que aderiram à sua visão, você experimenta uma sensação ótima. Essa sensação dura até o almoço, quando a realidade bate à porta. Não só a sua própria segurança financeira depende da sua ideia maluca, mas agora você assumiu responsabilidade pelo futuro econômico de outras pessoas. E para cada nova contratação, cada novo cliente, a quantidade de responsabilidade e estresse aumenta — os funcionários precisam de plano de saúde e da folha de pagamento em dia; seu novo contratado, que você mal consegue pagar, mete um atestado depois de dois dias no escritório; e o seu contato no principal cliente é demitido. Ah, e seu funcionário mais importante está apresentando sinais do que parece ser um transtorno mental grave, então você passa a noite se perguntando se deveria ligar para os pais dele. Além disso, o seu diretor financeiro (CFO) informa que vocês precisam fazer uma teleconferência porque seu assistente viciado em opiáceos gastou 120 mil dólares no cartão de crédito em farmácias por toda Manhattan.

Tudo no parágrafo anterior aconteceu no mesmo mês na mesma empresa. Uhul, empreendedorismo. Mas, se você ainda está lendo, quais são as qualificações positivas para começar com sucesso seu próprio negócio?

Em geral, empreendedores de sucesso são comunicadores competentes: capazes de motivar uma equipe, persuadir os investidores a avançarem e os clientes a aderirem. Empreendedor é sinônimo de vendedor, ponto-final. Vendemos a nossa visão a investidores, funcionários e clientes (no início, a visão é tudo o que existe). Como saber se você consegue vender? Desde muito jovem já dá para perceber se tem talento para isso. Ao fugir da punição por não fazer o dever de casa, fazer com que sua mãe lhe empreste o carro, abordar uma garota ou um cara desconhecido e conseguir o número deles. Tudo isso é um tipo de treinamento de vendas para jovens.

Você tem que ser capaz de se levantar quando cai. Os empreendedores erram mais do que acertam e levam muitos socos. Para mim, tudo começou no ensino médio. Concorri a representante de classe nos três anos do ensino médio e perdi as três vezes. Com base nesse histórico, decidi concorrer à presidência do corpo estudantil, e (adivinhe) perdi de novo. Amy Atkins recusou meu convite ao baile de formatura e fui cortado dos times de beisebol e basquete. Depois não fui aceito na UCLA, a única escola que eu podia pagar (pois poderia continuar morando em casa).

No entanto, eu nunca perdi o entusiasmo. Recorri da decisão da faculdade, a UCLA me admitiu e, no último ano, fui presidente do Conselho de Fraternidades. Nada de mais, eu sei, mas parecia importante na época. Eu me formei com uma média geral de 2,27, mas isso não me impediu de conseguir um emprego no programa de analistas da Morgan Stanley (me candidatei a 23 empresas, recebi *uma* oferta de emprego) ou de fazer pós-graduação em Berkeley (me candidatei a nove escolas, fui rejeitado por sete).

No cômputo geral, o segredo do meu sucesso é... a rejeição.

Quando se está administrando uma pequena empresa, o fluxo de caixa é importante demais. Se não está disposto nem consegue acompanhar todos os dias o que entra e, mais importante, o que sai, você vai fracassar. Se suas obrigações superarem suas oportunidades, você vai fracassar. Se você estiver no mercado de tecnologia durante um ciclo de alta, haverá investidores de risco dispostos a despejar grandes quantias em seu negócio. Não se deixe enganar, não é por bondade. Quanto mais você gasta, de mais dinheiro precisará e, em certo momento, seus financiadores serão donos da empresa, e você passará de empresário a empregado. Faça sua empresa funcionar com o dinheiro que ela ganha o mais rápido possível. O produto é importante, encontrar seu mercado é essencial, a cultura e a retenção de talentos são fundamentais... mas o fluxo de caixa é o que mantém a empresa viva.

Por fim, quem funda uma empresa precisa ter duas visões diametralmente opostas do mundo. É preciso ser irracionalmente otimista sobre o sucesso final. Isso é essencial para o vendedor, mas a resiliência ao fracasso é ainda mais importante. Se sua ideia de startup for algo racional, o Google ou a

GE já tomaram a dianteira. A única razão pela qual os líderes de mercado deixaram um espaço livre é porque sua ideia provavelmente é irracional. Você tem que ter otimismo para enxergar além disso. Ao mesmo tempo, no dia a dia, é preciso ser o maior pessimista da organização, e se preocupar com *tudo*. A conta de um cliente está por um fio? Funcionários-chave podem sair? Um mês ruim pode fazer você não conseguir pagar sua folha? A resposta é sim.

A vantagem do empreendedorismo é semelhante à da paternidade. Você concebe algo, cuida e ama, e é provável que nada em sua carreira vá causar tanto estresse ou tanta alegria. Quando as coisas funcionam, há uma sensação verdadeira de realização por você ter começado algo que está dando certo. As pessoas reconhecem como é difícil e demonstram um nível de apreço e respeito que fazem você se sentir amado. Além disso, não há limite para o que pode ser feito. Funcionários, e até mesmo o CEO, estão um tanto limitados pelo que "parece ser um salário justo ou razoável". Nos anos em que vendi as empresas que fundei, ganhei dezenas de milhões de dólares. Nenhum empregador, por melhor que eu fosse, teria me pagado tanto.

Meio acadêmico

Primeiro, um modesto esclarecimento. Sou um professor de práticas na NYU Stern e tenho orgulho dessa afiliação. Mas estou lá para ensinar, não para fazer pesquisas e avançar os limites do conhecimento. Meu trabalho é traduzir a experiência da minha vida profissional em experiências que forneçam aos alunos valor no mercado. Como tal, meu caminho para o meio acadêmico envolveu um desvio de vinte anos por meio de empreendedorismo e serviços profissionais. É um ótimo trabalho, mas minha carreira não é como a de muitos dos meus (brilhantes) colegas. A propósito, é uma ótima carreira. O ambiente do campus é maravilhoso, sua programação é flexível e seu trabalho, no fim das contas, é se tornar a pessoa no mundo com maior conhecimento em um tópico (não importa quão específico seja). A busca desse objetivo, mesmo que o conhecimento não tenha aplicação comercial, é intelectualmente recompensadora.

A remuneração *pode* ser gratificante, mas varia muitíssimo. Se você subir na hierarquia acadêmica, há anos de salários ridiculamente baixos em todas as disciplinas, exceto em alguns casos, nos quais o salário só é baixo de um jeito desrespeitoso. Os professores têm melhor desempenho e podem ir muito bem em áreas em que há forte concorrência do setor privado (ciências aplicadas, direito, medicina, negócios). O dinheiro de verdade vem do trabalho extra. As universidades são excelentes plataformas para ganhar dinheiro em outros locais (por exemplo, livros, palestras, consultoria, conselhos de administração etc.) — mais uma vez, em áreas em que há dinheiro do setor privado. No meio acadêmico, como em qualquer outro, os ricos ficam mais ricos.

Os acadêmicos nessas áreas públicas podem se dar bem caso tenham competências em comunicação, em específico uma capacidade de transferir conhecimentos pelos meios de comunicação de uma forma convincente. Jonathan Haidt (um modelo para mim) é abençoado com uma visão única a respeito de questões sociais. No entanto, é sua capacidade de escrever artigos longos e cativantes (ele escreveu o artigo mais lido da história da revista *The Atlantic*) que compensa na questão financeira. Adam Alter escreve livros que, ao contrário de 99% da pesquisa acadêmica, chegam às listas de mais vendidos. Aswath Damodaran e Sonia Marciano são, sem dúvida, dois dos melhores professores (em sala de aula) do mundo.

Jeffrey Sonnenfeld, de Yale, ocupa um segmento de seis minutos no noticiário da TV a cabo, e o faz melhor do que qualquer outra pessoa.

No entanto, o restante do iceberg trabalha em circunstâncias muito mais obscuras (embora isso possa ser um benefício). Se seus talentos não incluem se dar bem com pessoas menos brilhantes que você, ninguém se importa com isso, desde que você seja capaz de ampliar as fronteiras do conhecimento. Entretanto, você precisará ser motivado, pois não há muita estrutura. Basicamente um lobo solitário (pesquisa é uma jornada solitária): genuinamente curioso, estruturado e um pensador disciplinado capaz de se aprofundar e esgotar uma área específica. Ser um grande aluno é um indicador importante, mas não é o suficiente — como você faz para manter o foco quando as muletas dos trabalhos e as avaliações são retiradas? Uma colega da NYU, Sabrina Howell, considera a carreira no meio acadêmico boa para pessoas muito inteligentes que são empreendedoras, mas não têm talento para gerenciamento ou vendas.

Mídia

Existem muitas carreiras na mídia e, em geral, são espaços saturados nos quais é difícil ganhar a vida. Embora corra o risco de ser repetitivo, vou dizer que é um setor volátil que pode parecer exploratório. A mídia (publicações, televisão, jornalismo) é para onde vão pessoas que seguem a paixão, e um bom exemplo de por que você não deveria fazer o mesmo. Os empregos nessas indústrias de maior apelo oferecem menor retorno sobre o esforço, pois sua saturação reduz a lucratividade. Você não quer fazer a previsão do tempo às três da manhã de domingo? Tudo bem, vamos encontrar uma dúzia de outras pessoas que pensam que esse é o caminho para virar âncora do noticiário da noite.

A fila de pessoas esperando do lado de fora para entrar no setor de mídia é muito grande. Há uma razão pela qual o marco zero do movimento #MeToo foi a indústria da mídia, e não é porque os homens nesse setor sejam diferentes dos que estão em qualquer outro lugar. É porque a dinâmica do poder está tão completamente desequilibrada que aqueles poucos com poder conseguiram escapar impunes durante muito tempo tendo um comportamento abominável. Oitenta e sete por cento dos formandos em jornalismo lamentam a escolha do curso, enquanto em ciência da computação a taxa é de 72%.[13]

Profissões regulamentadas

Profissões regulamentadas, como médicos, enfermeiros, advogados, arquitetos e engenheiros, são aquelas em que são necessárias aprendizagem e formação avançadas para a prática de um conjunto específico de competências, muitas vezes asseguradas para quem possui registro profissional. Essas carreiras costumam ser boas para pessoas que vão bem na escola. É preciso ser um bom aluno para conseguir entrar na maioria dessas profissões, porque é necessária muita escolaridade. As competências formais, em grande parte escritas, de aprendizagem, pensamento e comunicação continuam no centro da maioria dessas profissões. Um advogado de tribunal tem de ser persuasivo e eloquente, mas, para cada sessão que ele questiona uma testemunha como se fosse o personagem Perry Mason, ele passa semanas debruçado sobre documentos e jurisprudência, preparando resumos escritos e fazendo o que se parece muito com um dever de casa. Da mesma forma, os médicos empregam diversas habilidades físicas e emocionais, dependendo de sua especialidade, mas esse trabalho se sustenta em uma base profunda de estudos, memorização e pensamento estruturado. Se a sua ideia sobre o que é ser médico é ter uma ótima conduta ao lidar com os pacientes no leito hospitalar e uma paixão (veja, essa palavra de novo) por ajudar as pessoas, você poderá ser um ótimo médico algum dia, mas, se também não for muito bom em trabalhar várias horas na biblioteca fazendo leituras pesadas, esse dia nunca chegará.

Em resumo, essas são boas carreiras em geral, pois há uma escassez (relativa) de profissionais devido aos requisitos de certificação. Nos Estados Unidos, são necessários sete anos de ensino superior para se tornar advogado e quase duas décadas para se tornar um cirurgião de transplante cardiotorácico. Como resultado, não existem muitos profissionais, e eles podem cobrar um preço alto pelos serviços. Se você for abençoado com a oportunidade de cursar o ensino superior, ingressar nesses setores profissionais é um plano confiável. Além disso, o setor de serviços é um ótimo treinamento, pois exige e exercita muitos músculos para habilidades diferentes (clientela, pesquisa, vendas etc.). Muitos no setor de serviços fazem a transição para o lado do cliente e prosperam, pois passaram pelo treinamento de estar do outro lado do relacionamento cliente-fornecedor.

Há uma grande desvantagem econômica nessas carreiras profissionais: elas costumam ser norteadas pelo salário, com pouca margem de crescimento. E, como discuto em "A armadilha da alta renda", no capítulo quatro, nosso sistema de imposto de renda leva a maior fatia de quem ganha uma alta renda, aqueles na faixa de seis dígitos. Se você estiver nessa faixa de renda, as lições deste livro sobre disciplina, poupança e investimento a longo prazo serão essenciais para protegê-lo de uma carreira de longas horas de trabalho que nunca levam a uma segurança financeira real.

Consultoria de gestão

Os consultores são, em grande parte, profissionais sem credenciais. Qualquer um pode pendurar uma placa e se autodenominar consultor — eu fiz isso aos 26 anos, com apenas dois anos de experiência profissional relevante. E fui uma espécie de consultor durante a maior parte da minha carreira. É interessante, pode ser um ótimo treinamento (uma espécie de extensão da pós-graduação) e exige muitas habilidades (ser analítico, lidar com clientes, usar criatividade, fazer apresentações etc.). É também um caminho para seguir sua carreira enquanto pensa no que "realmente" deseja fazer, pois você será exposto a vários setores e funções. Paga bem, até mesmo muitíssimo bem, embora não seja um caminho para a riqueza extrema, porque está amaldiçoado com o mesmo problema de qualquer negócio onde se venda o próprio tempo: é difícil progredir. Além disso, é um negócio para jovens, pois envolve ser escravo da prioridade e do calendário de outra pessoa (ou seja, do cliente). Isso nos prejudica física e mentalmente, pois muitas vezes estamos longe da família, ainda que estejamos na mesma cidade. A menos que você ame esse negócio, ele é um caminho para outra coisa. De modo geral, consultoria é uma carreira para a elite sem rumo: pessoas talentosas que ainda não descobriram o que querem fazer da vida, o que significa "pessoas na casa dos 20 anos".

Finanças

Outro parente próximo das profissões regulamentadas é a área de finanças (que, em alguns subcampos, também requer certificação). Poucas indústrias oferecem mais oportunidades para uma compensação (loucamente) exagerada do que a de finanças. Há menos atrito em relação ao dinheiro do que a qualquer outra substância. Como resultado, nada é tão escalável como o setor do dinheiro. Ampliar minha primeira empresa de consultoria de dez para cem pessoas foi algo bastante desafiador. Ao arrecadar dinheiro para o ativismo acionário nos anos 2000, não foi fácil passar de 10 milhões de dólares para 100 milhões em capital, mas foi muito menos difícil do que crescer dez vezes mais em uma empresa de serviços. Vamos olhar para trás, para essa época, e nos perguntar como uma quantidade tão pequena ganhou tanto fazendo tão pouco. É um trabalho exigente, mas nada corresponde ao retorno sobre o investimento de coragem e talento como o setor de finanças.

Vai ser preciso ser inteligente, trabalhador e se dar bem com os números. Porém, mais do que tudo, é necessário ser fascinado pelos mercados. Se você não se sente intrigado por ações, taxas de juros, lucros e como eles se relacionam entre si, é improvável que tenha sucesso no setor das finanças. (O teste será o capítulo quatro deste livro — se for o seu capítulo favorito, você pode ter encontrado sua vocação.) Existem diferentes lados do negócio (bancos de investimento, comércio, finança do consumidor). Você precisa ser capaz de suportar a volatilidade e o estresse. Bancos inteiros podem se retirar de uma região ou fechar uma divisão de um dia para o outro. Não existem carreiras em finanças, apenas uma série de empregos e plataformas nos quais se tenta distinguir o que se pode controlar do que não se pode. Repito: se você foi criado para suportar o estresse e a volatilidade, não existe negócio igual ao show business... exceto o setor de finanças.

Setor imobiliário

Nos Estados Unidos, existem poucas maneiras melhores de construir riqueza do que no setor imobiliário. A classe de ativos é indiscutivelmente a mais favorecida em termos fiscais no país. Existem poucos ativos dos quais você pode financiar 80% e depois amortizar os juros dessa alavancagem/dívida. É também, pelo benefício fiscal *exchange 1031* do país, um dos poucos ativos que pode crescer com o pagamento de impostos adiados de modo indefinido, mesmo quando você o negocia bem.

É provável que você se torne um investidor imobiliário de meio período em algum momento: quando comprar uma casa. O patrimônio líquido representado pela sua casa será uma grande parte de sua riqueza e, em última análise, seu pé-de-meia da aposentadoria. Possuir casa própria exige muitas das características da álgebra da riqueza, pois é uma forma de poupança forçada (hipoteca) e requer uma mentalidade de longo prazo. Os Estados Unidos têm uma grave escassez de moradias, e é improvável, se conseguir aguentar durante uma década ou mais, que você perca dinheiro em imóveis residenciais.

Uma variação da carreira empresarial é construir um portfólio de propriedades para alugar. Comprar casas ou apartamentos, ou propriedades comerciais, como pequenos varejos ou espaço de armazenamento, pode se tornar *mais cedo ou mais tarde* uma carreira lucrativa. Eu cheguei a essa área tarde, e pulei o longo processo de começar pequeno e ampliar meu portfólio aos poucos, em virtude da minha riqueza e do meu tempo. Estive em startups, tecnologia, fundos hedge e mídia. Os melhores investimentos que fiz estão no setor imobiliário.

Após a crise de 2008, os valores do setor imobiliário na Flórida entraram em colapso. Eu me encontrava em Miami, fugindo do sistema escolar privado de Nova York, que nos deixou sem uma instituição de ensino para meu filho de 3 anos, que tinha problemas de atraso no desenvolvimento da fala. (Nota: ele entrou na lista de melhores alunos no último semestre.) De qualquer forma, depois de me mudar para Delray Beach, em 2010, eu via placas de execução de hipotecas e vendas em todos os lugares, por isso decidi começar a comprar propriedades em condomínios que haviam entrado em execução hipotecária. Meus sogros haviam se mudado para a área, e sua competência foi muito útil: as propriedades com frequência precisam de manutenção, os inquilinos esperam que você conserte o ar-condicionado e sempre há algo a ser feito. No entanto, os retornos foram impressionantes. Se você estiver interessado em imóveis, faça cursos básicos de finanças, comece a pesquisar sobre propriedades em sua região (ou próximo dela) e comece a economizar para dar a entrada. Se eu pudesse voltar no tempo, tentaria economizar mais quando jovem e colocar o dinheiro em propriedades que eu pudesse reformar para alugar e usar como garantia para comprar outras.

Uma estratégia decente para a segurança financeira é comprar uma casa que precisa de reparos, passar dois anos vivendo nela enquanto uma reforma (bem planejada) é feita, depois vendê-la (aproveitando a isenção de até 500 mil dólares [para casais nos Estados Unidos] em ganhos provenientes de impostos) e então repetir o processo. E fazer de novo. Expanda sua base de capital, seu conjunto de habilidades e sua rede e, em seguida, faça isso com mais de uma casa ao mesmo tempo. Isso *não* é algo óbvio: você precisa entender o mercado local, ser disciplinado em sua abordagem e ter uma ideia de quais tipos de melhoria teriam o maior retorno sobre o investimento. Além disso, é preciso ser capaz de gerenciar fornecedores, e você vai se sair muito melhor se colocar as próprias mãos na massa. Para fazer uso dessa estratégia de investimento você não pode ficar sentado em frente ao computador e esperando.

Piloto de avião

(Você não esperava por essa, não é? Mas me acompanhe.) Sou fascinado por aviação. Sou capaz de informar o fabricante e o modelo de quase qualquer avião que passe sobrevoando. Algumas pessoas pesquisam sapatos, outras pesquisam locais de férias. Eu pesquiso jatos e passo o tempo livre lendo sobre aviação e empuxo de motores a jato. Quando comprei meu próprio jato, tornei-me efetivamente gerente de uma pequena companhia aérea (o cliente: eu mesmo). Não é de surpreender que muitas vezes me perguntem se estou interessado em aprender a pilotar.

Sem chance. Lembre o que disse antes: não siga sua paixão, siga seu talento. E o abismo entre minha paixão por aviões e meu talento em potencial para pilotá-los é enorme. Pilotar demanda, em parte, habilidades físicas — mesmo com a ajuda da tecnologia, os pilotos precisam de uma forte consciência espacial e de boas visão e audição. Mas não é isso o que me mantém longe do assento do piloto. Para ser piloto é necessário não cometer erros em duas circunstâncias muito diferentes. Primeiro, permanecer atento ao ambiente rotineiro de planejamento de rotas e das listas de verificação. É preciso ser imune ao tédio. E esse não é meu caso. Eu anseio por novidades, não por competência. Em segundo lugar, e este é o verdadeiro ponto crucial, nas raras ocasiões em que a rotina é perturbada pela crise, o que separa os bons pilotos dos pilotos mortos é a capacidade de seguir protocolos, de aplicar a mesma mentalidade de seguir listas de verificação, mesmo quando a situação fica complicada. Muita coisa pode acontecer no ar — enquanto eu trabalhava neste livro, li sobre um piloto na África do Sul que descobriu uma cobra-do-cabo de um metro e meio de comprimento subindo por sua camisa em pleno voo.[14] Nosso herói localizou o aeroporto mais próximo, executou um pouso de emergência e tirou seus passageiros em segurança, tudo isso enquanto outro passageiro clandestino e venenoso explorava a cabine.

Entre os personagens de Top Gun, o modelo a ser seguido é o Iceman, e não o Maverick.

Economia local

Não tenho experiência direta (exceto como cliente) na última categoria que quero discutir, mas ela tem um enorme potencial e muitas vezes é ignorada. O que chamo de economia local provavelmente é a parte com menos investimentos no nosso mercado de trabalho (uma vez que não há pessoas entrando no ramo), o que significa que há enormes oportunidades em relação ao investimento necessário. Isso engloba ofícios especializados (eletricistas, encanadores e outros trabalhadores qualificados) e a propriedade de empresas pequenas e regionais (que em geral atuam no setor de serviços).

Mais de 140 mil norte-americanos ganham mais de 1,5 milhão de dólares por ano, e a maioria deles não são fundadores de empresas de tecnologia nem advogados ou médicos, mas proprietários de empresas locais: concessionárias de carros, distribuidores de bebidas etc. Pequenas empresas (< 500 funcionários) criam dois terços dos novos empregos a cada ano e representam 44% do PIB do país.[15] Elas também não se limitam às concessionárias de carros e empresas de limpeza a seco. Um estudo de empresas inovadoras descobriu que empresas menores (aquelas com uma média de 140 funcionários) produziam 15 vezes mais patentes por funcionário do que empresas com dezenas de milhares de funcionários.[16] Tendo em vista as crescentes preocupações com a fragilidade das cadeias de suprimentos globais, as oportunidades estão aumentando para a manufatura doméstica especializada.

Em uma escala ainda menor, a procura por mão de obra qualificada é intensa — pergunte a qualquer pessoa que tenha tentado instalar painéis solares ou renovar a cozinha em um mercado imobiliário aquecido. A previsão é que o mercado de trabalho para eletricistas cresça 40% mais rápido que o mercado de trabalho global (e os projetos de energia verde são predominantemente projetos de *eletrificação*),[17] e é esperado que tenhamos meio milhão de encanadores a menos do que o mercado vai exigir até 2027.[18] Ainda assim, apenas 17% dos estudantes do ensino médio e universitário estão interessados em seguir carreiras no setor da construção.[19]

Aqueles de nós que ganham a vida em um campo que exige certificação de uma instituição de elite às vezes menosprezam essas carreiras. Decidimos que, se nosso filho não estudar no MIT e depois trabalhar no Google, nós fracassamos como pais e como sociedade. O fetiche de muitos de nós pelas indústrias de informação e de tecnologia chegou ao ponto de constrangermos uma geração inteira a acreditar que ter um trabalho no setor de serviços significa que as coisas não deram certo na vida.

Se você tiver acesso a capital, há uma oportunidade crescente de aquisição nesse setor, à medida que a geração dos *baby boomers* se aposenta e procura vender suas empresas de instalações elétricas. Esses são caminhos reais para a riqueza que não ganham atenção da mídia. A Administração de Pequenas Empresas dos Estados Unidos, uma agência federal a nível ministerial, tem uma série de programas, incluindo apoio financeiro para iniciar e desenvolver tais empresas. É claro que é melhor se você de fato quiser *viver* nessas regiões — metade do PIB do país é gerado *fora* das 25 maiores áreas metropolitanas. A maioria dos meus exemplos e conselhos (incluindo a seção seguinte, que fala da chegada a uma cidade) é influenciada pela minha experiência com o trabalho nas áreas de conhecimento especializado. Mas a mensagem central deste livro, e o caminho para a riqueza, pode ser aplicada a qualquer plano de carreira, e a economia local é um motor econômico para milhões de estadunidenses. Não ignore isso.

MELHORES PRÁTICAS

Chegue a uma cidade, vá para o escritório

No início de sua carreira, você vai precisar de treinamento, mentores e desafios. Uma presença virtual não é capaz de substituir humanos inteligentes e criativos em pessoa construindo algo. Quanto mais oportunidades de socializar, explorar seus interesses, ganhar mentores e parceiros em potencial e fazer conexões, melhor. Assim como no tênis, quando você se reúne com alguém que é melhor, você melhora. Estar em uma cidade o obriga a se unir aos melhores. Não precisa ser Nova York, embora eu ache que Nova York é o melhor lugar para jovens (na faixa dos 20 a 30 anos) em profissões regulamentadas, mas deve ser um lugar que apresente essas oportunidades e competição. As conveniências de trabalhar em casa são insignificantes em comparação com as oportunidades (pessoais e profissionais) de compartilhar um mesmo espaço. Analistas devem estar prevendo a morte das cidades desde o primeiro edifício de dois andares. A complexidade prospera nas grandes cidades,[20] as quais produzem mais patentes, mais pesquisas, e abrigam mais empresas inovadoras. Mais de 80% do PIB global é gerado nas cidades.[21]

Além disso, as cidades são *divertidas, interessantes e sociais*. Você vai conhecer pessoas de origens que nunca imaginou, com visões de vida que podem mudar a sua. Enquanto estiver em uma cidade, experimente coisas novas, coloque-se em situações inéditas — e você vai aprender sobre o tópico mais importante: você mesmo. A vida na cidade pode ser cara, mas tudo bem. Os primeiros anos de sua carreira são importantes para construir segurança financeira, mas principalmente porque são neles que você encontra a carreira certa, desenvolve as habilidades para ter sucesso e constrói relacionamentos. Como vou discutir no próximo capítulo, o dinheiro que você economiza é menos importante do que construir sua capacidade de poupar, e tudo bem viver a vida enquanto se é livre. Pegue o apartamento mais barato que puder, não compre móveis, não gaste seu tempo ficando em casa e pratique dizer "sim".

Vá para o escritório, de preferência para a sede. O escritório é onde você construirá relacionamentos e encontrará mentores, que são as pessoas que investem emocionalmente no seu sucesso (essencial em qualquer organização). A pessoa responsável por decidir quem promover sempre vai escolher aquela com quem tem relacionamento. Sim, é possível construir relacionamentos de modo remoto, mas serão menos íntimos. A proximidade do escritório (ou seja, sua presença lá) está diretamente relacionada à sua trajetória. Uma pesquisa de 2022 com executivos C-level descobriu que mais de 40% deles acreditavam que os funcionários remotos tinham menos probabilidade de serem promovidos (e estudos confirmam isso).[22] Por outro lado, se houver demissões, aqueles sem padrinhos ou alta importância estarão na lista dos mais vulneráveis. É mais fácil demitir pessoas que você só encontrou por vídeo.

Essa realidade é justa ou bem concebida? Provavelmente não. Mas sua carreira acontece no mundo como ele é, não no mundo como poderia ser. Em suma, enquanto puder, coloque uma camisa bonita e vá para o escritório.

Com o tempo, você vai desenvolver suas habilidades e ampliar sua rede de contatos para que o ambiente urbano e até mesmo o escritório físico tenham menos a oferecer. E a maioria de nós tende a agregar pessoas (companheiros, crianças, cães) e coisas, e o custo e as limitações das megacidades se tornam altos demais. Em algum momento, a balança muda. Você pode se mudar para uma cidade menor ou um subúrbio, até mesmo para uma área rural, de preferência com impostos baixos e ótimas escolas, mantendo o nível de foco necessário à sua carreira nesse estágio da vida profissional.

Desejar não é o suficiente

Quer esteja na escola, em uma startup ou em uma empresa, todos desejam ter as mesmas coisas: sucesso, validação, habilidades e segurança financeira. E o universo não se importa. O desejo é necessário, mas não é o suficiente.

Há muitos conselhos de carreira e vida sobre como estabelecer metas. As metas são boas, até necessárias, e metas mensuráveis podem ser ferramentas de gerenciamento importantes nos negócios. (Pesquisas sugerem que o simples ato de anotar seus objetivos pode ter um efeito profundo sobre o resultado.[23]) Mas seu desejo de alcançar um objetivo, por si só, não o levará até ele.

Primeiro, o progresso não é linear, é irregular. As pessoas se aproximam de mim e me parabenizam pelo meu sucesso repentino. Mas esse não é bem o caso. Meu "sucesso repentino" levou 35 anos de trabalho duro e de retomadas após cada soco na cara. Se a sua motivação para fazer o trabalho é seu desejo por algum objetivo final, você precisa estar preparado para muita frustração enquanto trabalha duro e não enxerga nenhum progresso em direção à meta. E, quanto maior o objetivo, maiores o espaço de tempo antes de você conseguir alcançá-lo e a chance de que seu desejo vá se esgotar antes de chegar lá.

Depois, há o problema de se alcançar o desejo do seu coração. Qual será o próximo? Quanto maior for a luta para se obter algo, quanto mais você se sacrificar por isso, maior será sua decepção quando alcançar o prêmio e sua vida não mudar profundamente. Já que você continuará sendo você, com todas as suas neuroses, seus medos e arrependimentos, só que pior, porque você terá conquistado tudo o que queria, o que vai motivá-lo agora?

Sobre isso, trago uma frase conhecida: "A vida é uma jornada, não um destino." Ou como o guru dos hábitos James Clear coloca: "Se você deseja melhores resultados, esqueça as metas. Em vez disso, concentre-se em seus sistemas."[24] Seu trabalho é canalizar seu desejo, sua ambição e o que mais o motiva (o medo, aliás, é um excelente motivador) a aprimorar suas habilidades, acumular credenciais e contatos e a trabalhar com afinco, muito afinco. Encontre a recompensa em saber que você fez o trabalho, orgulhe-se das melhorias e dos sucessos intermediários, e o que você deseja vai acontecer. Bill Walsh, após levar o San Francisco 49ers a três vitórias no Super Bowl e revolucionar a liga de futebol estadunidense, colocou sua filosofia de gerenciamento em um livro, cujo título captou sua mentalidade: "O placar acontece sozinho."

Determinação

Combinados com a carreira certa, talento e desejo são um bom começo. O que transforma isso em segurança financeira são anos de trabalho árduo. Não há segredo nem atalhos: é preciso muito trabalho para conseguir. A determinação é sua capacidade de se esforçar todos os dias e fazer o trabalho, mesmo quando não está sendo reconhecido, quando não está produzindo resultados, quando você está exausto ou distraído (isso é o sucesso, embora ainda em fase de gestação).

Guru da determinação, a neurocientista Angela Duckworth define essa característica como "a interseção entre paixão e perseverança". Sua principal descoberta é que essa característica influencia mais o sucesso individual do que aquilo em que nossa sociedade está tão focada, a inteligência. Suas aferições de determinação se mostraram capazes de prever o sucesso em diferentes ambientes.[25]

Para mim, trabalho duro costumava significar muitas horas e um comprometimento quase total. Quando eu estava construindo a L2, ficava no escritório durante o dia, passava em casa para a hora do banho com as crianças e depois voltava ao escritório. Aos domingos, trabalhava metade do dia. Se um cliente ligasse e quisesse me encontrar, eu muitas vezes entrava em um avião no dia seguinte. Nem todo mundo tem o privilégio (ou o desejo) de ser tão comprometido. Dar 110% de si não garante sucesso, assim como trabalhar com 90% de empenho pode ser o suficiente. Você pode ser focado e ter sucesso, mesmo que não queira empreender com disciplina militar. Descubra como pode contribuir mais do que os outros. Os estatísticos do beisebol têm uma métrica chamada "vitórias acima da substituição" (WAR — Wins Above Replacement), que mede quantos jogos um time venceria quando um jogador importante está no time em comparação com quantas vitórias teriam com um jogador mediano na mesma posição. Encontre uma forma de aumentar seu índice de "vitórias acima da substituição".

Cultivar a determinação não é fácil — acredita-se que seja um produto da genética e da primeira infância. Mas o melhor pensamento é que a determinação surge de uma mentalidade de crescimento, ou da compreensão de que, como Steven Kotler coloca, "o talento é apenas um ponto de partida e a prática faz toda a diferença".[26] Pense em sua própria história de aprendizado e melhoria, quando algo que inicialmente foi frustrante e difícil se tornou mais fácil pelo trabalho ("pelo trabalho" sendo o destaque-chave nesse caso).

Se você não consegue consertar, é preciso aguentar

Todas as nossas ações têm como pano de fundo um cenário de forças fora de nosso controle. Há muitas coisas nas quais podemos investir tempo e energia e que podem realmente causar impacto. Portanto, não desperdice recursos lutando batalhas que você não pode vencer.

No livro *O design da sua vida*, os autores Bill Burnett e Dave Evans definem "problemas de gravidade" como obstáculos ou forças contrárias sobre os quais nada podemos fazer. Eles dizem que "se não é algo passível de ação, não se trata de um problema, mas de uma circunstância". Quando se está no meio da luta, é fácil confundir conselhos sobre persistência, determinação e foco com a ideia de que você nunca deve desistir, ou pior, de que, se sua cabeça estiver doendo de tanto batê-la contra a parede, você deve estar fazendo algo certo. Mas é importante dar um passo atrás e pensar de forma mais ampla. Você está batendo a cabeça em uma parede que pode ser derrubada? Ou está lutando contra a gravidade?

Há um ditado no mercado: "Você não pode lutar contra a Fed." Significa que, se o Sistema de Reserva Federal dos Estados Unidos (The Fed) quiser que a economia se mova em determinada direção, só um tolo apostaria contra ele. Os fatores macroeconômicos são gravitacionais — por isso, a menos que você seja o presidente do Fed, provavelmente não conseguirá alterá-los. A gravidade também existe em menor escala. O amor não correspondido, a menos que você seja um poeta, é um problema de gravidade: ele ou ela simplesmente não gosta de você.

Bola para a frente. Se o seu chefe só dá funções e promoções às pessoas com quem ele socializa, e você tem três filhos em casa e não tem interesse em golfe, isso parece ser um problema de gravidade. Eu parei com a consultoria por se tratar de um negócio que envolve relacionamento, e senti que não tinha mais disciplina nem personalidade para ser amigo dos meus clientes.

Existem duas etapas para lidar com a gravidade. A primeira é admitir que ela existe. A segunda é reenquadrar sua resposta de modo que tenha um problema *possível* de ser resolvido. Não quero dizer com tudo isso que nós não podemos escalar colinas íngremes ou mesmo voar. Mas a solução para esses desafios deve funcionar dentro da realidade da gravidade, e não contra ela. Se você está sempre em busca de parceiros românticos, empregos ou hobbies que não retribuem seu interesse, provavelmente há uma incompatibilidade entre sua paixão e seu talento. O que você tem a oferecer (e pode aprimorar), e que tipo de pessoa deseja isso?

Saiba quando desistir

A persistência deveria ser uma característica, não um pacto suicida. Quando estiver abrindo caminho pela selva, fique monitorando sua bússola e certifique-se de estar indo na direção certa. Essa é uma situação em que o seu "gabinete de cozinha" tem valor inestimável. Não desista porque algo é difícil, já que é normal ser difícil. Desista porque os dados, um mentor em quem você confia ou vários sinais externos indicam que seu tempo seria melhor investido em outro lugar. Não há vergonha nisso.

Em 1997, abri uma empresa de comércio eletrônico chamada Red Envelope. Foi ótimo até que deixou de ser, e levou dez anos até que eu finalmente desligasse seus aparelhos. A pior coisa? Ela foi fracassando aos poucos. Perder a maior parte do meu patrimônio líquido não foi divertido, mas o que mais doeu foi que levei dez anos para fracassar.

Dois anos depois que fundei a Red Envelope, ela ainda me prometia riqueza e glória, e eu iniciei uma empresa incubadora de comércio eletrônico chamada Brand Farm financiada por, entre outros, Goldman Sachs e J.P. Morgan. A ideia era bastante simples: ter uma infraestrutura, um departamento jurídico, um departamento de tecnologia, um departamento de desenvolvimento de negócios, um espaço de escritório e empresas de comércio eletrônico. Eu levantei 15 milhões de dólares com base em uma apresentação de PowerPoint. Seis meses depois, *boom*! A bolha das empresas pontocom estourou. Percebemos que o conceito não fazia mais sentido naquele cenário econômico. Então nós fechamos a empresa principal, pedimos às nossas empresas de portfólio que cortassem seus gastos em 50% para sobreviver àquele inverno nuclear tendo alguma chance de sobreviver no futuro, e seguimos em frente. Aquilo foi uma bênção. O sucesso é a melhor coisa. Fracassar rapidamente é a segunda melhor.

Sempre que se aposta, desistir deve ser uma opção. Na tecnologia, renomeamos desistir como "pivotar" para tornar a ideia mais palatável. Os grandes jogadores são ótimos desistentes — o maior sucesso de Kenny Rogers nos lembra que precisamos "saber quando seguir e saber quando desistir".[27] A campeã de poker Annie Duke escreveu um livro inteiro sobre desistir.[28] Ela constrói um argumento interessante ao dizer que desistir é uma das chaves para o sucesso nos negócios e na vida. Uma de suas dicas: planeje a saída com antecedência, assim, quando a emoção do momento tomar conta, você vai reconhecer o sinal. Saber quando sair é essencial. É uma arte. Todas as pessoas de sucesso já desistiram algum dia. Alguns, muitas vezes. Encontre pessoas em quem você confia que tenham a postura e a perspectiva para dizer se, e quando, você deve continuar ou sair do jogo.

Altos e baixos, não uma escada

A progressão na carreira não é mais uma escada constante até o nível executivo, como já foi um dia. Expectativas fixas de uma trajetória linear e ascendente podem deixá-lo cego para perceber as oportunidades diagonais. Pense na sua carreira não como uma escada para subir, mas como uma cordilheira para atravessar, com diferentes desafios e ambientes para dominar, expandindo seu kit de ferramentas ao longo do caminho para que consiga seguir em frente.

O foco não se traduz necessariamente em uma progressão linear.

Há valor na variedade. Um estudo descobriu que o melhor indicador de sucesso de um novo CEO era quantos cargos diferentes essa pessoa tinha ocupado antes de assumir as rédeas da companhia.[29]

Carreiras bem-sucedidas e geradoras de riqueza (fora do empreendedorismo) normalmente incluem mudanças estratégicas de emprego que produzam saltos de responsabilidade e remuneração. É uma triste verdade da natureza humana que pessoas de fora darão mais valor a você do que seu empregador atual (todos ansiamos por novidades, e os chefes não são exceção). Um erro comum que os gestores cometem é o de enxergar o funcionário sob a ótica de quando eles entraram na empresa, em vez de reconhecê-lo como um executivo mais experiente e valorizá-lo.

Mesmo que você não troque de empregador, estar atento ao mercado de trabalho pode trazer resultados. No meu primeiro ano na Stern, eu recebia 12 mil dólares por ano. Meu valor para a instituição subiu rápido (eu dava a aula mais popular da escola e fazia apresentações externas com frequência), mas meu salário não subia. As universidades costumam pagar pouco para professores adjuntos e clínicos, muitas vezes para subsidiar professores titulares improdutivos. Então, a cada poucos anos, eu trazia a eles uma oferta de outra universidade e era transparente: "Este é o meu valor de mercado, gostaria de ficar e peço que vocês cubram a proposta." Eles aceitavam. Em determinado momento, meus outros empreendimentos tornaram meu salário na NYU menos valioso (como o que eu disse antes: utilidade marginal), e hoje em dia devolvo meu salário à faculdade para que eu possa cuspir no prato em que (não) como: escrevo e falo sobre as deficiências do ensino superior, e seria engraçado receber os cheques deles enquanto critico o sistema. Mas, por muitos anos, esses aumentos foram muito importantes para mim. Em suma, se você deseja aumentar sua remuneração acima da inflação, é provável que precise sair da empresa ou se mostrar realmente disposto a fazer isso (leia o que disse acima: ofertas de outras universidades).

Use o LinkedIn, atualize seu perfil, use outros como referência. Converse com amigos, ex-companheiros de classe e colegas sobre os empregos deles. Existe uma visão equivocada de que falar sobre dinheiro ou promoções é indelicado. Essa discrição toda só beneficia o empregador, pois eles se aproveitam da sua ignorância. Se você estiver em um campo alvo de recrutadores, atenda suas ligações de vez em quando, deixe que paguem seu almoço e os questione sobre a situação do mercado. Quem está contratando? O que eles estão procurando? Quais conjuntos de habilidades e características estão em alta hoje? Quem está tendo dificuldade de acompanhar? E o mais importante, qual é o seu valor e onde ele seria maximizado?

Uma ressalva: explore outras oportunidades com um ceticismo saudável, e mantenha sempre em mente o que você gosta no seu atual empregador. *Todo* trabalho tem suas frustrações, todo chefe fica irritado, e provavelmente o que hoje parece ser uma oportunidade espetacular e sem limites, depois de seis meses será apenas o seu trabalho.

A opção bombástica é usar toda essa informação e de fato mudar de emprego. Em março de 2023, os norte-americanos que haviam mudado de emprego nos últimos doze meses aumentaram sua remuneração em 7,7% naquele período, enquanto os que não mudaram de emprego registraram um aumento de apenas 5,7%.[30] A discrepância se altera ao longo do tempo, mas quem muda de emprego quase sempre tem vantagem se comparado aos que ficam. Novos ambientes também expandem sua base de experiências, tornando-o mais flexível e adaptável em uma economia em constante mudança.

A imagem de quem muda de emprego está se transformando, mas, em geral, o tempo de permanência no emprego diminuiu apenas de forma modesta. Em 1983, a permanência média dos trabalhadores com 25 anos ou mais era de 5,9 anos.[31] Em 2022, esse número diminuiu, mas apenas 17% (ao longo de quase quatro décadas), para 4,9 anos.[32] A mudança de emprego se acelerou mais rapidamente entre trabalhadores mais jovens. Entre os millennials, 21% afirmam ter mudado de emprego no ano anterior, mais de três vezes o número de não millennials que fizeram o mesmo. Os membros da Geração Z estão mudando de emprego a uma taxa 134% maior do que em 2019, de acordo com dados do LinkedIn.[33] Isso se compara a 24% a mais para a Geração Y e 4% a menos para a geração dos boomers. E os membros da Geração Z planejam continuar em movimento: 25% dizem que esperam ou planejam deixar os seus atuais empregadores nos próximos seis meses, em comparação com 23% dos millennials e 18% dos membros da Geração X.

VARIAÇÃO MÉDIA (EM %) NO SALÁRIO POR HORA

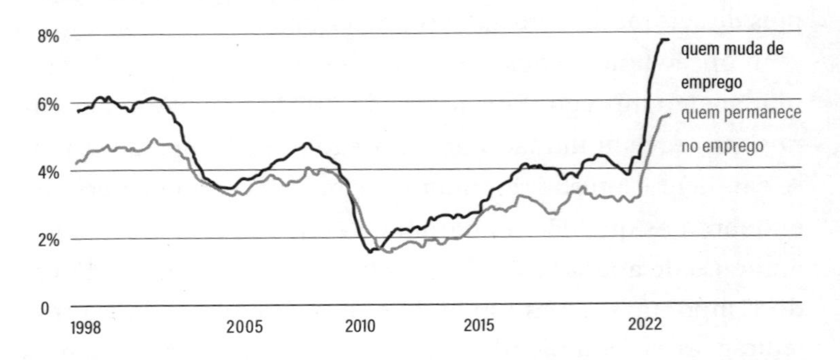

Fonte: Federal Reserve Bank de Atlanta

Porém, mudar de emprego é uma faca de dois gumes que deve ser manejada com cuidado. Muitas vezes, isso corresponde a abandonar os investimentos que você fez para aprender sobre uma organização para reconstruir uma reputação e uma rede na nova empresa. Há um risco significativo, porque nenhuma quantidade de entrevistas pode garantir que você se encaixará perfeitamente na nova organização. E depois há o efeito cumulativo no seu currículo, a mensagem que o seu histórico profissional envia aos futuros empregadores. Se você teve três empregos em sete anos, a pessoa que o entrevistou provavelmente presume que você é o problema. Não estou sugerindo que continue em um emprego péssimo apenas para manter seu currículo limpo. No entanto, se você esteve no último emprego há menos de dois anos e não gosta do emprego atual, eu pensaria muito sobre o que seria necessário fazer para permanecer por pelo menos mais três anos antes de mudar.

Os jovens que se sentem confortáveis com mudanças regulares de empregador não devem partir do pressuposto de que todos sentem a mesma coisa. Para se ter uma ideia de como costumávamos ver mudanças frequentes de emprego (e como alguns ainda veem), em 1974, um psicólogo de Berkeley cunhou o termo "síndrome do andarilho" para descrever aquela "vontade periódica de mudar de um emprego para outro", que ele considerou um impulso "não muito diferente daquele que faz os pássaros migrarem".[34] Você não quer que seus potenciais empregadores atribuam essa síndrome a você.

Então, quando alguém deve mudar de emprego? Quando a próxima mudança o levar mais longe no seu território, sempre buscando um equilíbrio frente à reputação causada por trocar de emprego com frequência. Ou seja, quando há valor estratégico na mudança e é materialmente melhor, não apenas diferente. Você está adicionando uma marca valiosa ao seu currículo? É uma oportunidade de expandir sua rede de maneira produtiva? Mais importante, a nova posição e o novo empregador permitirão que você expanda seu conjunto de habilidades? Podem ser habilidades técnicas para seu desempenho, como aprender novas ferramentas de software ou de análise, mas também comportamentais, ou soft skills — a oportunidade de gerenciar outras pessoas, a exposição ao gerenciamento sênior, ter melhores mentores, ter contato mais direto com o cliente. Se você não conseguir definir vantagens claras e concretas, avalie se é apenas uma mudança pela mudança, e se depois de um ano você estará mais uma vez buscando outra coisa.

Seja leal a pessoas, não a empresas

A lealdade é uma virtude e vale para os dois lados. Alguém que contrata você está dizendo que acredita no seu potencial. Um mentor está dizendo o mesmo. Eles estão apostando suas fichas, e você deve recompensar a lealdade deles com a sua. Isso valerá para vocês dois — foi demonstrado que o trabalho de mentoria melhora os resultados profissionais tanto para o mentor quanto para o mentorado.[35] Em uma grande empresa de tecnologia, ambos os lados tinham pelo menos cinco vezes mais probabilidades de serem promovidos do que os funcionários que não tinham participado de um programa de mentoria.

Pedir conselhos é uma das formas de vínculo mais poderosas que podem ser utilizadas no local de trabalho. É uma demonstração de confiança — é por esse motivo que se trata de algo intimidador. Mas confiança gera confiança e aprofunda os relacionamentos. Procure aconselhamento, e seu mentor vai investir em seu sucesso.

Nada disso se aplica às empresas. Elas não têm conselhos a dar, nenhuma perspectiva a oferecer e *não serão leais a você.* Seu chefe pode até pensar que o sol nasce e se põe por sua causa, mas, se o chefe do seu chefe estragar tudo e prejudicar os resultados da sua divisão, a foice da demissão vai cortar vocês dois como se fossem trigo. A lealdade é uma virtude humana (e também canina), não organizacional.

A linha entre organizações e indivíduos costumava ser mais tênue. Se você trabalhou na IBM durante quarenta anos, assim como seus colegas, então lembra que ser leal à IBM era, na verdade, ser leal às pessoas que lá trabalhavam: uma distinção sem diferenciação. Hoje, uma geração de estratégias de gestão de valor para os acionistas e de disrupções provocadas pela inovação nos separaram das nossas afiliações organizacionais. E isso tornou a lealdade entre indivíduos ainda mais importante.

Mike Bloomberg disse certa vez: "Sempre tive uma política: se um amigo conseguiu uma promoção, não me preocupo em ligar para ele. Vou vê-lo algum dia e farei uma piada a respeito disso. Se ele for demitido, quero sair para jantar com ele na mesma noite. E quero fazer isso em um lugar público onde todos possam me ver. Porque me lembro de quando fui demitido do Salomon Brothers... Eu sei dizer cada pessoa que me ligou. Aquilo significou muito. E quando me tornei sócio? Não tenho nenhuma lembrança disso."[36] Meu amigo Todd Benson coloca desta forma: "Esteja presente quando for importante, quando for significativo. Nunca perca um funeral. Vá a todos os casamentos."

Seja um monogâmico em série

Quando estiver abrindo o caminho de sua carreira, você vai cobrir uma distância maior se mantiver os olhos firmes no destino e no desafio que tem em mãos. Os "trabalhos paralelos", na minha opinião, são uma distração do foco que você precisa para ter sucesso. Se algo vale a pena, faça disso o show principal. Se você se dedica a um trabalho paralelo, isso provavelmente significa que seu trabalho principal não é o que deveria ser. Acrescentar 10% a 20% de foco e esforço no seu trabalho principal traria mais vantagens do que seu trabalho paralelo está trazendo? Foco não se trata do que fazer, mas do que não fazer.

Há exceções. Se você é freelancer e tem vários clientes, diversificar a base de clientes e fontes de receita é sensato. Como freelancer, você trabalha sozinho e é perigoso para qualquer empresa depender de um único cliente ou de uma única linha de produtos. Mas é igualmente perigoso perseguir todas as oportunidades e distribuir seus recursos limitados em serviços diferentes e de pouca sinergia. Nos primeiros dias de cada uma das minhas startups, a tentação sempre foi "fazer por dinheiro", e às vezes é preciso assumir projetos que são estrategicamente irrelevantes só para conseguir vencer a folha de pagamento. Mas eles são como calorias vazias. Os projetos do tipo "fazer por dinheiro" exigem tantas despesas gerais e energia mental quanto os projetos do seu negócio principal (às vezes, até mais), e roubam recursos que expandiriam o conjunto de habilidades necessário na empresa e impulsionariam esse negócio principal. Mais uma vez, é uma decisão que você deveria discutir com seu "gabinete de cozinha".

A segunda exceção é que, se você ignorou meus avisos em relação ao empreendedorismo, pode ser valioso manter, nos primeiros dias da sua startup, um trabalho assalariado e com benefícios, por razões práticas óbvias. Da mesma forma, talvez você precise de um emprego para financiar sua carreira na construção de ativos, como montar um portfólio de imóveis para aluguel. Se essa é a sua abordagem, não pense em nenhum desses esforços como um trabalho paralelo: avalie e invista seu tempo neles de forma combinada, como duas linhas de negócios complementares. Tenha um plano e uma linha do tempo para fazer sua transição do trabalho assalariado para sua carreira na construção de ativos.

Pós-graduação

Um tentador caminho alternativo, e que a maioria dos trabalhadores do conhecimento leva em conta, é a pós-graduação. Algumas profissões requerem essa titulação, que exige um nível de foco, pois *não é* ao longo dos dois anos de residência que você deve descobrir que odeia medicina. Não importa o quanto você pense estar certo sobre seguir uma carreira que exige mais tempo de estudos: tente obter alguma exposição interna antes de comprometer anos de sua vida para alcançar os requisitos mínimos.

Quando obtive meu MBA na Haas School of Business (UC Berkeley), o custo do curso era de 2 mil dólares por ano (o que tornava aquela uma opção quase óbvia). Como os valores cobrados dispararam, justificar esse tipo de investimento exige uma régua mais alta. Não é que ir à faculdade de negócios não possa acarretar em bons retornos (eu dou aula em uma e acredito na missão), mas não é uma atividade para todos, nem é necessária para todo mundo. A faculdade de negócios é uma certificação inegavelmente valiosa, mas um emprego em uma empresa de ponta também. E as credenciais das faculdades de negócios oferecem retornos cada vez menores à medida que se avança (ninguém contrata um CEO só porque ele estudou na Wharton), enquanto os 200 mil dólares que você gastou poderiam render juros compostos em seu portfólio. Como vou discutir no próximo capítulo, o custo de oportunidade é incrivelmente subestimado.

Além do selo de aprovação, a coisa mais valiosa sobre a faculdade de negócios para a maioria das pessoas é a rede de contatos construída. Especialmente se sua formação não o conectar a banqueiros e executivos, a faculdade de negócios pode ajudar bastante a equilibrar as coisas. O que você aprende é de fato um tanto... limitado, mas as coisas são assim na maior parte do ensino superior. Para fins de networking e para exibir sua qualificação, não recomendo ir a nenhuma faculdade, a não ser que seja alguma das dez mais famosas. (Nota: provavelmente existem quinze faculdades entre as dez mais famosas.) Os empregadores dizem a mesma coisa, mas através do dinheiro: quem tem um MBA das principais faculdades dos Estados Unidos consegue ganhar três vezes mais que os colegas que passaram por instituições de menor prestígio no mercado.[37]

Vitórias rápidas

As “vitórias rápidas” eram uma tática que usávamos na minha época de consultoria de gestão para impulsionar as coisas com um novo cliente. Os projetos de consultoria começam com uma onda de otimismo e energia quando uma equipe de MBAs recém-formados chega a uma empresa com novas ideias. O problema é que podem se passar meses e tudo o que os *prodígios* produziram foram reuniões, apresentações em PowerPoint e faturas de seis dígitos. Portanto, nós procurávamos oportunidades mais fáceis de alcançar, nas quais pudéssemos implementar alguns aspectos das nossas recomendações em pequena escala. Projetos-piloto, pesquisas simples com clientes, qualquer coisa que pudéssemos fazer de forma rápida e visível. Os benefícios eram muitos: a abordagem não só justificava o investimento nos progressos alcançados, como tornava menos assustadora a perspectiva de implementar nossas recomendações que eram muito mais ambiciosas, e ainda aprendíamos como a organização do cliente realmente funcionava.

Criar oportunidades para vitórias rápidas é uma técnica poderosa em várias áreas. No nosso desenvolvimento pessoal, é a chave para melhorar hábitos e ganhar impulso para assumir tarefas muito maiores. O guru de finanças pessoais Dave Ramsey vai contra a ortodoxia econômica ao defender vitórias rápidas para pessoas profundamente endividadas. Ele pede aos clientes que listem todas as dívidas que têm, da menor para a maior. Esqueça as taxas de juros ou condições de pagamento, ou qualquer outra coisa, apenas liste o tamanho absoluto da dívida. Em seguida, pague-os nessa ordem. Não é a abordagem mais sólida do ponto de vista orçamentário (que seria pagar primeiro os empréstimos com as taxas mais elevadas), mas, como Ramsey salienta, ele é a favor da “modificação do comportamento em detrimento da matemática". Você consegue pagar aquele empréstimo de 100 dólares para seu primo, mesmo que pudesse deixá-lo pendurado por anos, e isso é uma vitória rápida. E como o guru argumenta: "Você precisa de vitórias rápidas para se animar."[38]

Selecionar e investir em seus hobbies

As atividades recreativas, desde a leitura de romances até a escalada (literal) de montanhas, mantêm o nosso corpo e a nossa mente ativos e podem criar uma felicidade duradoura. E, em certo ponto, caso siga os conselhos deste livro, você vai ter tempo e dinheiro para seguir essas paixões. Na verdade, em algum momento, essa vai ser sua única atividade. E, por mais que aprender uma nova habilidade possa ser gratificante, ninguém quer acordar aos 70 anos sem emprego, com uma conta bancária cheia e nada para fazer. Você pode surfar aos 70 anos, mas será muito mais fácil se tiver aprendido aos 25.

Porém, o problema atual é que você precisa se concentrar em sua carreira, então o tempo que resta é precioso. Como escolher o que cortar e onde investir?

Faça um ranking das suas atividades recreativas. (Isso significa listá-las em ordem prioritária, desde a mais importante para você até a menos. Sem empates.) Uma atividade recreativa é qualquer coisa que você faça além das necessidades básicas sem receber (ou sem um grande potencial de receber) uma renda significativa por isso. Ao fazer essa classificação, leve em conta estes fatores:

- É uma atividade compartilhada com entes queridos, de modo que o tempo gasto também é investido nesses relacionamentos? Seja honesto — caso seu cônjuge vá até o campo de golfe todos os domingos porque ama você, mas prefira fazer literalmente qualquer outra coisa do que jogar golfe, isso não é uma atividade compartilhada. Se for, esse é um grande benefício e deve subir na lista.

- É um exercício físico? Todos devemos ter pelo menos um hobby que envolva exercícios físicos na lista. O meu é o crossfit. Eu gosto de crossfit, mas não amo. Porém, até encontrar um hobby do tipo de que eu goste mais, ele está no topo da minha lista.
- Qual é a relação tempo-custo-valor? É provável que voar em aeronaves experimentais seja emocionante, mas, em um mundo de tempo e capital limitados, está muito atrás de "dar um passeio na praia" para a maioria das pessoas quando a relação tempo-custo-valor é levada em consideração.
- Você pode fazer essa atividade quando for mais velho? Isso tem diferentes aspectos. Para hobbies baseados em habilidades, em especial as físicas, esse é provavelmente um bom motivo para continuar com essas atividades agora. Se você prevê jogar muito golfe na aposentadoria, é provável que valha a pena desenvolver e manter seu jogo em um nível médio, pelo menos. Se planeja se aposentar e ir para o Havaí praticar longboard todas as manhãs, sem dúvida alguma é preciso praticar nas ondas de vez em quando. Essas não são habilidades que você vai querer começar do zero aos 65 anos. Não é necessário prática para fazer viagens de primeira classe para as capitais europeias, e na aposentadoria você consegue fazê-las com a mesma facilidade (talvez até mais) que na juventude.
- Você tem talento para essa atividade? Ela o coloca em um estado de fluxo? Traz alegria? A resposta a essas perguntas provavelmente é a mesma, mas todas são carac-

terísticas valiosas de um hobby. Se você gosta de piano e se imagina deslumbrando seu lar de aposentadoria com sua excelência no instrumento, mas tem dedos curtos e a prática de piano traz uma hora diária de confusão e angústia, talvez seja melhor dedicar esse tempo a outras coisas. Poucas pessoas conseguem desfrutar de verdade e por muito tempo algo em que têm pouca habilidade. Não siga sua paixão; siga seu talento.
- Você está praticando ou vendo alguém praticar? Pela minha experiência, as pessoas que suam a camisa são mais bem-sucedidas do que as que assistem aos outros suarem.

Depois de ter uma ideia do que você mais aproveita, retome a lista, agora considerando quanto tempo cada atividade ocupa do seu dia/semana/mês/ano. Faça a soma e, depois de três ou quatro atividades, você provavelmente chegou ao que de fato tem tempo para fazer, e fazer bem. ("Experimentar coisas novas" é um hobby muitíssimo legítimo, e essa lista não deve permanecer igual pelo resto da vida. Apenas reconheça que é necessária uma alocação de tempo para experimentar coisas novas.) Não se sinta culpado por se afastar de algo a que dedicou muito tempo no passado. Os custos irrecuperáveis não são recuperáveis, e, se valeu a pena fazer algo por tantos anos, você provavelmente terá habilidades e experiências que poderá aproveitar em suas outras atividades. Esportes competitivos são o exemplo clássico — as lições de persistência e trabalho duro que aprendi com o remo na faculdade permaneceram comigo, mas estou em paz por nunca mais ter me aproximado de um barco para remar.

Para os itens que ficarem na lista, não se engane. Eles não querem dizer que é preciso se apressar — se cozinhar está no topo da sua lista porque é uma atividade tranquila que você pode fazer enquanto ouve podcasts, não estrague tudo sentindo que precisa fazer uma aula todo mês e preparar refeições de cinco pratos toda noite. O que quero dizer é: ***não se culpe pelo tempo de inatividade ou pelo custo***. Se ir à ópera estiver na sua lista, vá à melhor ópera que puder encontrar e não se sinta mal com as despesas ou com o tempo gasto. Essa é a virtude de cortar os excessos: é possível saborear o que está na sua lista porque você está no controle das suas intenções e do seu foco.

PONTOS DE AÇÃO EM TÓPICOS

- **Direcione sua atenção, seu tempo e sua energia de forma consciente**. A segurança financeira é criada a longo prazo, por meio de um enfoque contínuo nas oportunidades mais produtivas.
- **Aceite a necessidade do trabalho duro**. Embora existam muitos caminhos para a riqueza, quase todos envolvem tempo no trabalho, energia gasta no trabalho e sacrifícios em outras partes de nossa vida. O ressentimento por isso prejudica seu foco atual e sua satisfação a longo prazo.
- **Combine suas obrigações com suas capacidades**. Se sua agenda exige compromissos familiares em horários determinados, evite carreiras que exijam responsabilidade com clientes ou pacientes que podem precisar de você a qualquer momento. Se conseguir trabalhar em horários ou locais fora do padrão, escolha responsabilidades que possam ser cumpridas remotamente. Aprenda a delegar o que você não pode fazer ou não faz bem.
- **Não siga sua paixão**. Siga seu talento.
- **Dedique tempo para definir o seu talento**. Nossos talentos não são óbvios, mesmo para nós, e em geral não são o que pensamos ou desejamos que sejam. Coloque-se em novos contextos e ouça o que as outras pessoas lhe dizem sobre seus pontos fortes. Entenda o que o deixa curioso e animado.
- **Concentre-se na excelência. A paixão virá depois**. Paixão contínua e gratificante é o produto de seu trabalho duro e do seu caráter forte, não a causa.
- **Repetir**. Experimente coisas novas, arrisque-se e não espere alcançar grande sucesso logo de cara. A maioria das histórias de "sucesso instantâneo" são produto de anos de trabalho árduo. O fracasso é a matéria-prima do sucesso (se você aprender com ele).
- **Procure a praia com as maiores ondas**. A dinâmica do mercado vale mais do que o desempenho individual, portanto dê a

si mesmo a melhor chance, indo para onde as oportunidades são as melhores.

- **Aprimore sua habilidade na comunicação**. Em todas as carreiras, a capacidade de se comunicar é sempre positiva e, muitas vezes, essencial. Leia romances ou assista a filmes de que gosta, aprenda a exibir informações visualmente, observe como grandes apresentadores cativam o público.
- **Faça escolhas de carreira com base na cultura e também nas habilidades**. É óbvio que você deseja um emprego que se adapte ao seu conjunto de habilidades, mas é igualmente importante que seu local de trabalho se adapte à sua personalidade. Trabalhe com pessoas que tiram o melhor de você.
- **Olhe para além das carreiras óbvias**. Se você foi bem na escola, é inevitável que siga para uma faculdade de elite, depois para a pós-graduação e para as profissões do conhecimento: gestão, tecnologia, finanças, medicina, direito. Essas são carreiras com potencial excelente, mas também existem muitos sócios de escritórios de advocacia e vice-presidentes seniores insatisfeitos. Olhe de forma ampla — há oportunidades em todas as áreas, desde a arquitetura até a zoologia. Não despreze a economia local. Siga seu talento.
- **Chegue a uma cidade, vá ao escritório**. Seus 20 a 30 anos são para aprender o caminho do trabalho, para se esforçar, para expandir sua rede e seu conhecimento do mundo. Isso significa estar perto de outras pessoas. Quanto mais, melhor.
- **Saiba quando desistir**. A persistência é uma virtude, até se tornar um pacto suicida. Sempre que estiver fazendo uma aposta, desistir deve ser uma de suas opções.
- **Seja leal a pessoas, não a empresas**. Organizações são arranjos sem bússola moral ou memória, e *não serão leais*.
- **Limite seus hobbies**. Os interesses fora do trabalho não são apenas agradáveis, são essenciais para a felicidade a curto prazo e a satisfação a longo prazo. Mas eles também são uma distração, então pense bem no que você busca e deixe de lado os passatempos que não lhe agradam mais.

FOCO

+

(ESTOICISMO

×

TEMPO

×

DIVERSIFICAÇÃO)

3
TEMPO

O poeta estadunidense do século XX, Delmore Schwartz, escreveu: "O tempo é o fogo no qual queimamos."[1] Sinistro, mas ele tinha um ponto. O tempo nos consome, inexorável e inevitavelmente. O passado é uma memória imutável. O futuro, um sonho. Aquilo sobre o que temos controle, que vem acompanhado da oportunidade de estarmos presentes, é o agora. Remoer o passado ou acreditar que o futuro vai se desenrolar de forma positiva sem ação e disciplina no presente é um caminho para nos arrependermos do que não fizemos, e não podemos consertar.

Você é mais ágil e talentoso que o universo. O universo é incapaz de se comunicar com a mesma fluidez, ou de levar nuances em conta. Você é o Usain Bolt do universo: muito rápido. No entanto, o universo vai superá-lo em tudo, em qualquer situação, pois ele é o mestre da arma mais imutável: o tempo. O universo se move a uma fração de um ritmo extremamente lento, sabendo que, em algum momento, vai superar todo o resto, já que sua mudança é medida em bilhões de anos.

O tempo é seu recurso mais valioso, em especial enquanto jovem, já que nessa fase você o tem mais do que as outras pessoas. Ele é uma arma que os jovens raras vezes reconhecem ou sabem como usar. Quando se está consciente há apenas 25 anos, é difícil conceber como será a situação daqui a outros cinquenta anos. A habilidade de entender esse conceito (tempo e paciência) pode ser a diferença entre as pessoas que têm o talento para ganhar a vida e aquelas que têm a mentalidade necessária para construir riqueza.

Não é recomendável ser generoso quando se trata de tempo. Se você desperdiça dinheiro, pode ganhá-lo de volta. Desperdice tempo e o perderá para sempre. Não estou dizendo para não relaxar nunca. Não fazer nada é bom, até importante, mas deve ser algo planejado.

Quando se trata de construir riqueza, o tempo é nosso aliado no longo prazo, mas, no curto prazo, ele é nosso inimigo. Isso tem três facetas, e são elas que estruturam este capítulo. Primeiro, o poder de composição do tempo. Você provavelmente está familiarizado com esse termo no contexto de "juros compostos", e esse é um princípio central do planejamento financeiro. Graças ao poder do tempo, pequenos aumentos de capital podem tornar-se ganhos significativos.

Mas compor é mais do que ganhar retornos com seu dinheiro. As despesas de investimento também são compostas e, se mal administradas, podem dizimar retornos. A inflação vai corroendo as bases da riqueza de forma incansável, e isso a torna sua principal inimiga. Essa regra vai além das finanças. Os impactos de nossas ações se acumulam em todas as áreas, desde o desenvolvimento de hábitos até o fortalecimento de conexões.

Além disso, temos a nossa experiência no tempo presente. O foco e o estoicismo são abordagens para aproveitar ao máximo o tempo presente. A criação de riqueza requer uma compreensão clara de como estamos alocando nosso tempo e gastando nosso dinheiro (duas maneiras de dizer a mesma coisa) e a habilidade de tomar boas decisões, grandes e pequenas.

E também, há a questão fundamental: a compensação que o tempo apresenta. Construir riqueza é uma ideia curiosa, porque grande parte dela se resume a sacrificar o prazer agora, para que outra pessoa (seu eu futuro) seja mais feliz. Nós ganhamos dinheiro no trabalho para que no curto prazo o nosso eu futuro possa comer e ter abrigo. E economizamos e investimos dinheiro para que o nosso eu futuro no longo prazo tenha segurança financeira e as recompensas de uma boa vida. Visualizar o seu eu futuro e o que pode acontecer com o domínio do tempo são a chave para aceitar as compensações entre a felicidade dele e a sua.

O PODER DO TEMPO: COMPOSIÇÃO

O tempo transforma pequenas mudanças em coisas poderosas. É por meio do tempo que sementes se transformam em árvores e rios cortam desfiladeiros. Na economia e na vida, vemos o poder do tempo no fenômeno dos juros compostos.

Juros compostos

Como autoridade máxima no assunto tempo, Albert Einstein teria dito que os juros compostos são a oitava maravilha do mundo. É isso, mas também é uma questão de matemática pura simples.

INVESTIMENTO DE $100 A 8%

SEM JUROS COMPOSTOS		COM JUROS COMPOSTOS
$108	Ano 1	$108
$116	Ano 2	$117
$124	Ano 3	$126
$180	Ano 10	$216
$340	Ano 30	$1.006

Imagine que você tem 100 dólares e investe a uma taxa de juros anual de 8%. No primeiro ano, o investimento gera um pequeno retorno de 8 dólares. Seus 100 dólares se tornam 108. No segundo ano, porém, você não ganha apenas outros 8 dólares. O investimento ganha 8% sobre o montante inicial (100 dólares), mas *também* 8% sobre o retorno do ano anterior (8 dólares), 64 centavos. Esses 64 centavos são sua semente. Porque agora você tem 116,64 dólares, em vez dos 116 que receberia sem juros compostos. No terceiro ano, você obtém seu retorno de 8 dólares sobre os 100 originais, mas também 8% sobre os 8 dólares do primeiro ano, e ainda 8% sobre os do segundo ano e aqueles 64 centavos. Combinados, esses retornos sobre retornos elevam seu investimento de 124 dólares (que você obteria sem juros compostos) para 125,97. Sua semente está brotando. Dez anos depois, os juros compostos transformaram seus 100 dólares em 216 — seriam só 180 dólares se você estivesse adicionando apenas 8% ao valor principal a cada ano. Trinta anos de juros compostos transformam seus 100 dólares em 1.006, em vez dos apenas 340 dólares que você garantiria sem eles — quase sete vezes seu investimento inicial apenas com os efeitos da composição de juros. A semente se transformou em uma árvore.

Os juros compostos não são um serviço opcional que o banco oferece, eles são algo incorporado à matemática de juros. Você pode calcular seu impacto com esta equação:

$$\text{VALOR FUTURO} = \text{Valor presente} \times (1 + \text{taxa de juros})^{\text{Número de períodos}}$$

A conta fica mais complexa em muitas situações do mundo real (por exemplo, se você fizer mais de um investimento, se os retornos mudarem ao longo do tempo), mas esse é o princípio básico.

Veja como essa conta funciona com números reais. O gráfico a seguir mostra o crescimento de sua riqueza se você investir, por ano, 12 mil dólares a 8% durante dez anos e depois parar e observar seus retornos aumentarem. Se investir dessa forma dos 25 aos 35 anos, então terá 2,5 milhões quando completar 65 anos, mas, se começar aos 45, terá apenas 500 mil dólares. A aceleração nos últimos anos (quando você realmente precisa do dinheiro) é surpreendente. Warren Buffett acumulou 99% de sua riqueza após os 52 anos.

O PODER DOS JUROS COMPOSTOS

Poupança = $12.000 por ano durante 10 anos, com juros compostos de 8% ao ano

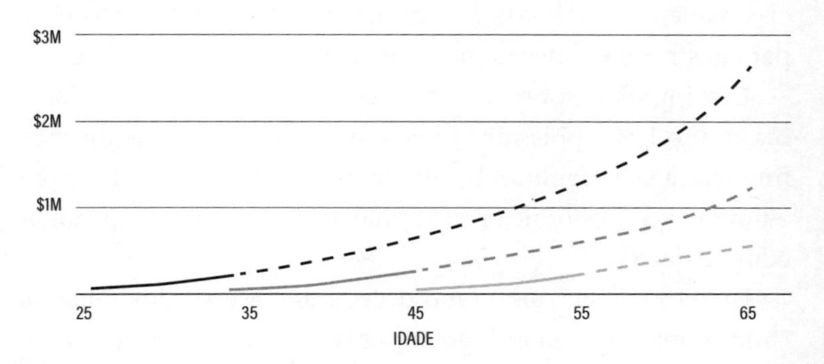

Investir é como plantar árvores. O melhor momento para começar foi dez anos atrás. O segundo melhor momento é neste exato instante.

Inflação

Os juros compostos têm um gêmeo maligno: a inflação. Enquanto os retornos se acumulam e aumentam sua riqueza, a inflação utiliza incansavelmente o mesmo poder de composição para reduzir o que você acumulou. A inflação é um roedor que ataca os pilares da riqueza, a podridão em seus alicerces, uma maré crescente que nunca diminui. É inevitável, mas não inescapável. Basta fugir dela.

A matemática da inflação é idêntica à dos juros, mas na direção contrária. Se a economia estiver sob os efeitos de uma inflação anual de 3%, os bens que custam 100 dólares hoje custarão 103 daqui a um ano. Olhando mais adiante, é provável que você consiga ver aonde isso vai parar. Daqui a dez anos, com uma inflação anual de 3%, esses mesmos bens custarão 134 dólares. Daqui a trinta anos (um período razoável quando o assunto é poupança para a aposentadoria), o que hoje custa 100 dólares custará 243. Dito de outra forma, se você planeja se aposentar dentro de trinta anos, uma inflação de 3% significa que você precisa planejar uma renda 2,5 vezes maior que a necessária hoje para desfrutar do mesmo poder de compra e estilo de vida.

Um imposto sobre todas as coisas parece ser um sistema muito bom, pois torna mais difícil alcançar a segurança financeira sem nenhum benefício perceptível. Mas a inflação é uma força econômica primordial, que ignoramos por nossa conta e risco.

Os bancos centrais, como o Federal Reserve dos Estados Unidos, têm alguma influência sobre a taxa de inflação e tentam mantê-la em cerca de 2% ao ano, com sucesso variável. (Existem várias medidas de preços utilizadas para a inflação; a que vemos com mais frequência nos meios de comunicação é o Índice de Preços ao Consumidor Amplo, ou IPCA, que agrega os preços de vários bens de consumo.) A maior parte do início do século XXI foi um período de inflação particularmente baixa, mas em 2022 nós vimos a inflação nos Estados Unidos atingir 8% ao ano, com números ainda mais elevados no exterior. Ao longo do último século, a inflação nos Estados Unidos foi, em média, de cerca de 3%, e esse é um bom número para usar como base de um planejamento.

A inflação não é uniforme em todos os bens e serviços. Durante décadas os custos de educação e saúde, em particular, aumentaram mais depressa do que a inflação: as mensalidades universitárias aumentaram cerca de 8% ao ano desde 1980. A tecnologia pode ser deflacionária — os computadores tornaram-se mais baratos ao longo dos anos, e melhores, de tal forma que o preço por performance despencou. Algumas categorias experimentam uma volatilidade substancial independentemente das tendências a longo prazo: a gasolina, por exemplo, oscilou muitas vezes entre 2 e 4 dólares por galão ao longo dos últimos vinte anos.

Por conta da quase certeza da inflação, nós precisamos definir nossos objetivos em números mais elevados do que normalmente faríamos. Quando nos planejamos para o longo prazo, precisamos lembrar que os preços serão mais elevados. Um fluxo de renda de 100 mil dólares por ano pode garantir um bom estilo de vida hoje, até você lembrar que 100 mil dólares daqui a trinta anos terão o poder de compra de 41.200 dólares de agora. Se você está economizando dinheiro para a educação universitária de um recém-nascido, e quatro anos de mensalidade custam hoje 200 mil dólares, é provável que vá precisar de pelo menos 360 mil quando a criança for para a faculdade. (E isso presumindo que as mensalidades aumentem em apenas 3%.)

Retornos reais: juros *versus* inflação

Eu disse que a única maneira de escapar da inflação é correr mais rápido que ela. Se estiver se preparando para cobrir uma taxa de inflação de 3%, isso significa que você precisa obter um ganho mínimo de 3% em suas economias para manter seu poder de compra. Mas você não deseja simplesmente manter seu poder de compra, você quer aumentá-lo. Isso requer um retorno "real", ou seja, o retorno de seu investimento *acima da inflação*. Você pode calcular isso subtraindo a taxa de inflação da sua taxa de juros: ganhar 5% em seu dinheiro em um ambiente de inflação de 3% produz um retorno real de aproximadamente 2%.*

Nós nos referimos a uma métrica financeira, seja esta uma taxa de retorno ou um montante em dólares, como "real" se ela foi ajustada para levar em conta a inflação, e como "nominal" caso não tenha sido. Se dez anos antes algo custasse 100 dólares, e desde então tivesse havido uma inflação de 3%, nós diríamos que há dez anos custava 100 dólares em "valor nominal", mas 134 dólares em "valor real". Em outras palavras, hoje seriam necessários 134 dólares para igualar o poder de compra de 100 dólares de dez anos antes. Às vezes, você verá a denominação "moeda constante" ou um valor na sua moeda vinculado a um ano específico, como "dólares de 2023".

Embora seja um descuido grave, deixar de considerar a inflação é comum no planejamento financeiro. (Da mesma

---

* Subtrair a taxa de inflação da taxa nominal é uma aproximação útil, mas o cálculo adequado é: (1 + taxa nominal) / (1 + taxa de inflação) - 1. Para um retorno nominal de 5% e uma taxa de inflação de 3%, o retorno real é de 1,94%.

forma, os impostos, que discutirei no próximo capítulo, sempre precisam ser levados em consideração no planejamento.) Manter o patrimônio em dinheiro físico pode ser reconfortante — você tem acesso a ele, é algo vistoso e evita o risco de perdas no curto prazo. Os seres humanos tentam evitar a dor a todo custo, mas não é uma boa ideia ter muitos ativos em dinheiro, exceto a curto prazo, pois assim estamos perdendo riqueza todos os dias. Manter dinheiro custa 3% ao ano, e por aí vai. Invista e corra mais rápido que a inflação.

AGORA

Para garantir os 64 centavos que se transformam em centenas de dólares, ou os 12 mil dólares que se transformam em 2,5 milhões de dólares, é preciso agir agora. A vida no nosso momento presente é formada por uma série de pequenas coisas, e pode ser difícil perceber seu potencial. Superar nossas deficiências cognitivas e dominar o momento presente é essencial para construir riqueza a longo prazo. Mude sua escala de tempo e você mudará sua vida.

Erros cognitivos

Apesar de seu poder e sua importância, nós somos péssimos em entender o tempo. Nosso cérebro é uma mistura de heurísticas e aproximações defeituosas (um estudo descreve nossa mente como um “menu de ilusões”).[2] Imagine uma experiência simples: você tem férias planejadas de nove dias, mas no último minuto lhe dizem que terá que trabalhar em um desses dias. Que chato. Agora outra: você planejou férias de três dias e descobriu que terá que trabalhar em um dos dias. Sensações diferentes?

Nós percebemos o tempo com as mesmas distorções de distância física que afetam nossa visão: nós o encurtamos. Quando solicitadas a visualizar um evento desagradável que ocorreria em breve, as pessoas o classificam como subjetivamente pior do que o mesmo evento que estaria programado para ocorrer mais adiante no futuro.[3] Quando solicitados a avaliar o quanto dois eventos estão próximos no tempo (por exemplo, dois eventos com uma semana de intervalo são "um após o outro", "um pouco próximos no tempo" ou "distantes um do outro"?), nós descrevemos o período que vai do agora até o evento que ocorrerá em breve como maior do que o referente ao intervalo entre eventos, com período idêntico, mas programados para bem mais adiante no futuro. Assim como o dinheiro que você tem agora é mais valioso do que a mesma quantia no futuro (veja "A flecha do tempo" no próximo capítulo), nós percebemos os acontecimentos no futuro próximo como mais significativos do que os do futuro distante. (Como muitas das complicações cognitivas em nosso cérebro, isso não é totalmente irracional — eventos previstos em um futuro distante têm menos probabilidade de ocorrer do que eventos iminentes — mas, mesmo assim, atrapalha nossa percepção.)

A passagem do tempo nos prega peças, e isso é particularmente verdadeiro no que diz respeito a investimentos. Nossa recordação do desempenho passado é tendenciosa para o lado positivo: somos melhores recordando investimentos bem-sucedidos do que os mal-sucedidos.[4] Isso repercute em nossa avaliação do futuro e nos deixa excessivamente confiantes. A exceção a isso é quando temos alguém para culpar pelos fracassos passados, e desses nós nos lembramos com clareza, distorcendo ainda mais nosso julgamento sobre nossas próprias capacidades. (Manter registros de forma diligente, como discuto a seguir em relação aos gastos, é um antídoto para isso.)

Do mesmo modo, tendemos a lembrar os pontos altos e a normalizar nossas expectativas para o futuro: usamos esses pontos altos como base de referência. Este é o mecanismo fundamental da inflação do estilo de vida, o que abordarei mais adiante neste capítulo — nossa tendência de redefinir continuamente nossa linha de base para um nível aceitável de conforto material. Depois de se hospedar no luxuoso Four Seasons, você nunca mais desfrutará um hotel comum Hyatt da mesma maneira. Se comprarmos uma ação a 20 dólares, e ela chegar a 100 dólares e depois cair 90 dólares, sentimos que perdemos 10 dólares, apesar de, na verdade, termos ganhado 70 dólares.

E esses problemas estão apenas em uma única linha do tempo. As finanças exigem que consideremos cronogramas alternativos, mas em geral nós ignoramos isso. Estou falando de custo de oportunidade (os ganhos não realizados dos investimentos que não fazemos). Os jovens que avaliam o custo de uma pós-graduação com frequência cometem esse erro. O custo não se limita às mensalidades. O dinheiro não embolsado durante os anos de estudo e o efeito de composição que você não receberá sobre esses ganhos podem ser ainda maiores.

Por fim, o tempo é relativo, mas seu tempo de vida, não. Ganhos e gastos aumentam e diminuem em um padrão previsível para a maioria de nós. Até o final da adolescência ou início dos 20 anos, somos quase apenas gastadores. Aos 20 anos, os ganhos começam a disparar, a menos que sejam atrasados por uma pós-graduação, e, no cenário ideal, superam os gastos. Mas ambos os fatores continuam a aumentar à medida que expandimos nosso poder aquisitivo e assumimos obrigações. Se temos filhos, os gastos costumam cair quando eles se tornam adultos remunerados vivendo por conta própria, e se nós trabalhamos duro, fomos inteligentes e tivemos alguma sorte, nossos ganhos continuam a acelerar (até atingirmos um ponto de diminuição do interesse, da energia, da capacidade ou do desejo). Os ganhos podem diminuir gradualmente, ou com os aplausos e os parabéns de uma festa de aposentadoria. Então, por fim, muitas vezes há um aumento nos gastos à medida que enfrentamos o fim da vida, e os custos inerentes a seu adiamento. Suas prioridades e estratégias evoluirão conforme você percorre esse caminho.

O tempo é a verdadeira moeda

Tanto a pessoa mais rica do mundo quanto a mais pobre contam com 24 horas por dia. Os mesmos segundos passam para todos. Não há reembolsos para o tempo mal gasto, e nenhum banco pode lhe emprestar tempo. Portanto, embora seja prático medir riqueza e oportunidades em termos de dinheiro, a moeda que realmente importa é o tempo.

Quando eu era criança, meu pai viajava muito a trabalho. Antes de meus pais se separarem, minha mãe e eu às vezes íamos com ele ao aeroporto de Orange County quando ele viajava. Da rua, era possível subir um lance de escadas até um amplo terraço, onde ficava o bar. Nada de segurança. Meu pai me levava para aquele terraço e tapava meus ouvidos enquanto os motores dos aviões gritavam durante seu preparo. Nós observávamos enquanto os pilotos soltavam os freios, e os aviões, a 5.700 pés, se transformavam de focas encalhadas em águias voadoras. Ele me ensinou a diferença entre um 727 e um DC-9 (três motores *versus* dois) e entre o L-1011 e o DC-10 (terceiro motor na fuselagem *versus* no meio da cauda). Os aviões pilotados pela Pacific Southwest Airlines tinham um sorriso pintado no nariz, oferecido a nós através das janelas do terraço. Foi um tempo bem gasto, para nós dois.

Esse tempo também cultivou em mim um amor eterno por aviões. Algumas pessoas assistem à ESPN tarde da noite ou compram roupas pela internet. Eu passo horas procurando e pesquisando aviões. Há cerca de seis anos, realizei um sonho que começou naquele bar do terraço: comprei meu próprio jato, um Bombardier Challenger 300. Comprar um avião, contratar pilotos em tempo integral e uma empresa de gestão para cuidar de tudo, desde espaço no hangar até as compensações de carbono, são um processo caro e demorado, que não pode ser inteiramente justificado como racional.

Foi assim que racionalizei o irracional. Naquela época, eu morava com minha família em Miami, mas tinha que estar em Nova York uma vez por semana para dar aulas. Além disso, toda semana eu caía na estrada para dar palestras e participar de reuniões, sempre em algum lugar dos Estados Unidos. Calculei que se tivesse o meu próprio avião, considerando meu calendário de viagens, poderia passar mais treze dias por ano em casa (duas grandes vantagens dos voos privados: voar no seu horário e caminhar do seu carro até o avião em dois minutos — sem passagens, sem seguranças). Então, em dez anos, eu teria 130 dias extras com minha família, ou mais de quatro meses adicionais com meus filhos, que adotaram esse péssimo hábito de crescer e que, pelo que entendi, vão querer ir embora em algum momento. O custo do avião, após benefícios fiscais, é de aproximadamente 1,2 milhão de dólares por ano. A questão: no final da minha vida, vou querer mais 12 milhões de dólares no banco ou a lembrança de mais quatro meses com os meus filhos? Era muito dinheiro para mim, mas foi uma das decisões financeiras mais fáceis que já tomei.

FAÇA AS CONTAS

O que está roubando seu tempo? Onde você está sendo sábio com o dinheiro, mas tolo com o tempo? Vamos pensar no ato de fazer compras. A maioria das regiões possui serviços concorrentes de entrega com modelos diferentes. Se você passa três horas por semana fazendo compras (dirigindo até o supermercado, fazendo compras, voltando), isso significa 150 horas por ano, ou duas semanas de férias. Quanto valem essas duas semanas de relaxamento ou trabalho adicional? Resposta: mais. Ainda mais se não tiver o que você precisa no mercado e por isso você tiver que pedir *refeições* duas ou três vezes a mais por semana. Com 25 dólares por semana em gastos adicionais comprando pela Uber, você pode economizar 100 dólares no Uber Eats e ainda poupa tempo. Essa decisão é óbvia. Existem exceções. Se fazer compras no mercado (ou limpar, cozinhar ou lavar o carro) é algo catártico para você, então vá em frente.

Não se trata de um argumento para ser preguiçoso ou gastar todo o seu dinheiro em serviços. Se pagar alguém para limpar sua casa e trazer suas compras apenas para conseguir mergulhar na sua lista da Netflix, você estará simplesmente pagando mais pela Netflix. O objetivo é liberar seu tempo para o que é verdadeiramente produtivo, não apenas para o que você prefere fazer no momento. Trabalho, educação, relacionamentos. Mas sobretudo, quando se é jovem, trabalho.

As redes sociais são, provavelmente, um dos grandes destruidores de riqueza da história. Elas roubam anos de tempo dos jovens quando eles mais precisam — quando o investimento no trabalho e nos relacionamentos (reais) podem se expandir. Abra o relatório de tempo de tela integrado ao sistema operacional do seu smartphone. Quantas horas você passa nas redes sociais? Qual é o seu retorno, além das doses de dopamina provenientes do vício, projetadas por milhares de programadores, gerentes de produto e psicólogos comportamentais? Dica profissional: eles não estão do seu lado. Você por acaso é um influenciador? Todo esse tempo investido nas redes é um trabalho? Um estudo sobre felicidade descobriu que, entre 27 concorrentes, o uso das mídias sociais ficou em último lugar no ranking de atividades que mais fazem as pessoas ficarem felizes.[5] (Tente se desconectar dos aplicativos sociais depois de usá-los, para ser necessária uma decisão mais consciente ao abri-los na próxima vez.)

Repreender as pessoas por gastarem muito tempo em seus dispositivos é algo fácil, mas o trabalho também é uma grande fonte de tempo perdido. Aprenda a usar a tecnologia a seu favor: filtre e-mails, automatize calendários, use serviços em nuvem e ferramentas desenvolvidas especificamente para o seu setor — existe um universo de ferramentas de produtividade desesperadas para serem utilizadas. Algumas páginas adiante, vou abordar como gastar e economizar dinheiro, mas na verdade estou falando sobre seu tempo.

Se seu empregador lhe oferecer um assistente, invista nesse relacionamento. De início, vai levar mais tempo do que se você fizesse as coisas sozinho, mas isso também é uma forma de investimento. Meu superpoder, se tenho um, é reconhecer que a grandeza está na atuação das outras pessoas, e investir capital (tempo e dinheiro) para atrair e reter pessoas, fornecedores e relacionamentos que ampliam meu conjunto limitado de habilidades. É aqui que ser fundamentalmente preguiçoso, como é o meu caso, vale a pena. Desde muito jovem, sempre me perguntei: alguém poderia fazer isso tão bem ou melhor que eu? Nesse caso, se o custo é menor do que você poderia razoavelmente esperar ganhar com o tempo adicional que recupera, então terceirize. Como profissional iniciante, pode ser contratando um serviço de limpeza e de refeições para viagem. Eu contrato profissionais para minha decoração de casa, tecnologia, limpeza, paisagismo, planejamento tributário, edição, guarda-roupa, vida noturna (concierge), planejamento de férias, planejamento de eventos, caminhada para cães, treinamento físico (personal trainer), motorista, compras de mercearia, nutrição e até mesmo para dar presentes. Então, sim, sou incompetente quando se trata da maioria das habilidades. No entanto, eu realoquei todo esse capital em duas coisas: tentar ser o melhor do mundo no que faço por dinheiro, e fazer mais das coisas que faço por alegria (por exemplo, passear com os cães nos fins de semana, passar bastante tempo com meus meninos).

A tecnologia é um facilitador, mas o gerenciamento de tempo é uma habilidade que transcende a tecnologia. Ser bom com dinheiro significa ser bom com o tempo. Algumas pessoas têm sorte com um sistema formal (*A arte de fazer acontecer*, livro de David Allen, funciona como uma bíblia para alguns, mas não é o meu caso). Minha tática primária para gerenciamento de tempo é a priorização implacável. Ênfase em implacável. Faz anos desde a última vez que zerei os e-mails da minha caixa de entrada, ou que fiquei preocupado com uma tarefa que não consegui realizar. Há muitas demandas para encaixar no meu tempo, e tenho o privilégio de poder escolher quais aceitar. O requisito essencial do meu trabalho é estar presente e focado com 100% da minha atenção para pequenas explosões de insights — conteúdos de sucesso para a TV, gravações de podcast, apresentações e capítulos em livros. Se você me chamar para falar no seu evento, saiba que no jantar da noite anterior vou parecer aéreo e distraído... sou assim mesmo. Fico pensando nas histórias que explicam os gráficos, no momento certo para os vídeos e em que parte vou desacelerar minha fala para obter um efeito dramático. Isso tudo tem um preço: provavelmente vou esquecer o nome do hotel e meu assistente terá que me lembrar de comer naquela manhã.

Vantagem da juventude

Escrevo com frequência sobre a acumulação de riqueza pelos norte-americanos mais velhos e os desafios que as gerações mais jovens enfrentam para construir riqueza. Mas há uma fonte de riqueza que falta aos idosos e que os jovens têm em abundância: o tempo. No entanto, é uma ironia da percepção humana que muitos de nós só passemos a apreciar essas riquezas após desperdiçá-las. Se você é jovem, é rico em tempo, e, assim como os ricos em dinheiro aproveitam a própria riqueza, os jovens podem fazer o mesmo. Na maioria das vezes, porém, não é o que acontece.

Se você é jovem e rico em tempo, pode se divertir com o dinheiro pelo qual está trabalhando tanto. Há uma desconexão entre a maioria dos conselhos de finanças pessoais, em geral pedem para "economizar até o ponto da dor", e o que os economistas recomendam como ideal do ponto de vista matemático, que é atrasar o início da poupança, já que nos primeiros anos de carreira a maioria não ganha o suficiente para fazer a economia valer a pena.

Concordo 90% com os economistas nesse sentido. Divirta-se agora porque a energia, a paixão e a vontade de correr riscos *não dura*. Cães, cônjuges, crianças e hipotecas vão roubar algumas das oportunidades livres de preocupações que existem aos montes quando se está em seus 20 anos. Mas o comportamento humano não é o algoritmo de um economista, e o seu não mudará tão facilmente quanto os números em um modelo. Aprenda a poupar agora, exercite esse músculo enquanto é jovem, para que o hábito de economizar se multiplique.

As próximas seções falam de orçamento e poupança, que são fundamentais para a riqueza, mas, se você estiver por volta da primeira década de carreira, leia essas páginas sobretudo para aprender sobre *comportamento*, não resultados. Você deve economizar, mas como forma de criar a base e construir bons comportamentos e caráter. É quando passamos para os anos de maiores ganhos que o treino termina e o grande jogo começa. Você provavelmente não economizou muito nos seus (difíceis) 20 anos, e precisa recuperar o tempo perdido. Como disse Lyndon Johnson: "É hora de quebrar algumas nozes."

O que é medido é gerenciado

Um clichê que você vai ouvir dos ricos: "Nunca me preocupei com dinheiro." Mentira. Toda pessoa rica que conheço é *obcecada* por dinheiro. Não necessariamente obcecados em ganhar dinheiro (alguns são), mas em rastreá-lo, gerenciá-lo e venerá-lo como Sméagol e seu precioso anel. Dizer que você não pensa em dinheiro é só uma postura de ostentação humilde. Porque o que está nas entrelinhas é: "Sou tão talentoso que o dinheiro vem até mim e elimina a necessidade de organizar ou pensar em planejamento a longo prazo." Dizer que você pensa muito em dinheiro é o mesmo que dizer que pensa muito em sexo. Há algo desconfortável e impróprio em admitir o que todos sabemos. Dinheiro e sexo estão na mente de todos. Não necessariamente nesta ordem.

Durante a maior parte da minha vida adulta, eu sabia quanto dinheiro tinha. As vezes em que não sabia, quando não estava controlando os gastos, sempre terminaram com uma surpresa indesejável. Não controlar o dinheiro significa acabar descobrindo que se tem menos do que imagina.

Quando eu era jovem, contar meu dinheiro era fácil: não havia nenhum. Mas eu sabia quanto devia à minha fraternidade, quanto viria a fatura do meu cartão de crédito. Agora converso com meu corretor toda semana. Mensurar o dinheiro dessa forma envolve uma contradição, porque você quer ser **racionalmente obcecado**. O que quero dizer com isso? Focar em suas receitas, seus gastos e investimentos, sem se deixar envolver *emocionalmente*. O segredo é manter isso como um exercício intelectual, para dar a si mesmo a sensação de controle, e não aumentar sua ansiedade.

Construí uma empresa com base neste princípio aplicado à gestão de negócios digitais. Na L2, ajudamos empresas a se tornarem responsáveis pelo próprio desempenho digital. No início de um relacionamento, trabalhamos com nossos clientes para entender seus objetivos e o que seria necessário para alcançá-los. Em seguida, desenvolvemos métricas para medir o progresso. Há uma arte nisso.

"O que é medido é gerenciado" (frase atribuída a Peter Drucker, mas que possivelmente nunca foi dita por ele) é tanto um alerta quanto uma ordem.[6] As métricas são como objetos brilhantes, e ver seu movimento fornece um feedback positivo. E isso é verdade independentemente do que eles medem. Medir a coisa errada distorce a ação. Medir algo sobre o qual não se tem controle cria frustração. As melhores métricas têm **efeito** (o que elas medem contribui para seu objetivo) e podem ser **afetadas** (suas ações podem mudar o que está sendo medido).

Nem tudo o que importa é mensurável, e nem sempre a melhor métrica é óbvia. Suas ações podem cair, mas isso deve ser medido comparado com o desempenho do mercado em geral. O enfoque em apenas uma métrica a torna menos útil. Focar apenas em quanto dinheiro você tem, e não no seu colesterol, ou no tempo de tela de seus filhos ou na alegria do seu cônjuge, é a receita para uma pessoa financeiramente segura, mas infeliz. O que você está medindo, em última análise, é sua qualidade de vida, o que significa ter uma variedade de métricas que se combinam para (esperamos) uma sensação de bem-estar.

Quando falo em gerenciar o dinheiro, enfatizo a importância de poupar e a necessidade de um orçamento. Gosto da *austeridade* dessas palavras, o sentido de que estou me preparando para algo difícil. Faz com que eu me sinta virtuoso. Mas talvez seja apenas eu. Se você não gosta tanto dessa postura masculina, substitua "poupar" por algo mais positivo, como "construir" ou "investir". Seu objetivo não é economizar mil dólares este mês, é construir mil dólares em riqueza. Se "orçamento" parece muito austero, tente "alocação". E tenha cuidado com o vocabulário passivo que indica fraqueza ou falta de controle — seja o que quiser, esteja no comando.

Nos primeiros anos construindo sua riqueza (seus 20 e 30 anos), controlar a poupança é menos importante do que controlar os gastos. Os gastos determinam a poupança (há um **efeito** sobre ela) e são o que você de fato faz (podem ser **afetados**). Rastrear seus gastos não é divertido, mas está entre os comportamentos mais necessários. Aliás, se quer ser um empreendedor, um olhar crítico na saída de caixa é um fator de sucesso fundamental. Você também pode começar a fazer isso com seus gastos pessoais. Na vida e nos negócios, o dinheiro tem a tendência de evaporar quando não se está prestando atenção. A genialidade do capitalismo é inventar coisas novas que parecem necessidades, não desejos.

Como quase todos os nossos gastos hoje são eletrônicos, rastreá-los *parece* mais fácil do que costumava ser, mas a conveniência de ter tudo em seus dispositivos é uma armadilha. Quando eu era criança, minha mãe pagava nossas contas com cheques em papel, depois registrava devidamente cada despesa, anotava onde havíamos gastado o dinheiro e "fazia o balanço do talão de cheques". Embora fosse chato, a vantagem desse sistema era que ficávamos *cientes* dos gastos em tempo real. Se você instalar um aplicativo que coleta um monte de números que você nunca olha, isso não é monitorar seus gastos, é ignorá-los.

No (ótimo) filme *Casa de areia e névoa*, todos os dias Ben Kingsley anota todas as despesas, até mesmo a de uma barra de Snickers. Objetivos de infância: ser mais parecido com Ben Kingsley. Isso não significa que você não deva gastar dinheiro em coisas frívolas, apenas que deve monitorá-las. Tal como acontece com o tempo gasto em atividades menos produtivas, está tudo bem, desde que seja planejado e você saiba o quanto está alocando.

Se não está disposto a sentar-se à mesa da cozinha todos os domingos à noite e calcular cheques de papel, encontre outras maneiras de limitar seus gastos, uma estratégia para você seguir e realmente controlar o dinheiro. As ferramentas de orçamento on-line são ótimas (por exemplo, Personal Capital, Rocket Money, Simplifi, YNAB), mas são ainda melhores se você usar um aplicativo móvel para inserir manualmente os gastos conforme eles acontecem. Ou agende uma atualização semanal do seu orçamento. Construir esse hábito pode ser difícil, mas um parceiro responsável pode ajudar. Um cônjuge é óbvio, mas os pais, irmãos ou amigos próximos podem ajudá-lo a se comprometer a controlar os gastos. O mesmo conceito vale para um parceiro de treinos. Se você é empreendedor, trate as finanças pessoais como uma startup: desenvolva um plano, faça relatórios regulares e crie um demonstrativo pessoal de lucros e perdas.

O importante é rastrear o que você *realmente* gasta, e não o que acha que gasta ou planeja gastar. As pessoas subestimam seus gastos futuros de forma consistente. E não apenas no futuro distante: um estudo mostrou que pessoas subestimam seus gastos da semana seguinte em 100 dólares.[7] E, então, cometem o mesmo erro novamente na semana seguinte e pelo restante do mês. Meu colega da NYU, Adam Alter, descobriu que as pessoas subestimam seus gastos consistentemente porque não conseguem explicar as despesas “excepcionais” — que não são de fato excepcionais, já que acontecem mais ou menos todos os meses.[8] Dados > Intenções.

GASTOS PREVISTOS *VERSUS* GASTOS RELATADOS

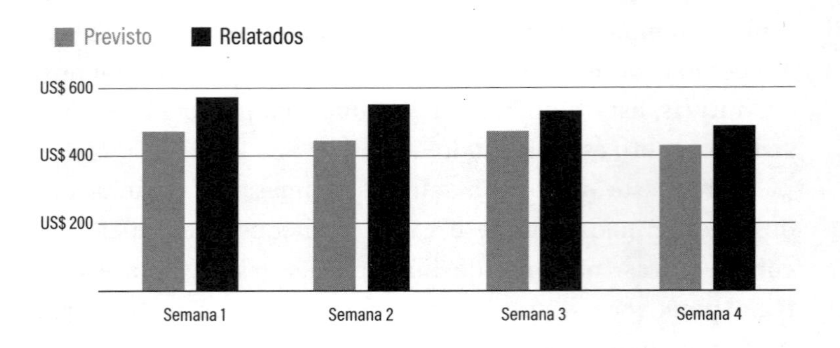

Fonte: Ray Howard *et al.*, American Marketing Association, *Sage Jourval* 59, nº 2, 2022

Meça seus gastos para que possa gerenciá-los. Mas esse é apenas um passo intermediário para aumentar a quantia que você *economiza*. A maneira mais fácil de ganhar um dólar é poupando-o, então você também deve rastrear o que está economizando (em breve vamos chegar ao que fazer com isso). Poupar até mesmo alguns dólares, ou algumas centenas de dólares, por mês é um passo poderoso para a construção de riqueza. À medida que a renda aumenta, em especial quando se obtém somas extras como bônus, você vai precisar que seus músculos poupadores estejam fortes.

Tenho dificuldade de manter o peso que ganho (eu sei, chega de mimimi) e, por consequência, é difícil para mim manter músculos. Ser magro não é uma maldição, mas tenho a vaidade de querer ser musculoso, e a ciência deixa claro que a força está muitíssimo correlacionada com a saúde e a longevidade. Eu malho várias vezes por semana (meu antidepressivo), então fico bem lá. Tropeço na parte da dieta. Não fui criado para gostar de comida — ser criado por uma mãe britânica solteira que trabalhava significava que a comida era (em grande parte) um castigo. Em suma, eu poderia fazer uma refeição por dia e ficar bem. Então tenho um aplicativo de nutrição em que insiro meus objetivos e tudo o que como. Ele rastreia minhas calorias, boas e ruins, e me envia notificações sobre o progresso, ajustes recomendados e assim por diante. Algo chamado de efeito Hawthorne entra em ação (ser observado muda nosso comportamento). Se alguém está me observando, me esforço para impressioná-lo. Mesmo que esse "alguém" seja eu. Um aplicativo, um livro-contábil ou uma planilha podem criar essa sensação de ser observado. O que é medido é gerenciado.

O condicionamento físico é uma boa analogia para administrar as finanças de outra maneira: você precisa fazer isso *com frequência*. Avaliar seus gastos uma vez por mês não é muito mais útil do que ir à academia uma vez por mês. Se você não analisa as cobranças do cartão de crédito há três semanas, não está medindo ou gerenciando nada.

Em algum momento, você vai acumular economias suficientes para que tenha investimentos e enfrente mais riscos. Os seus investimentos são a área em que você mais precisa se proteger contra o apego emocional. Ter dinheiro nos mercados significa que haverá volatilidade e dias de baixa, muitos. E estamos programados para sentir a dor das perdas mais do que o prazer dos ganhos, então é preciso ser forte para ver seu patrimônio líquido ser atingido e não deixar isso arruinar sua noite ou semana.

Há apenas duas maneiras de lidar com isso. Você pode parar de olhar. No entanto, ter capital é um processo ativo, não uma entidade estática, e, se você não estiver mantendo o controle, vai ser surpreendido. E surpresas com dinheiro quase nunca são boas. Ou você pode verificar com regularidade, de modo não obsessivo e com a perspectiva certa. O objetivo de investir não é ganhar dinheiro todos os dias. Nem mesmo ganhar dinheiro todos os anos (na maioria dos anos). É ganhar dinheiro ao longo de décadas. E você vai ganhar.

Se você investiu 100 dólares no índice S&P 500 no início de 2002, no final de 2022 terá 517,66 dólares, um retorno de mais de 8% ao ano (5,7% acima da inflação). Esse período de vinte anos incluiu alguns dos piores anos da história dos mercados, a crise financeira mais grave em um século e uma pandemia global. Repito, o tempo e a paciência são seus aliados. O desempenho de um dia de uma ação é como tirar cara ou coroa. No entanto, em mais de uma década, a valorização do S&P 500 é quase certa.

100 DÓLARES INVESTIDOS NO ÍNDICE S&P 500

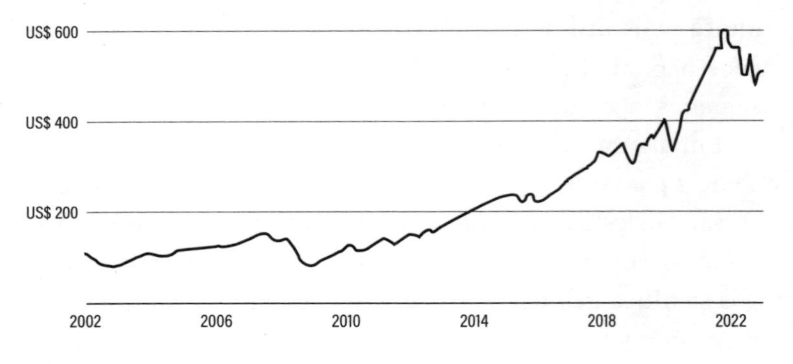

Fonte: Análise Prof G do desempenho do índice S&P

Faça orçamentos para sair do sufoco

Depois de medir seus gastos, como você os gerencia? Em parte, isso acontece naturalmente. A consciência incentiva a disciplina. Mas para de fato tomar as rédeas de seu futuro financeiro, é preciso ter um plano. Não é aqui que vamos passar quinze páginas explicando uma planilha de finanças pessoais. Você pode se aprofundar tanto quanto quiser em fazer orçamentos. Existem muitos livros e recursos on-line para ajudá-lo.

O que vem a seguir é uma abordagem e um conjunto de princípios. Molde-os para se adequarem à sua situação. Se você não tiver uma imagem clara de suas finanças, o caminho para a riqueza será tortuoso e frustrante.

Quando há pouca entrada de dinheiro, o orçamento é voltado a ter cuidado — gastar de forma intencional e sentir o peso dos gastos. Para ficarmos mais fortes, nós levantamos coisas pesadas. Não se trata de ansiedade ou vergonha. Se você estourar o orçamento em um fim de semana ou tiver problemas para economizar, respire, ajuste seu plano conforme necessário e depois volte para a academia. Aprenda a valorizar cada centavo, e estará no caminho para a riqueza. Quando eu estava na UCLA, acumulava dívidas na minha fraternidade com moradia e alimentação. No final do ano, eu devia mais de 2 mil dólares (sinto falta dos anos 1980). Então, sabendo que eu também teria que pagar a mensalidade de 450 dólares no outono (repito: os anos 1980), entendi que precisava ganhar e economizar 3 mil dólares durante o verão.

Um grupo de amigos competia semanalmente para ver quem conseguia gastar menos. O recorde foi de 91 dólares (incluindo aluguel). Vivi oito semanas comendo miojo, banana e leite. Minha indulgência ocorria nas noites de domingo, quando muitos de nós da equipe íamos ao Sizzler (bife, frango Malibu e bufê de saladas ilimitado por 4,99 dólares. De novo: anos 80). Seis caras com mais de 1,80 metro e 80 quilos entrando em um restaurante com a intenção de ingerir calorias suficientes para uma semana. Devíamos parecer um exército invasor saqueando Westeros. Em 1996, a Sizzler pediu recuperação judicial, e tenho quase certeza de que fomos parte substancial do motivo para o fim da rede. Trabalhei, malhei, comi bananas e ataquei um bufê de saladas. O mais estranho é que me lembro com carinho daquele verão. Tínhamos um propósito: ficar mais fortes e pagar a faculdade. Felizmente, superei minha fase de comer à vontade por 4,99 dólares. Se você ainda não superou, também vai.

Mais tarde, conforme sua receita aumenta e você começa a acumular riqueza, fazer orçamento é mais uma questão de planejamento e distribuição — separar "caixinhas" para despesas futuras, como um telhado novo ou uma semana na Europa. Você passa de economizar alguns centavos para reservar hotéis, e isso significa sair do sufoco. Chegar ao ponto em que você tem opções, e não apenas obrigações. A abordagem a seguir é como sugiro que chegue lá.

Onde quer que esteja, projete sua base mínima de gastos. Descubra seus gastos mínimos mensais de forma *realista*. Seu aluguel, contas de supermercado, plano telefônico, serviços essenciais, pagamentos de empréstimos estudantis etc. Inclua um valor razoável para refeições e entretenimento, férias e roupas. Este não é seu orçamento do tipo "perdi meu emprego, a economia entrou em colapso e preciso viver com 91 dólares por semana". Trata-se de uma base de referência para uma vida normal. Se sua vida social gira em torno de boates no sábado à noite com os amigos e brunch no domingo, não é realista dizer a si mesmo que, daqui em diante, será só Netflix e miojo. É um cenário mais realista que leva em conta quem você é e onde está na vida. O nível em que a água bate.

Fazer isso com precisão é mais difícil do que parece, e é por isso que a seção sobre como monitorar os gastos vem antes da seção sobre como planejá-los. Você precisa de dados. Passe alguns meses se aprimorando na obtenção de bons dados. Mesmo assim, no início você vai sentir falta de algumas coisas. Examine suas faturas de cartão de crédito e seus extratos bancários do ano anterior para identificar as assinaturas anuais e despesas ocasionais, e certifique-se de que todas estejam incluídas. Divida os custos anuais em valores mensais, para que esteja preparado quando eles acontecerem e para que enfrente menos dessas despesas “excepcionais”. Por exemplo, se você tem uma licença profissional pela qual paga 600 dólares por ano, isso representa 50 dólares por mês no seu orçamento básico.

Nesse orçamento, inclua uma linha para o item “poupança”. Ela pode iniciar de forma cômica, com apenas 10 dólares por mês, se for necessário, mas mantenha esse item em seu orçamento. Os planejadores financeiros falam sobre “pagar primeiro a si mesmo”, e é importante desenvolver esse músculo. Além disso, é bom ter um objetivo. Fazer poupança apenas por fazer não traz motivação. Faça do objetivo algo que consiga atingir *agora*. Antes de sonhar alto, descubra o quanto você gasta em sapatos todos os anos. Um passo de cada vez.

Uma vez que você tenha um orçamento básico, um relatório realista sobre seus gastos mínimos, compare isso com sua receita após impostos. Se você ganha um salário e seu empregador retém dinheiro para impostos, seu contracheque provavelmente estará bem próximo da sua verdadeira renda. Se suas finanças forem mais complicadas, vai ser preciso fazer algumas tarefas de casa. (Veja a discussão sobre impostos no próximo capítulo.) Se o orçamento básico for maior que sua renda, talvez Netflix e miojo sejam a saída, no fim das contas. Procure fazer as economias mais fáceis (assinaturas que nunca usa são um alvo evidente). Evite sobrecarregar seu orçamento. Quando jovem, você deve dormir, tomar banho e comer em seu apartamento, pouco além disso. Viva em um local pequeno e limpo, perto do trabalho e da diversão. Sua trajetória profissional está inversamente correlacionada com quanto tempo você passa em seu apartamento. Em algum momento, vai ser necessário colocar seu gasto abaixo de sua receita. Ninguém fica rico gastando mais do que ganha, mas não entre em pânico nem desista. Acima de tudo, não pare de controlar os números.

Desenvolver disciplina de gastos é uma forma de aplicar muitas das lições de estoicismo. É onde o ciclo de feedback de caráter e comportamento compensa. Enquanto estiver desenvolvendo um caráter mais forte, é difícil manter a disciplina de gastos à força. Procure maneiras de iniciar esse ciclo de feedback. Alguns macetes e táticas podem ajudar. Veja alguns exemplos:

- **Pague usando dinheiro físico.** Isso vai trazer maior contato com seus gastos. Contar as notas, vê-las cruzando o balcão, sentir a carteira mais leve... tudo isso torna o gasto uma experiência mais dolorida. Gastar dinheiro físico significa que você precisa controlar manualmente seus gastos, mas isso, na verdade, é um benefício, porque a aproximação reforça sua consciência.
- **Arredonde suas compras.** Alguns bancos fazem isso automaticamente quando você usa o cartão, e também existem aplicativos específicos para essa função. É uma ideia simples: cada compra é arredondada para o valor mais próximo e o troco é transferido para uma conta-poupança. É improvável que isso reduza seus gastos, mas proporciona ganhos rápidos e um impulso que você pode aproveitar.
- **Gamificação.** Crie um sistema de pontos para os comportamentos que deseja incentivar. Se deseja reduzir o gasto em restaurantes levando almoço para o trabalho, receba um ponto toda vez que o fizer — e, depois, rastreie os pontos com algo visível e tangível. Mantenha uma jarra no balcão da cozinha e um saco de bolinhas de gude na gaveta. Coloque uma bolinha na jarra toda vez que sair de manhã com o almoço na bolsa. Ou faça algo mais elaborado — existem vários aplicativos, desde rastreadores de tarefas a programas que pontuam qualquer comportamento como em um videogame. A gamificação pode ser sua própria recompensa, mas, se optar por se dar recompensas externas ao alcançar marcos, ve-

rifique se as recompensas são consistentes com o comportamento que você está tentando promover. Quando preencher o pote de bolinhas de gude que marcam seus almoços caseiros, não caia no erro de almoçar fora durante uma semana como recompensa.

- **Parceiros de gastos e de responsabilidades.** Economize e gamifique com um amigo para que sua competitividade flua. Ainda melhor, conte a alguém cuja opinião você valorize qual é o seu objetivo de gasto para o dia/semana/mês. Seja *específico* e se comprometa. "Pai, só vou gastar 50 dólares com almoço este mês. Vou ligar para você em exatamente um mês e contar como foi." E, então, ligue para ele.

Quanto mais você mede, mais gerencia, até que chega a um ponto — talvez você tenha chegado a esse ponto há dez anos, ou ainda levará alguns anos até que isso aconteça — em que sua renda ultrapassará suas necessidades básicas. Mantenha-se acima delas.

Agora você consegue respirar. Sabe do que precisa todos os meses e sabe que consegue. Como você gasta cada centavo acima desse nível é uma escolha.

Metas

É tentador começar a definir metas ambiciosas de poupança para si mesmo, mas o tiro pode sair pela culatra. Pesquisas sobre poupar mostram duas coisas a respeito do estabelecimento de metas.[9] Primeiro, as pessoas estabelecem metas ambiciosas demais. Quanto mais longe definimos uma meta, mais confiantes ficamos acerca da nossa capacidade de poupar... e mais errados nos mostramos ao fim. Estabeleça uma meta de poupança *este mês* e você provavelmente será realista e a alcançará. Estabeleça uma meta de poupança para daqui a *seis meses*, e provavelmente vai definir uma meta irrealista e não conseguirá alcançá-la.

Isso é ruim, mas a segunda coisa que a pesquisa revela torna tudo pior. Quando estabelecemos metas irrealistas e depois nos desviamos do caminho para alcançá-las, perdemos a motivação para a meta e podemos até mesmo seguir no caminho inverso ao da sua realização. Os participantes do estudo que foram orientados a criar metas de poupança com vários meses de antecedência estipularam metas mais ambiciosas do que os participantes que estabeleceram metas de poupança para o mês seguinte, mas na prática economizaram *menos*. Metas de poupança grandes e a longo prazo colocam seu eu futuro em um dilema, primeiro por encaminhá-lo ao fracasso com uma meta irrealista e, segundo, por fazer com que sua frustração por não conseguir atingir a meta o deixe pior do que seria sem tê-la estabelecido.

Especialmente no início de sua carreira com orçamento e poupança, concentre-se em seus gastos, não em suas economias, e estabeleça metas de poupança que sejam imediatas e viáveis. Ganhos rápidos resultarão em sucesso no longo prazo. Você não começa a treinar para uma maratona correndo 42 quilômetros já no primeiro dia.

Como observei no capítulo "Estoicismo", ganhar mais dinheiro normalmente leva a mais gasto de dinheiro. A inflação do estilo de vida é uma força da natureza. Você vai redefinir suas expectativas o tempo todo, e o padrão de vida que parecia luxuoso quando ganhava 50 mil dólares por ano será pouco adequado quando ganhar 150 mil dólares. Seus amigos ganharão mais dinheiro e os gastos com estilo de vida aumentarão. E, de modo incansável, o capitalismo encontrará novas formas de tentá-lo. Seu consumo aumentará. O que você deve fazer é aplicar as lições do estoicismo para mantê-lo crescendo mais lentamente do que sua renda.

Não tenho como dizer quanto mais você deve economizar a cada ano. Há muitas variáveis e é algo muito pessoal. Mas posso dizer que, se sua renda cresceu 20% no ano anterior e seu consumo, 25%, você está no caminho errado. Um delta crescente entre seu crescimento de renda e o crescimento do seu consumo é a base de sua segurança financeira.

Você terá mais sucesso gerenciando a taxa de crescimento do seu consumo se evitar duas coisas: **comprometimento** e **flutuação**. O comprometimento é ótimo nos relacionamentos, mas péssimo no consumo. Assinaturas, ativos que exigem manutenção (por exemplo: carros, barcos, casas, casas flutuantes... sério, não compre uma casa flutuante), qualquer coisa comprada com um plano de pagamento (também conhecido como "compre agora, pague depois"), tudo isso torna mais difícil manter controle sob seu consumo futuro, porque você jogou contra si mesmo.

BASES DA SEGURANÇA FINANCEIRA

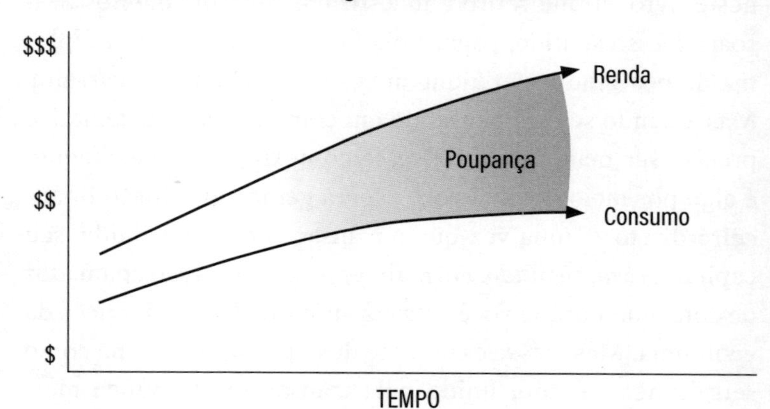

A flutuação funciona de maneira diferente. Ela prejudica seu senso de previsibilidade e controle, o que é fundamental para gerir seu orçamento. Os exageros ocasionais, em especial se você planejou e economizou para isso, são parte de viver uma vida boa. Mas terminar cada mês com gastos muito diferentes um do outro vai impedir que você tenha essa vida boa.

Os três baldes

Metaforicamente, é possível escolher colocar seu excedente de dinheiro em três baldes. (No próximo capítulo falarei sobre onde você de fato guarda o dinheiro e como o investe.) O balde do consumo é o mais simples (para a maioria das pessoas): significa comprar uma qualidade de vida melhor com bens e serviços. O consumo não é totalmente frívolo ou opcional: alimentação, moradia. De início, esse é o maior balde de quase todo mundo. O dinheiro que você tem indicado no seu orçamento básico é para o balde do consumo.

Despesas de consumo *não* são investimentos. Em conversas normais, usamos o termo "investir" de forma livre. Mesmo neste livro, eu me refiro a investir em relacionamentos pessoais. Nesse sentido, pagar pela faculdade ou por um diploma de pós-graduação é um "investimento" em sua carreira. Mas, quando se está pensando em como alocar seu capital, é preciso ser mais rigoroso. Nesse contexto, um investimento é algo por meio do qual você espera gerar um retorno financeiro direto — uma vez que a transação está concluída, seu capital terá *aumentado*. Formalmente, os gastos são chamados de consumo porque você está consumindo bens e serviços da economia. Mas, nesse caso, você deve pensar na forma como seu dinheiro é consumido pela transação: ele nunca mais será visto.

ALOCAÇÃO DE RENDA

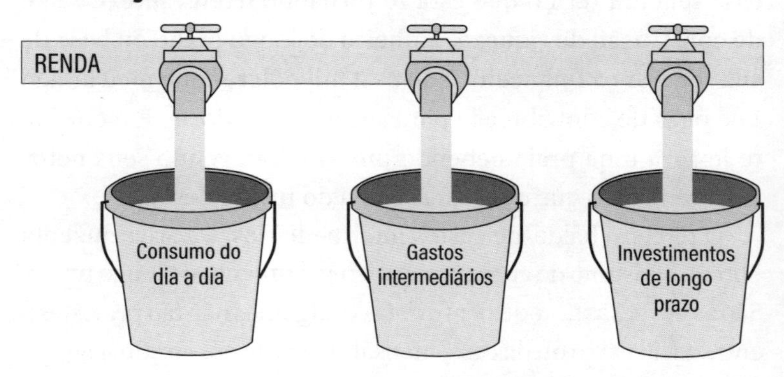

Nem sempre é fácil distinguir despesas que não vão gerar retorno financeiro direto, mas que você pode esperar que tragam aumento para sua receita ou uma redução de despesas. O ensino superior é o exemplo clássico: seu diploma *pode* aumentar seu poder de ganhos, portanto essa despesa traz certa sensação de investimento. No entanto, você não pode vender seu diploma, então as mensalidades não são um "investimento" no sentido estrito que interessa ao planejamento financeiro.

Enfatizo isso porque é tentador justificar o consumo ao renomeá-lo como "investimento". Comprar sapatos novos antes de uma entrevista de emprego, matricular-se em uma academia mais luxuosa, essas são coisas que podem contribuir para que você melhore sua situação financeira, mas permanecem sendo consumo, e não investimento. Alguns consumos podem ser considerados mais nobres que outros (comprar presentes para outras pessoas, doar para caridade), mas o dinheiro ainda desaparece quando você o gasta. Pense nessas situações como se elas tornassem você menos rico. Não me interpretem mal, eu *amo* consumo e você merece uma vida agradável. Mas cada merreca é uma escolha.

Além do balde de consumo, existem dois outros baldes para você investir seu dinheiro. O orçamento de longo prazo é para a "aposentadoria", como minha geração fala, embora esse seja um termo que está se tornando irrelevante. Chame de construção de riqueza, dinheiro de longo prazo ou base de sua segurança financeira. São os 2 mil dólares que meu amigo Lee paga de contribuição para sua aposentadoria. É o que vai te levar a uma praia bebendo um Mai Tai, vendo seus netos surfarem, ou o que quer que seu eu do futuro deseje.

O terceiro balde, de gastos intermediários, é a área cinzenta entre o consumo de curto prazo e o investimento de longo prazo. São as despesas grandes e previstas (e algumas não tão previstas): entrada do carro ou da casa, mensalidades de pós-graduação, renovações de registro profissional, contas médicas.

Para ser claro, as distinções entre os baldes de médio e longo prazo e as subcategorias de despesas intermediárias ("fundo de emergência", "poupança para faculdade", "entrada da casa") são conhecidas como contabilidade mental. São categorias conceituais e podem ser úteis, mas não são "reais" (dinheiro é dinheiro, independentemente de como o rotular), e confiar demais nelas pode distorcer sua tomada de decisão. Use-as, mas não se limite a elas.

Cada centavo acima do gasto básico vai para um desses três lugares. Sua função é colocar o suficiente no consumo para não se arrepender de suas escolhas (isso vai exigir menos do que você pensa) e financiar seus investimentos a médio e longo prazo de modo a chegar à segurança financeira. No próximo capítulo abordarei o que fazer com o dinheiro nos baldes de médio e longo prazo.

Alocando seus baldes

No início da carreira, a menos que você seja muitíssimo sortudo, seu balde de longo prazo não vai receber muita atenção.

E tudo bem. No entanto, é crucial que você coloque *algo* nele. Os hábitos são importantes. Você está trabalhando seus músculos de economizar e investir para quando tiver mais dinheiro para aplicar. Desde que faça isso, estará fazendo seu trabalho. Seus 20 anos não vão durar para sempre (uma coisa boa e também ruim), e você merece uma boa vida agora por todo o trabalho duro. Entretanto, se está em seus anos de pico de ganhos, é necessário pisar mais fundo no pedal da economia, porque você tem a potência para criar reservas.

No cenário ideal, você depositaria todas as suas economias na escuridão profunda do seu plano de aposentadoria, onde ela poderia criar raízes e fornecer a base de sua futura segurança financeira. Mas há uma complicação aí: você precisará de parte dessas economias antes. Este é o balde intermediário. O objetivo desse balde é garantir que, quando chegar a hora de ter grandes despesas (planejadas ou não), você tenha dinheiro suficiente para cobri-las. O balde intermediário é uma metáfora para ajudar você a gerenciar dois fatores: **liquidez** e **variabilidade**.

Liquidez refere-se à facilidade com que você pode converter um ativo em outra coisa — seja outra forma de investimento ou para uso como consumo. O dinheiro em suas contas-poupança ou contas-correntes é muito líquido. As ações e os títulos negociados publicamente são líquidos, tal como a maioria dos outros ativos negociados em bolsas (mais sobre isso no próximo capítulo). Uma casa tem muito menos liquidez. Você pode obter dinheiro vendendo a casa ou, de modo menos drástico, com um empréstimo usando a casa como garantia, ou refinanciando sua hipoteca, mas isso leva tempo e acarreta custos de transação. O dinheiro em uma conta de aposentadoria individual tradicional ou uma do tipo 401(k), usada nos Estados Unidos, também é acessível, mas você terá que pagar impostos para usar dinheiro dela e, a menos que esteja na idade de aposentadoria, uma multa de 10%. O patrimônio de uma empresa privada tem liquidez muito baixa. Obviamente, a liquidez é mais importante quanto mais cedo você espera precisar do dinheiro.

O outro fator é a variabilidade. Falarei mais desse assunto no próximo capítulo, quando discutir risco e diversificação, mas o ponto-chave para o planejamento é que os preços de alguns ativos se mantenham estáveis, enquanto outros possam variar para cima e para baixo. O dinheiro em papel-moeda não varia em nada (ele diminui de valor devido à inflação, mas uma nota de 10 dólares sempre valerá 10 dólares). As ações de empresas de tecnologia de crescimento elevado são altamente variáveis, e todas as ações são, pelo menos, moderadamente variáveis. Lembre-se do gráfico de desempenho do índice S&P 500 ao longo das últimas duas décadas: a longo prazo, seu crescimento médio é de 8%, mas os retornos variam de ano para ano. Você não se preocupa com a variabilidade de seus investimentos de longo prazo, porque manterá o ativo durante as fases de baixa e poderá planejar sua venda para evitá-las. Mas há um risco para o planejamento de curto prazo, porque você pode ser forçado a vender durante uma fase de baixa.

Simplificando, quanto mais cedo você precisar de uma quantia, mais liquidez e menos variabilidade deve buscar. Se for comprar uma casa e planeja dar uma entrada de 200 mil dólares, ter 200 mil dólares em sua conta de aposentadoria individual (sem liquidez) é inútil e ter 200 mil dólares em uma única ação do setor de tecnologia em valorização é algo imprudente (por ser variável). Se planeja comprar uma casa em cinco anos, no entanto, você pode aguentar mais variabilidade e não precisa ter tanta liquidez. A distinção entre os baldes de "longo prazo" e "intermediário" não é exata — são metáforas, não baldes de lata de verdade.

O planejamento intermediário consiste em alinhar sua liquidez e sua variabilidade com suas despesas previstas (e imprevistas), no contexto de sua situação financeira geral.

O fundo de emergência

E como esses princípios se aplicam ao fundo de emergência, a vaca sagrada dos livros de finanças pessoais? Primeiro, se você não tiver poupança com liquidez, construir um pequeno fundo de emergência não variável e com liquidez é uma ótima meta inicial. É prático (as emergências vão acontecer) e é um bom treinamento para seus músculos de economia. Partindo do zero, um fundo de emergência de mil dólares, ou cerca de 5 mil reais, é uma boa meta. Por que mil dólares? É um número redondo, é o suficiente para cobrir muitas despesas inesperadas e muitas pessoas dispõem dessa quantia. Essa deve ser uma meta inicial em seu projeto de poupança — mil dólares em uma conta-poupança, usada para emergências. (Nota: não há problema em usar o fundo de emergência, este é o ponto: trata-se de uma reserva, para manter seu orçamento no caminho certo, e não um item sagrado que você venera e nunca toca.) Faça isso, e você já está à frente de muitos: 56% dos adultos estadunidenses não têm nem mil dólares em suas reservas.[10]

O rótulo "fundo de emergência" é útil, mas não esqueça que é apenas uma contabilidade mental. Você só terá de fato um "fundo de emergência" de 10 mil dólares, ou 50 mil reais, se contar com pelo menos 10 mil dólares em ativos com liquidez e baixa variabilidade. Na prática, isso significa: uma conta-poupança que renda juros, um fundo de mercado ou fundos de investimento altamente conservadores. Nos anos que se seguiram à Grande Crise Financeira, as taxas de juros eram tão baixas que era difícil obter qualquer tipo de retorno sem variabilidade. Contudo, a era da taxa de juros zero parece ter acabado, e, pelo menos no momento em que escrevo este livro, as contas-poupança estão oferecendo juros de 3,5% a 4%, o que deverá ser suficiente para proteger sua reserva de emergência contra os efeitos da inflação e, possivelmente, até obter um retorno real.

Muito do planejamento financeiro fetichiza a contabilidade mental e sugere que você precisa de uma conta para o fundo de emergência, outra para a entrada da sua casa, outra para o fundo da faculdade etc. É como aprender a andar de bicicleta, e, depois que acumulou dezenas de milhares de dólares em ativos, você não precisa de rodinhas. Dinheiro é dinheiro (os economistas dizem que ele é "fungível"), e como você o rotula é menos importante do que onde o investe. Liste quais serão suas despesas previstas, o momento em que você as espera, e crie uma reserva de investimentos líquidos e de baixa variabilidade para emergências. Acrescente as quantias adicionais que espera acumular ao longo do tempo. Se não tiver despesas no balde intermediário com vencimento no ano seguinte, então o único dinheiro de que você precisa em ativos líquidos e de baixa variabilidade é sua reserva de emergência. De resto, invista onde espera o maior retorno (vamos falar mais a respeito disso no próximo capítulo), independentemente da liquidez ou da variabilidade. À medida que as despesas intermediárias se aproximarem, transfira aqueles ativos mais agressivos para investimentos de maior liquidez e menos variáveis.

Acima de mil dólares, qual deve ser sua reserva de emergência? É comum que conteúdos sobre finanças pessoais sugiram três a seis meses de sua renda. Mas a verdadeira resposta é: depende. E para muitas pessoas, em especial as jovens, não é necessário tanto. Se você tem uma renda estável com um empregador que é financeiramente forte, se não tem compromissos financeiros incontornáveis (não tem hipoteca, não tem filhos), se você está mental e fisicamente bem, se sua família mais próxima é próspera e solidária... então é realista dizer que você não precisa de tantas reservas. Quanto menos essa descrição se aplicar a você, de mais proteção vai precisar.

Qual seria o pior cenário *realista* (por exemplo, você perder o emprego) e de quanto você precisaria para superar isso sem grandes dificuldades (levando em consideração o quanto poderia reduzir seu consumo de forma razoável, caso necessário)? Essa é a quantia que você precisa ter em investimentos líquidos e não variáveis.

E não é necessário manter sua reserva de emergência nesse nível o tempo todo. Primeiro porque existem emergências reais (use a reserva quando elas surgirem). Mas também porque, quando chegar a hora de uma grande despesa, você precisa considerar reduzir essa reserva em busca de ajuda; em seguida, é só repor o valor. Repito, tudo depende das suas circunstâncias, mas não tome decisões importantes da vida com base em um valor arbitrário que deseja manter em um "fundo de emergência" (ou em qualquer outro balde de contabilidade mental). Se você encontrar a primeira casa ideal e precisar de 20 mil dólares para completar o adiantamento, não deixe a oportunidade passar porque um livro de planejamento financeiro lhe disse para manter um fundo de emergência de 30 mil dólares para sempre. Baixe sua reserva para 10 mil dólares, compre a casa e depois seja disciplinado para recompor seu fundo de emergência. O dinheiro é fungível, e você o economiza para poder usá-lo, não para ver aqueles números verdes subindo cada vez mais.

Contribua ao máximo para o fundo de aposentadoria

Vou falar sobre investimentos e impostos com mais detalhes no próximo capítulo, mas há um aspecto dessa discussão relevante para a alocação dos baldes e que é muito importante para ser postergado. Trata-se do uso de fundos de aposentadoria: nos Estados Unidos, existem os modelos 401(k), conta de aposentadoria individual e Roth. Em resumo: use-os. Eles combinam a economia forçada com os menores impostos possíveis e o poder da composição de juros. Eles podem ser a base da sua segurança financeira.

Como usá-los? Caso tenha um empregador que contribua com o mesmo valor da sua contribuição nas contas do tipo 401(k), sua prioridade é fazer a contribuição máxima. Você nunca obterá um investimento melhor do que um retorno imediato de 100% com impostos diferidos. Aplique até o nível máximo de contribuição equivalente em quase qualquer circunstância.

É provável que contribuições além do nível de equivalência sejam uma boa ideia, mas devem ser determinadas pela sua situação fiscal e pelas necessidades de liquidez. Não existe uma receita única sobre como utilizar tais planos e nenhum plano é "melhor" do que outro em quaisquer que sejam as circunstâncias. Vou abordar isso com mais detalhes no próximo capítulo, quando falar sobre impostos.

Alocação na prática

Vejamos um exemplo hipotético de como seu dinheiro pode ser alocado durante um mês típico. Jack está no primeiro ano de carreira após a faculdade e começando a juntar suas economias. Seu salário é de 60 mil dólares anuais e seu orçamento básico é de 3 mil dólares por mês, principalmente para aluguel, mantimentos e entretenimento. Ele calculou que uma reserva de emergência de 3 mil dólares é suficiente — seu trabalho é bastante seguro, seu contrato de aluguel é pago mês a mês e os pais vivem perto o suficiente para que, no pior cenário, ele possa morar com eles até se recuperar. Ele tem uma conta-poupança que rende 4% e conseguiu colocar 500 dólares nela até agora, com o objetivo de construir essa reserva de

3 mil dólares em uma conta-poupança com liquidez e baixa variabilidade. Seu trabalho oferece um plano 401(k) e ele colocou 5% de seu salário nele por um ano, então há 3 mil dólares em seu balde de longo prazo.

No início do mês, depois de pagar o aluguel e a fatura do cartão de crédito, Jack tem apenas 20 dólares em dinheiro e 100 dólares em sua conta-corrente. Ele precisa da maior parte de seu salário para cobrir o orçamento de consumo. Mas tudo bem, o que importa é que ele tem um orçamento e está construindo bons hábitos.

Contando os impostos e sua dedução de 5% para o plano 401(k) — no valor de 250 dólares, Jack recebe dois contracheques por mês no valor de 1.750 dólares cada, um total de 3.500 dólares. Desse total, 3 mil dólares ficam em sua conta-corrente para cobrir o consumo do mês. Na maioria dos meses, ele também não fica dentro do orçamento, e este mês outros 300 dólares são gastos em consumo. Isso faz com que o saldo economizado seja de 200 dólares.

Para adquirir o hábito de construir seu balde de longo prazo além do plano 401(k), ele abre uma conta de corretagem na Fidelity e coloca 20 dólares lá. No próximo capítulo, veremos como ele pode colocar o valor em ativos de maior risco e de longo prazo, como ações de empresas. Vinte dólares não é muito, mas é um começo.

Ele coloca os últimos 180 dólares em sua conta-poupança feita para sua reserva de emergência projetada em 3 mil dólares, que agora tem 680 dólares economizados. Nesse ritmo, Jack vai levar mais um ano para financiar todo o fundo de emergência. No entanto, se ele puder apertar seus gastos e permanecer dentro do orçamento básico, poderá completar a reserva de emergência em apenas três meses. Ele está começando a criar o hábito de verificar seu orçamento a cada poucos dias e se lembrar de que cada tostão é uma escolha. Mais adiante, ele pensa em cursar a escola de negócios e, à medida que isso se aproxima, Jack vai desejar ter mais do que 3 mil dólares disponíveis em sua conta-poupança. Mas por enquanto, uma vez que chegar aos 3 mil dólares, ele planeja colocar todas as economias excedentes em seus investimentos de longo prazo.

Dívidas

Existe um outro balde, o antibalde das dívidas. Dívidas são um tópico controverso, e particular, em finanças pessoais. Aqui está minha opinião: a dívida é uma arma, mas é como uma faca de dois gumes. Use-a com cuidado.

A dívida de longo prazo usada para financiar ativos de longo prazo é algo sensato, até mesmo genial. A dívida lhe dá "alavancagem". Assim como uma alavanca e um ponto de apoio multiplicam a força que você pode aplicar, a dívida multiplica o poder aquisitivo do seu dinheiro. Pessoas e corporações ricas *adoram* dívidas por causa do poder de alavancagem. Se eu comprar uma casa de 1 milhão de dólares com 1 milhão de dólares em dinheiro vivo e seu valor aumentar para 2 milhões de dólares, eu dupliquei meu dinheiro. Muito legal. Mas se eu comprar aquela casa de 1 milhão dólares por 200 mil dólares em dinheiro e mais um financiamento de 800 mil dólares, quando vendê-la por 2 milhões de dólares eu quito o financiamento e ainda fico com 1,2 milhão de dólares (multipliquei meu dinheiro em seis vezes). Isso é uma alavancagem. Sim, cheguei ao mesmo valor total, 1 milhão de dólares, mas só tive que desembolsar 200 mil dólares para isso. Lembre-se do custo de oportunidade: liberei 800 mil dólares para outros investimentos usando uma dívida.

Fazer um financiamento para comprar a casa própria é quase sempre uma estratégia sólida para finanças pessoais. (Eu falo sobre isso com mais detalhes no próximo capítulo, quando discuto o setor imobiliário como uma categoria de ativos.) Para carros, trata-se de uma decisão mais difícil. O financiamento de automóveis é usado com mais frequência para comprar um carro *mais caro*, e não para adquirir a função básica de transporte que um carro oferece. O vendedor de carros quer que você se pergunte: "Que tipo de carro consigo pagar?", mas a melhor pergunta seria "De que tipo de carro eu preciso?". Um financiamento para um carro o compromete com um gasto de consumo. Se um carro caro lhe traz alegria, vale a pena economizar a maior parte ou todo o valor antes de comprá-lo. Faça por merecer seus prazeres, você vai apreciá-los ainda mais.

A dívida de curto prazo é como um ladrão noturno: cartões de crédito com altas taxas de juros, empréstimos do tipo "compre agora, pague depois", crediário de lojas. Mesmo os empréstimos "sem juros" ainda são compromissos com o consumo, roubando do seu eu do futuro para financiar o atual. Um bom princípio básico é o de que a dívida nunca deve durar mais que o ativo para o qual ela foi utilizada. Um financiamento de trinta anos sobre uma casa passa nesse teste. Parcelar em doze vezes os sapatos que você vai usar durante apenas uma estação não passa no teste. Tenha suas indulgências, mas não se engane.

No início da carreira, é difícil evitar o uso de dívidas de curto prazo para cobrir a diferença entre sua renda e seu consumo, mas fazer isso com moderação não vai arruinar seu futuro. Apenas seja inteligente a respeito disso. Não entre em um financiamento de carro se estiver carregando dívidas de cartão de crédito. *Calcule* sua dívida de curto prazo, não a esconda em cinco contas diferentes. Coloque-a no topo da planilha do orçamento, e estipule os pagamentos dentro de seu orçamento básico, descubra como você vai quitar os pagamentos. E não deixe que isso o impeça de exercitar seus músculos de poupança. Mesmo se estiver pagando juros de cartão de crédito de 18%, coloque 10 dólares por mês em suas economias.

Se os pagamentos das dívidas impedirem de sair do sufoco, você vai precisar de um plano para quitá-las. Se estiver com problemas graves de dívida — o que significa não conseguir fazer os pagamentos mínimos, ou se sua dívida total está aumentando todos os meses sem um fim à vista —, você deve procurar aconselhamento financeiro. Mas cuidado: você deve buscar uma organização de aconselhamento de crédito *sem fins lucrativos*, com consultores *certificados*. Nos Estados Unidos, o Departamento de Proteção Financeira do Consumidor oferece um guia e links em seu site.[11] [No Brasil, existem entidades que oferecem orientação para quitar suas dívidas, como o SPC e a Serasa.]

O FUTURO

Enquanto seu eu atual está se dedicando a seguir um orçamento e guardar dinheiro, seu eu futuro está na linha do tempo esperando para gastá-lo. Seu trabalho é equilibrar sua felicidade atual com a dele. Os conselhos de planejamento financeiro naturalmente concentram-se nas necessidades da sua versão futura, mas na verdade é uma questão de equilíbrio. Um plano que limita em excesso sua alegria no presente é algo que você provavelmente não vai seguir. Por que seguiria? Que tipo de pessoa você será se chegar lá através da privação?

Você não é seu futuro eu, mas será

Trabalhar duro para ganhar dinheiro e desenvolver a disciplina para economizá-lo são coisas difíceis. Exigem um esforço contínuo e há contratempos ao longo do caminho. Mas planejar-se para um futuro distante é difícil de uma forma diferente: não conseguimos enxergar o alvo, e só conseguimos saber se acertamos quando chegamos lá. Mas é importante que você faça um esforço, porque uma visão do seu futuro é uma importante ferramenta de planejamento e motivação.

Onde quer que esteja em sua vida, pense nos últimos anos e compare quem você é agora com quem era antes. Observe as diferenças. O que lhe traz alegria agora que não era uma prioridade antes? Olhando para trás, passei por algumas fases distintas (embora não parecessem tão distintas à época). Sempre fui motivado por uma combinação de ansiedade em relação ao dinheiro, desejo de prazeres materiais e necessidade de agradar e impressionar as pessoas mais importantes da minha vida. O peso desses impulsos mudou radicalmente ao longo do tempo, assim como o que penso que preciso fazer para alcançá-los.

Agora olhe para a frente, imagine-se daqui a cinco, vinte e cinco ou cinquenta anos. Você acha que o ritmo da sua mudança pessoal vai diminuir? Acha que impulsos e desejos que têm mudado tanto até agora estão gravados em pedra? Pergunte a alguém vinte ou trinta anos mais velho: "Você é a mesma pessoa que era há duas décadas?" Em seguida, pergunte: "Você é a pessoa que pensou que seria?" A falácia segundo a qual não vamos continuar mudando é conhecida como viés de projeção, definido como a tendência das pessoas a "exagerar quanto seus gostos futuros serão semelhantes a seus gostos atuais".[12]

Também tem sido mais difícil prever nosso futuro devido a uma razão social: a noção de aposentadoria está mudando. Entre os estadunidenses "aposentados", 20% ainda trabalham em empregos temporários, e a maioria diz que faz isso porque o trabalho continua dando sentido à sua vida.[13] Ficar velho é mais caro do que costumava ser, em parte porque os custos de saúde continuam aumentando, mas também porque vivemos mais. (Pelo menos temos algo em troca dessas despesas com saúde.) A maior parte dos divórcios acontece entre pessoas com mais de 65 anos, e esse rompimento é brutal para as finanças: homens e mulheres que se divorciam após os 65 veem um declínio de 25% e 41% em seu padrão de vida, respectivamente.[14]

A coisa mais importante a saber sobre o planejamento do seu futuro é que você não vai acertar totalmente, porque você vai mudar de maneiras que não é capaz de prever. Precisão não é uma ferramenta útil nesse caso. Não se prenda a algum objetivo específico e absoluto. Aquela casa perfeita no penhasco por onde passa em sua corrida matinal pode nunca ser colocada à venda. Jantar em todos os restaurantes com estrelas Michelin ou escalar os sete cumes são excelentes objetivos, mas você vai sacrificar muito ao longo do caminho para chegar lá e, quando conseguir, poderá se arrepender da escolha. Objetivos como esses (mesmo os mais modestos) não devem ser imutáveis. Se você trabalhou dez anos para economizar o suficiente para abrir sua própria agência de design gráfico, mas, quando foi procurar espaço para o escritório não sentiu prazer se imaginando em nenhum deles, não há problema em dizer: "Eu mudei, esse não é mais o meu objetivo." Não há problema em querer a casa de praia. É ótimo colocar uma foto da casa de praia dos seus sonhos na área de trabalho para motivá-lo, usar o preço como uma referência em seu planejamento financeiro. A armadilha é equiparar "riqueza" com "casa de praia"; quando chegar a hora de fazer concessões de fato, certifique-se de fazer as que servem para quem você se tornou, e não para quem você pensou que seria. Porque você não vive a vida dos seus sonhos, você vive a sua vida.

Segurança financeira significa ter opções, e não limitá-las.

Cisnes negros vão aparecer, meteoros vão cair

Daniel Kahneman diz que os acontecimentos surpreendentes trazem uma lição: o mundo é surpreendente.[15] A cada poucos anos, vai acontecer algo que atrapalhará seus planos. Uma pandemia global, um acidente de carro, conhecer o amor da sua vida. Infelizmente, as maiores surpresas tendem a ser negativas (há muito mais diagnósticos de câncer do que prêmios de loteria). Qualquer que seja a surpresa, você precisa ser capaz de se ajustar. Aceite as bordoadas e siga em frente.

Ter acesso às suas economias (o querido fundo de emergência do planejamento financeiro) é uma prova para si mesmo de que seu trabalho está dando frutos, e é sua primeira linha de defesa contra o inevitável e o inesperado. Porém, tão importantes quanto suas defesas financeiras contra o inesperado são suas defesas psicológicas. É por isso que a construção da segurança financeira se resume, em última análise, ao seu caráter, e não à matemática. Quando seu planejamento orçamentário cuidadoso e detalhado é totalmente destruído pela vida, o sucesso vem de fazer uma pausa para surtar e depois se recompor, examinando os destroços (enquanto se lembra de que nada é tão bom ou tão ruim quanto parece) e refazendo seu plano para dar conta do meteoro que caiu em sua casa. Quem sabe a cratera não se transforma em uma bela piscina?

Planejamento e consultores

Na introdução, eu apresentei uma maneira rápida e rasteira de estimar o que você precisa em ativos para alcançar a segurança financeira. Pegue a taxa de gastos desejada (seus gastos anuais, mais impostos) e multiplique por 25 (às vezes isso é chamado de Regra dos 4%, porque leva em conta um retorno de 4% acima da inflação). É uma boa forma de iniciar seu plano, mas é apenas um começo.

Conforme seu poder aquisitivo aumentar, e se tiver aplicado essas lições, suas economias também terão crescido e suas obrigações provavelmente terão aumentado, assim como a complexidade geral das suas necessidades fiscais e de investimento. Esse número de gastos multiplicados por 25 é uma meta útil, mas não se trata de um plano. Se você é superorganizado (faz uma planilha para sair de férias) e desenvolveu uma boa disciplina orçamentária, é possível continuar por conta própria. Mas pense seriamente em contratar profissionais. Dependendo da sua riqueza e complexidade, pode ser um consultor fiscal, um contador ou até um advogado. Mas a figura-chave é um planejador financeiro.

Diversas pessoas atuam nessa função, mas você precisa de algo muito específico: alguém que seja profissionalmente treinado, licenciado e (isso é crucial) que seja **fiduciário**, ou seja, alguém que é legalmente obrigado a colocar seus interesses antes dos próprios. Você deve buscar duas designações formais: primeiro, que a empresa para a qual seu consultor trabalha seja uma consultoria de investimentos registrada na Comissão de Valores Mobiliários (CVM) e, segundo, que o consultor possua uma licença pessoal como planejador financeiro certificado ou como analista financeiro credenciado.

Existem muitos consultores qualificados, por isso não se esqueça desses requisitos. Não contrate alguém para guiá-lo no caminho da segurança financeira só porque era da sua turma da faculdade ou por ele conseguir ótimos ingressos para ir ao jogo. Será a partida mais cara da sua vida.

Aqui está algo crucial sobre consultores. Você não os está pagando por retornos de investimento. A longo prazo, ninguém supera o mercado. E, se alguém tiver o segredo para os retornos acima do mercado, não vai compartilhar com você por uma porcentagem fixa. Você está pagando um consultor pelo planejamento, pela responsabilidade e pela confiança. Quanto mais riqueza acumular e mais complexa sua vida ficar, mais valiosos esses serviços se tornam.

Quando o assunto é a sua segurança financeira, a única pessoa mais importante do que seu consultor financeiro é seu cônjuge. Não importa o quanto você e seu parceiro sejam compatíveis ou semelhantes, vocês não serão idênticos em relação ao dinheiro. Não existem duas pessoas que sejam. Nossa relação com dinheiro é profunda e muitas vezes não percebemos as raízes ou toda a complexidade dessa relação. Vocês vão precisar de tempo e de muitas conversas para superar barreiras e sincronizar de verdade suas abordagens de economia, gastos e planejamento. Um bom planejador financeiro pode ajudar nisso: trata-se de uma grande parte do trabalho. Lembre-se sempre de que você está construindo segurança financeira para poder investir tempo em seus relacionamentos e aproveitá-los. Esse é o verdadeiro objetivo do jogo.

PONTOS DE AÇÃO EM TÓPICOS

RESUMO DO CAPÍTULO

- **Valorize seu tempo acima de todos os outros ativos.** Desperdice dinheiro e você conseguirá ganhá-lo de volta. Desperdice o tempo e ele desaparecerá para sempre.
- **Aprecie o poder dos juros compostos.** Ao longo de muitos anos, um pequeno retorno composto torna-se surpreendentemente grande.
- **Cuidado com o poder da inflação.** O lado negativo dos juros compostos é que o dinheiro no futuro vai comprar menos do que hoje. Seus objetivos futuros de poupança e estratégias de investimento devem refletir isso.
- **Seja racionalmente obcecado por dinheiro.** Mantenha o foco em sua renda, seus gastos e investimentos, sem se deixar afetar emocionalmente.
- **Acompanhe seus gastos reais.** Se você vai monitorar apenas uma métrica em sua vida, que seja seus gastos. Não o que você planeja gastar ou pensa que gastou: o dinheiro de verdade que vai embora todos os dias.
- **Economize algum dinheiro, até mesmo alguns trocados, todos os meses.** Economizar dinheiro é como exercitar um músculo, que fica mais forte pelo uso. Faça suas séries de exercícios.
- **Evite compromissos financeiros.** Compromisso é ótimo em relacionamentos, mas perigoso nas finanças. Desconfie de assinaturas, planos de pagamento e ativos que exijam manutenção.
- **Estabilize seus gastos.** A flutuação dos gastos prejudica o controle, e a falta de controle nunca resulta em menos gastos.
- **Determine seu orçamento básico.** A base para decisões de gastos deve ser um orçamento mensal mínimo que seja realista. Isso requer dados, o que significa vários meses para monitorar suas despesas. Não se esqueça de planejar assinaturas anuais e despesas pouco frequentes. Elas não vão esquecer você.
- **Defina metas de poupança a curto prazo alcançáveis.** "Um milhão aos trinta anos" não é um plano, e isso não vai ajudar você a chegar lá. Mas "5 mil dólares em minha conta-poupança até 1º de outubro" é algo que você pode ter como referência

para tomar decisões diárias. Tome decisões certas o suficiente e você terá aquele milhão.

- **Faça dos gastos uma decisão cuidadosa.** A menos que esteja profundamente endividado, não é viável nem desejável economizar cada centavo que você não precisa gastar. Sobretudo quando se é jovem — a vida é para ser vivida, e muitas das melhores experiências da vida... não são gratuitas.
- **Organize suas despesas em três baldes.** Cada centavo acima do orçamento básico vai para um deles:
  - **O balde do consumo do dia a dia** é para comida e moradia, roupas, transporte, pagamentos de empréstimos e outras despesas regulares.
  - **O balde das despesas intermediárias** são os gastos grandes e pouco frequentes, como mensalidades de pós-graduação e entradas para compra de imóvel.
  - **O balde da poupança a longo prazo** é o dinheiro que você reserva para investimentos, para poder cobrir seu consumo futuro. Esse balde é sua segurança financeira futura.
- **Mantenha seu balde intermediário financiado com investimentos de baixa variabilidade e alta liquidez.** Quando chegar a hora de gastar esse balde, você precisará ter o dinheiro disponível. Não use esse dinheiro com imóveis ou ações de empresas privadas, nem aposte em investimentos de alto risco.
- **Contribua ao máximo para o fundo de aposentadoria.** Se o seu empregador lhe oferecer um plano de aposentadoria correspondente ou similar ao 401(k) dos Estados Unidos, contribua com o valor *máximo* antes de fazer qualquer outro gasto ou investimento. Um retorno garantido de 100% com imposto diferenciado é a melhor oportunidade de investimento que você vai ter.
- **Dê opções ao seu futuro eu.** Você vai mudar de maneiras que não pode prever, portanto faça concessões em seu planejamento conforme suas preferências evoluírem.
- **Aceite as bordoadas e vá em frente.** Coisas ruins vão acontecer. Você vai errar. Essas são razões para ajustar seus planos, não para abandoná-los. Nada é tão bom ou ruim quanto parece.

FOCO

+

(ESTOICISMO

×

TEMPO

×

DIVERSIFICAÇÃO)

4

DIVERSIFICAÇÃO

Poucas pessoas conseguem alcançar a riqueza apenas com a própria renda. Sim, alguns conseguem: CEOs que aparecem nas listas da Fortune 100, quarterbacks da NFL, atores de cinema do mais alto escalão. Para o restante de nós, a renda é só a base. Um começo, que precisa do suporte de mais trabalho. Especificamente, precisamos converter o rendimento do nosso trabalho em algo mais escalável: capital.

Capital é dinheiro em movimento, dinheiro que está em uso para construir valor. É o dinheiro trabalhando. As empresas, os governos, as instituições financeiras, todos operam com base em uma oferta constante de capital (e pagam por sua utilização). Assim como a grandiosidade, só é possível alcançar a riqueza com a ajuda dos outros: aproveitando suas habilidades e seu capital (equipes, funcionários, fornecedores). É quase impossível construir uma empresa ou riqueza sem outras pessoas e sem capital externo. Fornecer capital para uso de terceiros (e ser pago por isso) é investir.

Investir é também a ponte entre o trabalho árduo que lhe foi solicitado nos capítulos anteriores e a segurança financeira prometida no início do livro. É também a parte mais fácil do processo. Ao contrário do crescimento pessoal necessário que discutimos no capítulo sobre estoicismo, da rotina árdua de uma carreira no capítulo sobre foco ou da disciplina e das batalhas diárias no capítulo sobre tempo, quando se trata de investir, é outra pessoa que está fazendo o verdadeiro trabalho — você pode sentar e aproveitar os frutos desse serviço alheio. Parabéns, você agora é um capitalista.

A maioria dos livros sobre finanças pessoais protege os leitores da mecânica subjacente do capitalismo e dos mercados financeiros. É uma abordagem bem-intencionada e pode parecer correta para muitas pessoas. As finanças são um vasto ecossistema, com língua e cultura próprias (várias, na verdade). Você não precisa dominá-las para obter retornos de investimento de longo prazo. Entrar nesta floresta exige tempo e energia cognitiva que podem ser gastos em outro lugar (custo de oportunidade). Não é má ideia deixar isso para os profissionais.

Vou adotar uma abordagem diferente. Este é o capítulo mais longo do livro porque, além de orientá-lo nas estratégias para investir seu capital, quero que você seja fluente nos princípios que sustentam essas estratégias. O sistema financeiro afeta nossa vida todos os dias de formas visíveis e invisíveis, e qualquer pessoa pode se beneficiar de uma compreensão prática acerca dele. As próximas páginas apenas tocam na superfície — mas fornecem mais detalhes do que ensinamos na maioria das escolas secundárias e faculdades, ou em nossas mesas de cozinha.

Este capítulo tem cinco seções principais. Primeiro, alguns princípios básicos relativos a investimento, incluindo por que você deve investir e como pensar tanto sobre investimentos individuais quanto sobre seus investimentos como um todo. Em segundo lugar, uma visão geral dos mercados financeiros — o mercado do dinheiro, no qual você coloca seu dinheiro para trabalhar. Terceiro, um catálogo das principais classes de ativos disponíveis nesse mercado e recomendações específicas de investimento. Quarto, uma visão sobre um aspecto muitas vezes esquecido da estratégia de investimento: a tributação. Os impostos são o preço que pagamos por viver em uma sociedade ordenada. No entanto, nosso *sistema* fiscal não é ordenado, e se você não se planejar em função disso, vai pagar mais do que a sua parte. A seção final contém alguns conselhos práticos que obtive em quatro décadas de investimentos enquanto tentava construir a vida.

Se você trabalha com finanças, grande parte deste capítulo pode lhe ser familiar, até rudimentar. Leia ou folheie a seu critério, mas ver um terreno conhecido a seis quilômetros de altura pode oferecer uma nova perspectiva. Se você é novo em finanças, pode parecer muita coisa (são muitas informações). As finanças formam uma paisagem complexa, e é difícil aprender sobre qualquer parte dela sem ter conhecimento prático sobre as demais.

Além do que falo aqui, peço a você que adquira o hábito de acompanhar a seção de negócios de suas fontes de notícias preferidas. Nas últimas décadas, o noticiário financeiro se tornou popular, de modo que muitas histórias de negócios passam para a seção de notícias gerais, mas essas tendem a ser as exceções, com ênfase em produtos de consumo e eventos dramáticos. No entanto, com o básico tratado neste livro, você estará em boas condições para se aprofundar um pouco mais e seguir os mercados com mais detalhes.

O que realmente vai levar você a internalizar esses princípios será colocá-los em prática com os próprios investimentos. À medida que você se envolver com o mundo financeiro, seu conhecimento irá se acumulando e o que eu falo aqui fará sentido. Eu prometo.

PRINCÍPIOS BÁSICOS DO INVESTIMENTO

Devo meu conhecimento (que cresce a cada dia) a muitas fontes, mas a raiz da história é que tive sorte ainda criança: eu tive um mentor.

Quando tinha 13 anos, eu pensava que era invisível. Não literalmente transparente, mas social e intelectualmente... ausente. Minha mãe namorava um homem que era generoso comigo, e uma vez perguntei a ele sobre ações, pois tinha lido a respeito no jornal daquele dia. Ele respondeu a todas as minhas perguntas, então fez uma pausa e me olhou pensativo por um momento. Ele abriu a carteira e retirou duas notas novinhas de 100 dólares. "Vá comprar algumas ações em uma daquelas corretoras chiques do Village." Eu lhe perguntei como faria isso. "Você é inteligente o suficiente para descobrir, e, se não descobrir, quero meu dinheiro de volta no próximo fim de semana." Eu nunca tinha visto uma nota de cem dólares antes. Terry era gentil e de fato se interessava pela minha vida. Ele também era casado e tinha uma família. Éramos aquela segunda família com quem ele passava fins de semana alternados, famílias que costumam ser citadas em programas de TV, mas que nunca são o assunto principal desses programas. Enfim, essa história não é sobre isso.

No dia seguinte, depois da escola, marchei até a esquina da Westwood com a Wilshire e fui até o escritório da Dean Witter Reynolds. Uma mulher com grandes joias de ouro perguntou se poderia me ajudar e eu disse a ela que estava lá para comprar ações. Ela fez uma pausa. De repente, constrangido, falei de uma só vez: "Tenho 200 dólares", e mostrei a ela as notas novinhas. Surpresa, ela me deu um envelope plástico transparente e me disse para esperar um minuto. Sentado, reorganizei as notas no meu novo envelope para poder ver Benjamin Franklin através do celofane. Um homem de cabelos cacheados entrou no saguão e se aproximou de mim.

— Eu sou Cy Cordner. Bem-vindo à Dean Witter.

Cy me levou para o seu escritório e me deu uma lição de trinta minutos sobre o mercado. A proporção de compradores e vendedores determinava variações de preço. Cada ação representava uma pequena parte de propriedade. Amadores agem pela emoção; profissionais, pelos números. Compre o que conhece: ações de empresas cujos produtos você admira. Decidimos investir minha recompensa em treze ações da Columbia Pictures, código CPS, por 15-3/8 dólares.

Nos dois anos seguintes, toda hora do almoço, eu ia até a cabine telefônica no campo principal da escola secundária Emerson Junior e, por duas moedas, ligava para Cy para discutir meu "portfólio". Às vezes, depois da escola, eu ia até o escritório dele para receber a atualização pessoalmente (como falei antes: tinha poucos amigos). Ele digitava o código e me contava o que tinha acontecido com a CPS naquele dia e especulava por que as ações haviam se movimentado: "Os mercados caíram hoje", o que significava que haveria mais vendedores até que os preços caíssem e atraíssem mais compradores para o mercado. "Parece que o filme *Contatos imediatos de terceiro grau* é um sucesso. Já o filme *Unidos por um ideal* é uma bomba." Cy também chegou a ligar para minha mãe. Não para oferecer serviços (não tínhamos dinheiro), mas para que ela soubesse o que discutíamos nas ligações e falar coisas boas a meu respeito.

Depois que foi para o ensino médio, perdi contato com Cy. Então a Coca-Cola comprou a Columbia Pictures e, vários anos depois, vendi minhas ações da Coca-Cola para pagar uma viagem para Ensenada, no México, com meus irmãos de fraternidade da UCLA. No entanto, mantive algumas coisas. A primeira foi a confiança, sabendo que os adultos podiam me enxergar, que eu poderia entrar em um escritório financeiro no centro da cidade e ser visto. A segunda foi a desmistificação dos mercados. Cy me ensinou que, por trás da complexidade das finanças, existem princípios básicos que até um garoto de 13 anos é capaz de compreender.

Risco e retorno

Capitalistas colocam o dinheiro para trabalhar de inúmeras maneiras, desde empréstimos bancários simples a títulos derivativos sintéticos que nem mesmo as pessoas que os projetam entendem direito. Mas todas as formas de investimento se reduzem ao equilíbrio entre dois fatores: risco e retorno. Em um mercado que funciona adequadamente, quanto maior o risco para o capital, mais vantagens (potenciais) você espera receber em troca. O risco é o preço que se paga pelo retorno.

Um exemplo (muito) simples: apostar no cara ou coroa. Se você apostar cara em um único lance, há uma chance igual de ganhar (dizemos que as probabilidades são de 1:1) e, portanto, você espera um retorno de 100%. Aposte ("invista") 1 dólar e receba de volta seu investimento original de 1 dólar, mais um "retorno" de 1 dólar. Mas, se você apostar que sairá cara *duas vezes seguidas*, a probabilidade diminui. O risco de perder é três vezes a probabilidade de ganhar: dos quatro resultados possíveis de duas jogadas, três deles (coroa-coroa, cara-coroa e coroa-cara) são perdas — as probabilidades são 1:3. Se você apostar 1 dólar, espera receber seu 1 dólar original, mais um "retorno" de 3 dólares. Seu risco é maior, então você espera um retorno maior. Se alguém lhe oferecer 2 dólares por 1 dólar em uma aposta de duas caras consecutivas, isso é um mau negócio. Mas, se forem 5 dólares por 1 dólar, você pode apostar sempre.

Risco e retorno em investimentos são mais complexos. Não conhecemos o risco com clareza desde o início, como acontece quando jogamos uma moeda, e nosso objetivo é obter um retorno positivo, não apenas empatar, como no caso do cara ou coroa. Os resultados do investimento raras vezes são binários entre algum retorno ou nada, e muitas vezes os retornos são um fluxo de renda, não um único pagamento. Mas reconhecer um desequilíbrio (menos risco do que o retorno potencial) ainda é a chave para o investimento bem-sucedido.

Repito, o risco é o preço que se paga pelo retorno: sem risco, sem ganhos.

Os dois eixos do investimento

A atividade de investimento pode ser classificada a partir de dois eixos: se é ativa ou passiva e se é diversificada ou concentrada. Entender onde um investimento se enquadra nesses eixos deve orientar sua decisão a respeito de quando e onde você aloca seu tempo e seu capital.

CLASSIFICAÇÃO DAS OPÇÕES DE INVESTIMENTO

Ativo ou passivo refere-se a quanto tempo você se dedica a um investimento e a quanta influência tem sobre o resultado. Colocar seu dinheiro em uma conta-poupança é 100% passivo: você não precisa fazer nada além de depositar o dinheiro, e ele vai render o que o banco oferecer, não importa o que você faça. Seu investimento mais ativo, por outro lado, é com seu empregador. Você pode não pensar no seu trabalho como um investimento, mas, na verdade, ele é o seu investimento mais importante (sem contar com o investimento em seus relacionamentos) e também o que mais consome seu tempo. Se você possui participação na empresa, então, mais ainda. Outros investimentos ativos são possuir propriedades para aluguel (dica profissional: deixe as partes ativas sob responsabilidade de seus parentes) e fazer *day trading* de ações.

Como as estratégias ativas de investimento exigem mais tempo, você deve esperar um retorno maior do seu dinheiro do que de um investimento igualmente arriscado, mas passivo. Você quer um retorno pelo seu tempo *e* pelo seu capital. E, como o seu envolvimento afeta diretamente o sucesso, você precisa averiguar se o investimento alavanca suas habilidades específicas ou não. Eu gosto de arte, mas sei muito pouco sobre o mercado dessa área e não estou interessado em aprender — por isso, participar de leilões contra colecionadores na Sotheby's não é uma boa estratégia de investimento ativo para mim. Mas sei bem mais do que um homem adulto deveria saber acerca de aviões e, há alguns anos, fiz um investimento privado relativamente considerável em uma empresa de jatinhos, um investimento que tomou e continua tomando algum tempo para ser gerenciado, mas que, acredito, alavanca parte do meu conhecimento pessoal.

Diversificado ou concentrado refere-se à natureza do perfil de risco do investimento. Este é um conceito de investimento essencial, tanto que nomeei este capítulo em homenagem a ele. Em um nível básico, isso significa não colocar todos os seus ovos em uma única cesta. Já tive ações da Apple por muitos anos e a empresa produziu retornos impressionantes durante esse período. Mas continua sendo uma ação bastante arriscada (é assim que ela gera retornos: assumindo riscos), e os riscos nos atingem de vez em quando: poucas empresas permanecem no topo por muito tempo.

RANKING DE CAPITALIZAÇÃO DE MERCADO

Empresas dos Estados Unidos
2003 *versus* abril de 2023

2003		2023
1	Microsoft	2
2	GE	71
3	ExxonMobil	11
4	Walmart	13
5	Pfizer	28
6	citi	82
7	Johnson & Johnson	9
8	IBM	68
9	AIG	216
10	MERCK	20

Fontes: Financial Times, CompaniesMarketCap.com

Risco, parte dois: diversificação

Diversificação é uma estratégia defensiva. No entanto, assim como nos esportes, a defesa ganha campeonatos, porque investir tem uma assimetria fundamental. Você consegue absorver ganhos infinitos, mas não consegue se recuperar quando perde tudo. Ativos de investimento arriscados (ações com potencial de crescimento, derivativos) podem despencar para zero. Se estiver concentrado em um desses ativos, uma aposta ruim pode acabar com você. A diversificação limita sua desvantagem. Por outro lado, também é um limitador para seu lado positivo, mas, se você perder tudo em uma única aposta, não terá nenhuma vantagem. Mais importante, **você não precisa maximizar seus ganhos**.

Essa é uma profunda verdade. Ao contrário do que a mídia de massa vive propagando, o objetivo não é ser a pessoa mais rica do mundo. Uma carteira bem gerida e diversificada vai gerar os retornos necessários para você alcançar a segurança financeira. E, com uma parte do seu capital, ainda será possível fazer mudanças radicais e alcançar grandes vitórias. À medida que ganhar experiência nos mercados, você vai sentir a diferença entre uma verdadeira oportunidade e a gritaria efêmera. Uma base de ativos segura e em constante crescimento lhe dará a confiança necessária para buscar maiores oportunidades com seu ativo mais valioso: seu tempo. Esta é a lição de ambos os caminhos para a riqueza que descrevi no início do livro: a melhor escolha é seguir os dois.

Utilize seu tempo para maximizar sua renda atual.

Diversifique seus investimentos para maximizar sua riqueza a longo prazo.

A diversificação é mais do que apenas possuir ativos diferentes. Trata-se de possuir ativos com diferentes perfis de risco. Você se lembra do exemplo do cara ou coroa? Essa é uma forma simplificada de risco, com apenas uma consideração: de que lado a moeda cairá? Os riscos de investimento não são simples assim, eles são multifacetados.

Vamos pegar o exemplo da Apple. A empresa está sujeita a vários *tipos* diferentes de risco: uma desaceleração econômica poderia reduzir a disposição do consumidor em pagar 1.200 dólares por um telefone novo a cada dois anos. A China poderia invadir Taiwan e a Apple poderia perder acesso a grande parte de sua capacidade de produção e ao seu segundo maior mercado. Tim Cook em algum momento pode decidir que tem mais o que fazer e é provável que seu sucessor não tenha as mesmas competências de gestão. Esses (e muitos outros) riscos constituem o perfil de risco da Apple. Dizemos que a Apple está "exposta" a tais riscos.

Minhas ações da Apple também me expõem a esses riscos. Se eu colocar todo o meu dinheiro na Apple, fico altamente concentrado em um lugar só e, de repente, minha segurança financeira futura depende do humor e do açúcar no sangue de Xi Jinping ou de Tim Cook. Isso é ruim. Então, como posso reter os excelentes retornos que a Apple proporciona, mas reduzir minha exposição a riscos específicos fora do meu controle? (Dica: diversificação.)

Observe que os riscos que a Apple enfrenta variam de muito amplos (desaceleração econômica) a algo além da Apple, mas também de um risco particular para a empresa (guerra com a China) até um risco inteiramente relacionado com a Apple (eventual aposentadoria de Tim Cook). Dividir meu capital entre a Apple e a Nike reduz pela metade minha exposição à aposentadoria de Tim Cook, uma vez que Cook não tem qualquer efeito sobre a Nike. Isso é ótimo, mas eu ainda estou exposto à China, porque a Nike também depende da indústria e dos consumidores chineses, e está exposta à economia mais ampla de consumo, uma vez que ambas as empresas vendem bens de consumo discricionários.

Na verdade, é difícil escapar da exposição à China em qualquer caso da indústria ou em bens de consumo. Pense na

Harley-Davidson, que fabrica suas motocicletas nos Estados Unidos, mas depende de muitas peças dos fabricantes chineses. A designer de artigos de luxo LVMH ainda fabrica a maior parte de seus produtos na Europa... mas depende da China para um quarto de suas vendas.

Um candidato melhor para compensar o perfil de risco de uma empresa como a Apple seria uma empresa de energia — a maioria está menos ligada à economia chinesa, e elas *ainda* se saem relativamente bem quando a economia desacelera — ou uma que opere em nível fundamentalmente nacional/local, como as ligadas ao fornecimento e gerenciamento do mercado imobiliário (por exemplo, Home Depot, Equity Residential).

Se isso parece muito trabalhoso, é porque é mesmo. Isso explica a ascensão de fundos mútuos e outros veículos de investimento nos quais o investidor pode pagar a um gestor de fundos uma pequena porcentagem de seu investimento (o ideal é que seja muito pequena) para fazer toda a pesquisa e os cálculos necessários para fornecer a eles um portfólio diversificado. A teoria por trás da diversificação é conhecida como teoria do portfólio e surgiu na década de 1950, quando economistas conseguiram agregar dados suficientes para medir os retornos dos portfólios de investimento.

A diversificação não se limita apenas às ações individuais de empresas. Por meio dela, é possível ter um portfólio diversificado de investimentos. As ações como classe de ativos (falaremos sobre isso mais adiante) tendem a se mover em conjunto, e nenhuma estratégia de compra de ações é capaz de diversificar e livrar seu portfólio dos riscos que são comuns às ações em geral.

Um porém para essa história é que o poder secreto da diversificação se tornou menos secreto nos anos 1980, e os investidores institucionais começaram a investir em todos os tipos de ativo em todos os lugares. Ironicamente, isso tornou mais difícil diversificar, porque os fluxos de capital fizeram com que investimentos até então não relacionados passassem a estar conectados. Quando uma ação vinculada a minérios de ferro cai na Austrália, isso afeta os preços dos títulos na Alemanha, pois o investidor que sofreu as perdas na Oceania pode precisar vender seus títulos alemães para aumentar o capital (para cobrir essas perdas). Ainda é a estratégia certa, embora seja mais difícil de executar e talvez menos eficaz do que era antes.

Em resumo, a diversificação é a arte e a ciência de ampliar seu perfil de risco, para que nenhuma quebra ou mudança global possa prejudicá-lo fatalmente.

Colete à prova de balas

Como muitas pessoas, aprendi o valor da diversificação da maneira mais difícil: concentrando demais meus investimentos. No fim dos anos 1990, a empresa de comércio eletrônico que fundei, a Red Envelope, estava aproveitando o boom das ponto-com e rumava em direção a um IPO. Eu tinha 34 anos e estava pesquisando jatos particulares para comprar. Eu me sentia à prova de balas. Então o mercado mudou e o IPO foi cancelado. Depois disso, a empresa passou por dificuldades, mudamos de administração, discordei de nossos investidores de risco (com "discordei" estou sendo educado), mas continuei na empresa. Em 2003, ela abriu o capital e não apenas me recusei a embolsar os valores, como também fui mais fundo e investi mais, cego pelo meu envolvimento emocional com a marca. Cinco anos depois, após ignorar todos os sinais vermelhos, perdi 70% do meu patrimônio líquido quando a empresa pediu recuperação judicial. E nunca imaginei que isso aconteceria. Uma tempestade perfeita combinando greve de estivadores, um acidente em nossas instalações de atendimento e um analista de crédito do Wells Fargo retirando nossa linha de crédito levou a empresa à falência em dez semanas. E o problema é o seguinte: tempestades perfeitas são raras, mas sempre acontecem.

Minha segunda lição sobre diversificação veio em 2011, quando tomei a pior decisão de investimento da minha carreira. Eu comprei uma grande participação (pelo menos para um professor) na Netflix por 12 dólares por ação (essa não foi a decisão ruim). Compreendia a visão da empresa, sua gestão, e senti que eu tinha uma visão do panorama do mercado de mídia e de como o streaming iria mudar o mercado. Mas o mercado tinha dúvidas, então seis meses depois, vendi as ações a 10 dólares para ter um prejuízo contábil no fim do ano fiscal. Durante grande parte da década seguinte, fiquei me sentindo fisicamente mal a cada vez que via aquele código verde NFLX aparecer na tela do meu telefone — a dor atingiu o pico em cerca de cinquenta vezes o valor do meu investimento. Mas, por mais dolorosa que tenha sido a bala no peito, eu estava bem, pois usava meu colete à prova de balas. Meu portfólio não se limitava a Netflix. Também tinha Apple, Amazon e Nike, que subiram bastante durante esse período (não tanto quanto a Netflix). Vender as ações da Netflix para fins fiscais foi um golpe duro, mas a diversificação evitou que fosse fatal. É preciso se colocar na posição de sobreviver às balas perdidas que, no mundo dos investimentos, inevitavelmente o atingirão. Ninguém está imune. Lembre-se de que poucas pessoas tiram fotos de suas perdas. Mas elas estão por toda parte e todos as absorvem.

Um passeio aleatório

Há alguns anos, em uma reunião anual da Berkshire Hathaway, Warren Buffett apostou um milhão de dólares em que a média do mercado de ações, o índice S&P 500, superaria qualquer investidor ativo durante um período de dez anos.[1] (Se você não tem certeza do que é o S&P 500, por enquanto entenda-o como uma média dos preços das ações em geral — vou abordar isso com mais detalhes na seção intitulada "Medindo a economia".) Uma empresa de investimento chamada Protégé Partners aceitou a aposta de Buffett. A Protégé escolheu cinco fundos ativos e, ao longo da década, trocou alguns fundos de desempenho inferior por investidores que considerava mais propensos a terem sucesso.

No primeiro ano, cada um dos cinco "fundos de fundos" venceu o S&P 500 (por margem significativa). No ano seguinte, 2009, o S&P 500 venceu. E venceu de novo em 2010, em 2011 e em todos os anos depois disso. Até 2017, o retorno do S&P 500 chegou a 126%. E os retornos da Protégé Partners? 36%. A aposta terminaria oficialmente em 31 de dezembro de 2017, mas, naquele verão, Buffett estava tão à frente que a Protégé se antecipou e admitiu a derrota.[2]

Essa história de Buffett é uma que o mercado de Wall Street não quer que você conheça. Porque, se você tiver conhecimento de que poucos (se é que alguém) são capazes de superar o mercado de forma consistente, haverá muitos corretores de valores, gestores de fundos hedge e consultores de investimentos precisando buscar outro emprego. E esse é o segredo do mercado, escondido à vista de todos: no longo prazo, ninguém supera o mercado — não importa o quanto seja bem-informado, capitalizado, ou o quanto sua equipe é boa. Certamente é possível vencer o mercado no *curto prazo*. De fato, foi o que aconteceu para muitas pessoas em 2021, quando investiram forte em criptomoedas e na rápida popularidade das "meme stocks", que registraram oscilações ascendentes de magnitude maior que o mercado de ações em geral. Meu filho de 11 anos comprou o Dogecoin e virou um gênio. E depois ele não era mais. Até 2022, três em cada quatro traders no mercado cripto haviam perdido dinheiro em relação ao investimento inicial.[3] Enquanto isso, à medida que os ativos especulativos caíam, o mercado de ações continuava fazendo o que sempre faz: subia sem chamar a atenção.

Não sou só eu (ou Buffett) que acho isso — os dados estão aí. Nos últimos vinte anos, 94% de todos os fundos large caps foram superados pelo índice S&P 500.[4] Nesse mesmo período, o fundo de ações médio teve um retorno de 8,7% em média, enquanto o índice S&P Composite 1500 teve um de 9,7%.[5] Um estudo descobriu que, ao longo de quinze anos, apenas metade dos fundos de ações com gestão ativa nos Estados Unidos sobrevive.[6]

O trabalho de referência sobre esse assunto é um livro do professor de Economia Burton Malkiel, de Princeton, chamado *Um passeio aleatório por Wall Street*. Malkiel defende que os preços dos ativos (principalmente os preços das ações) estão sujeitos à "teoria do passeio aleatório" (ou seja, não dá para prevê-los no longo prazo). Assim, escolher uma ação específica é um "passeio aleatório" e não vale a pena gastar seu tempo nisso. Malkiel escreveu o livro em 1973, e a obra já foi reimpressa *treze vezes* desde então. A edição mais recente foi publicada em 2023 — e discute casos como o do Google, Tesla, SPACs e Bitcoin. E, ainda assim, o livro chega à mesma conclusão: o investimento ativo a longo prazo não supera o mercado. (Essas discussões se concentram em ações, mas a maior parte se aplica igualmente a outras classes de ativos — investidores individuais ativos raras vezes vencem os índices passivos diversificados em qualquer mercado.)

Isso deve suscitar duas questões. Primeiro: E quanto ao próprio Warren Buffett? O sábio de Omaha não é reverenciado como um investidor brilhante? Ele não está vencendo o mercado há anos? E segundo: Scott, por que você está me dizendo para investir ativamente se certamente vou perder?

Vamos por partes. Primeiro, colocar todo o seu dinheiro no S&P 500 (o que você pode fazer com um ETF, como explico mais à frente neste capítulo) não é uma ótima estratégia, porque os retornos ideais a longo prazo não são a única coisa a ser levada em consideração. O mercado em geral é muitíssimo variável. Nos anos de 2000 a 2022, o S&P 500 perdeu o valor em sete desses anos, e em três deles a perda foi de 20% ou mais. Lembre-se do capítulo anterior, quando comentei que os investimentos variáveis não são um bom lugar para o dinheiro que você espera utilizar nos próximos anos. Se você tiver 100 mil dólares para dar entrada em um imóvel e coloca o valor em um ETF S&P 500, há uma boa chance de o montante valer menos, talvez muito menos, quando precisar dele.

Embora você deva obter retornos a longo prazo com investimentos passivos e diversificados, é preciso saber como reduzir esse risco de variabilidade para seu balde de capital intermediário. E, mesmo que quisesse investir todo o seu dinheiro no S&P 500, você provavelmente não fará isso. Comprar uma casa é um grande investimento imobiliário. Você pode ter oportunidades de investir em empresas privadas, como a de seu empregador, ou em uma empresa que você vai criar. Embora os índices de mercado mais amplos ofereçam a melhor relação risco/recompensa, à medida que conquista mais segurança financeira, você deve procurar formas de assumir mais riscos em troca de um maior potencial de valorização. Ser bom com o dinheiro significa compreendê-lo, e isso exige mais do que apenas ler sobre os mercados financeiros.

Em segundo lugar, se fizer investimentos mais ativos, você não estará destinado a perder. A hipótese do "passeio aleatório" (de que ninguém pode prever o preço de nenhuma ação) é controversa, e acredito que exagera a questão. Os preços de mercado são o produto do mercado como uma máquina de votação, um produto do julgamento humano, que muitas vezes é irracional e mal-informado. Observadores lúcidos e sensatos podem, por vezes, reconhecer onde os preços divergiram do valor e lucrar com a diferença, sendo mais comum se forem pacientes e mantiverem ativos por longos períodos. É como dizem: "O sucesso não vem de acertar os tempos do mercado, mas de estar no mercado há muito tempo."

Essa é a estratégia de investimento que Buffett seguiu durante toda a sua carreira. O argumento que ele defendia com a aposta de 1 milhão de dólares tinha mais a ver com as estratégias de investimento altamente ativas, nas quais o investidor está apostando em movimentos de preços a curto prazo e comprando e vendendo ações ou outros ativos com frequência. (Além disso, Buffett compra ações de empresas públicas por meio de sua própria empresa, a Berkshire Hathaway, que é, acima de tudo, um negócio operacional — a empresa é proprietária direta de muitas outras e supervisiona a administração delas. De fato, quando se ignora o charme de Nebraska e os ditados folclóricos, a Berkshire Hathaway é, antes de mais nada, uma companhia de seguros. Uma companhia de seguros muito lucrativa que se diversifica, distribuindo seus lucros em outros negócios.)

Esses são os princípios fundamentais de investir: risco e retorno, diversificação, e a futilidade de tentar "superar o mercado" (na maioria das vezes).

O MANUAL DO CAPITALISTA

Para compreender adequadamente suas opções de investimento e enfim desenvolver uma estratégia para investir, é necessário um conhecimento básico acerca do capital e do sistema econômico que ele alimenta (também conhecido como capitalismo). Nas próximas páginas, esboço uma visão geral básica, mas abrangente, do sistema capitalista. Cada conceito descrito aqui é, por si só, uma área acadêmica de estudo. A minha experiência nessas áreas varia muito, tal como a de qualquer outra pessoa — ninguém é especializado em todos os aspectos da nossa economia. Mas você não precisa ser um especialista em *nenhuma* dessas áreas para ser um investidor de sucesso. A complexidade e profundidade desses conceitos não devem ser uma barreira para a compreensão dos seus contornos gerais e, mais importante, *de como eles se encaixam no sistema capitalista*. É a partir dessa visão ampla que fica clara a natureza interdependente das partes desse sistema. Para leitores mais experientes, parte disso pode parecer pedante ou reducionista, mas conselhos demais sobre investimentos complicam e confundem o que de fato acontece, quando na verdade o que importa mesmo são os conceitos básicos.

Negociando tempo por dinheiro

Todos os organismos têm necessidades. Plantas precisam de água e luz solar; lagartas precisam de folhas; e os humanos precisam de todos os tipos de coisa. Uma das competências da nossa economia é inventar coisas novas de que precisamos. No entanto, nosso consumismo desenfreado fica sobre uma base de necessidades reais e inevitáveis: comida, abrigo, companheirismo. Na natureza, os pais sustentam os filhos e, embora algumas espécies tenham desenvolvido rotinas cooperativas, na maioria das vezes seus membros contam com os próprios esforços para garantir as coisas de que precisam.

Os humanos são diferentes. Abençoados com a capacidade de imaginar e prever o futuro e de se comunicar através de uma linguagem complexa, nós desenvolvemos os meios para conseguir por meio de troca não apenas as coisas de que necessitamos, mas também o verdadeiro limite da nossa capacidade: o tempo em si. É assim que quero que você pense sobre o dinheiro: é o meio que usamos para negociar o tempo.

Imagine um operário de fábrica cumprindo um turno de 8 horas com uma semana de trabalho de 40 horas. Ao final da semana, o dono da fábrica paga um salário ao trabalhador. Uma troca direta de tempo por dinheiro. (Os economistas podem dizer que o proprietário está pagando pelo trabalho desempenhado, o que é verdade, mas o tempo é o bem essencial do qual o trabalhador abdica, mesmo que seu trabalho seja o que o torna valioso para o proprietário.)

O operário pega o dinheiro, para no bar a caminho de casa e troca 10 dólares por duas cervejas. Pelo menos é isso o que parece acontecer. Mas, em um nível mais profundo, ele está trocando o tempo que passa no chão da fábrica pelo tempo que outras pessoas passam na fábrica de cerveja. E está pagando pelo tempo do barista e do fazendeiro que produz a cevada. Uma parte desses 10 dólares vai para o faxineiro que limpa o bar naquela noite, para a cidade que paga a polícia e para os bombeiros que protegem o estabelecimento. O restante, se houver, é recompensa ao proprietário, que despendeu tempo para abrir o bar.

O dinheiro (como meio de transferência de tempo) desbloqueia vantagens comparativas, a capacidade de especialização. O poder da especialização foi exemplificado por Adam Smith com o exemplo de uma fábrica de alfinetes. De acordo com Smith, cada um dos dez homens que fabrica alfinetes pode fazer algumas centenas por dia. Dez homens em uma fábrica que ele visitou, com cada um cuidando de uma pequena parte do processo de fabricação de alfinetes, conseguiam fabricar mais de 48 mil alfinetes por dia.[7] O bar não é diferente. Uma pessoa trabalhando sozinha nunca poderia construir, abastecer e operar um bar, um restaurante ou quase qualquer lugar da vida moderna. A especialização é uma dinâmica fundamental da nossa economia — as pessoas gastam seu tempo fazendo muito bem uma coisa limitada, como escrever livros ou consertar carburadores, e depois obtêm dinheiro por esse tempo, trocando o que ganha por produtos resultantes do tempo de outras pessoas.

Há séculos economistas discutem sobre a "verdadeira" natureza dessa troca e a relação entre o trabalho aplicado em um bem e o preço desse bem. No entanto, para nossos propósitos, você pode ignorar esse debate. O dinheiro é o que obtemos em troca do nosso tempo, e o que agrega valor ao dinheiro é o fato de outros trocarem seu tempo, ou os bens que produziram com ele, pelo seu dinheiro. O resto é apenas ruído.

O mercado de oferta e demanda

Nem todo o tempo (nem todas as coisas) é valorizado de forma igualitária. No verão depois de me formar no ensino médio, ganhei 18 dólares por hora instalando prateleiras. O contrato de Cristiano Ronaldo com o clube de futebol Al-Nassr paga a ele cerca de 2,5 milhões de dólares por cada hora em campo.[8] Relativamente falando, eu recebia um salário muito alto, pois sou péssimo instalando prateleiras.

Sempre que há uma troca, há um preço. Quantos dólares por aquela cerveja gelada e quanto tempo na fábrica para ganhar aquela quantidade de dinheiro? Encontrar o preço certo para essas trocas é o que mantém uma economia funcionando. Trata-se de uma tarefa de complexidade impressionante. O preço que a fábrica paga pelo tempo dos seus trabalhadores tem de ser suficientemente baixo para que ela possa produzir bens a um preço atraente para seus clientes — o que depende de quanto esses clientes recebem por seu respectivo tempo, onde quer que trabalhem. Ao mesmo tempo, os trabalhadores da fábrica precisam de compensação por seu tempo para que possam comprar as coisas de que necessitam e algumas que desejam.

A característica definidora do que chamamos de nossa "economia de livre mercado" é que (em geral) dependemos do mercado de oferta e demanda para definir o nível dos preços. Por outro lado, uma "economia planejada" é aquela em que uma autoridade central (normalmente uma agência de governo) define preços. Os sonhadores são atraídos por economias planejadas, mas nenhuma chegou a ser bem-sucedida em grande escala. Talvez um dia seja — mas este é um livro sobre o mundo como ele é, e a economia global do século XXI é (em geral) baseada no mercado.

Cada transação requer oferta *e* demanda. Há muita demanda por comprimidos que curem o câncer, mas não há oferta e, portanto, não há preço. Se inventassem uma pílula para curar todos os cânceres, mas só fosse possível fabricar uma por dia, o preço seria astronômico — provavelmente centenas de milhões de dólares. Esses preços elevados atrairiam a concorrência e, à medida que a oferta de comprimidos contra o câncer aumentasse, o preço cairia (a menos que houvesse captura regulatória — lobistas se aglomerando em Washington para restringir a oferta). Se houvesse dezenas de milhões de comprimidos, o preço cairia. Os preços tendem a estabilizar de acordo com o preço que equilibra a oferta e a demanda — elevado o suficiente para encorajar a produção, mas baixo o suficiente para estimular a demanda. Elevado o suficiente para obter lucro, mas baixo o suficiente para desencorajar um enxame de concorrentes.

Essa estabilização ocorre através dos mercados, que atuam como um "mecanismo de descoberta de preços". Essa expressão mostra como os participantes do mercado podem blefar para colocar o equilíbrio a seu favor. Os preços de mercado não são "estabelecidos" pelo mercado, e sim "descobertos".

Nós descrevemos até que ponto os preços refletem fielmente a oferta e a demanda como a "eficiência" de um mercado. Isso é, em grande parte, uma função da informação: quando todos os participantes do mercado têm acesso a informações completas uns dos outros, em pouquíssimo tempo eles encontram o preço de equilíbrio. Os mercados tendem a ser mais eficientes quando os custos de transação são baixos e há muitas transações (que criam muitas informações sobre oferta e demanda) e também quando o objeto de comércio é uma mercadoria discreta e fungível, como o ouro (o que torna fácil aplicar às transações futuras dados de anteriores). Os mercados para coisas diferenciadas e de qualidade variável, como arte e trabalho, são menos eficientes.

Os mercados ineficientes atraem a "arbitragem", que é quando um comerciante compra bens de vendedores que desconhecem a verdadeira demanda e os vende a compradores que desconhecem a verdadeira oferta (ou que não podem negociar diretamente, devido à distância ou a barreiras culturais).

Nas décadas de 1980 e 1990, os jeans Levi's, em especial o modelo clássico 501, custavam muito mais na Europa e na Ásia do que nos Estados Unidos. A Levi Strauss & Co. comercializou, com sucesso, o modelo 501 como um item de moda nessas regiões e manteve a oferta artificialmente baixa. A dinâmica de alta demanda/baixa oferta significava que no exterior os varejistas podiam cobrar 100 dólares ou mais por um jeans que, nos Estados Unidos, custaria no máximo 30 dólares. O mercado da Levi's era ineficiente porque havia ampla oferta nos Estados Unidos, mas essa oferta não chegava à Europa nem à Ásia. E então... passou a chegar. Uma próspera arbitragem foi criada, alimentada em parte por distribuidores que desviavam para mercados estrangeiros carregamentos de jeans destinados aos Estados Unidos, mas também através do que a empresa chamava de "o comércio de bagagem": turistas estrangeiros estocavam Levi's nos Estados Unidos e levavam para casa para usar ou revender. A Levi Strauss & Co. foi um dos meus primeiros clientes como consultor, e um dos nossos primeiros projetos girou em torno de ajudá-los a compreender o volume de tal arbitragem. Nós enviamos consultores para aeroportos em ambas as costas do país e os fizemos entrevistar pessoas que estavam esperando embarque em voos para a Europa e a Ásia (a segurança nos aeroportos era muito menos rígida antes do 11 de Setembro). Perguntamos a eles se compraram Levi's enquanto estavam nos Estados Unidos, quantas peças e o que planejavam fazer com elas. E descobrimos que uma percentagem surpreendentemente elevada tinha calças Levi's na bagagem e que muitos planejavam revendê-las assim que chegassem em casa.

A atividade da arbitragem torna os mercados mais eficientes, pois cada negociação traz um pouco mais de informação e estreita a conexão entre a oferta e a demanda. Era isso o que estava acontecendo no mercado das calças Levi's 501. Os turistas que faziam essa arbitragem causaram o aumento no preço do produto nos Estados Unidos através do aumento da demanda, e suas vendas informais baixaram os preços em seu mercado local, pelo aumento de oferta. O comércio eletrônico tornou insustentável manter um mercado ineficiente de forma intencional. Hoje, o modelo básico 501 é vendido por cerca de 90 dólares em todo o mundo (ou cerca de 40 dólares em valores de 1990).

Capital e o mercado do dinheiro

O que abordamos até agora é a dinâmica fundamental de uma economia. As pessoas trocam tempo por dinheiro e dinheiro por mercadorias, o produto de outras trocas de dinheiro por tempo. Essas trocas ocorrem em muitos tipos de mercado, como mercados literais — uma mercearia, por exemplo — ou mesmo o "mercado de trabalho", que existe apenas no mundo das estatísticas, mas é muito real e importante. No entanto, há um conjunto específico de mercados que precisamos cobrir com mais detalhes, porque é onde ocorre a maioria das atividades de investimento. Esses são os mercados financeiros, também conhecidos como mercados do dinheiro.

Os mercados financeiros permitem que o dinheiro seja mais do que apenas um meio de troca. Eles são a cabine telefônica na qual o dinheiro coloca sua roupa de super-herói e se transforma em capital. Anteriormente, eu disse que capital era dinheiro em ação. Mas o que isso significa de fato? Em qualquer momento, uma organização (uma pequena empresa, uma grande corporação, um governo, uma instituição de caridade) tem todos os tipos de ativo que utiliza para cumprir sua missão. Um bar precisa de bebidas alcoólicas, copos, torneiras de chope, móveis e dinheiro para comprar essas coisas, pagar funcionários e o aluguel. Tudo custa dinheiro, mas quando providenciados e administrados por um dono de bar competente, eles valem mais do que o dinheiro necessário para comprá-los. E nós podemos medir o quanto mais: os lucros que o bar vai obter com esses ativos. Capital é dinheiro encarregado de ganhar mais dinheiro.

Assim como outros mercados precificam os bens que são negociados neles, os mercados financeiros precificam o capital. Se nosso proprietário de bar quiser expandir o negócio para um segundo ponto, ele vai precisar de capital adicional. A maneira mais simples de fazer isso é pegar empréstimo em um banco. Trata-se de uma transação fundamental do mercado financeiro. O proprietário de bar recebe uma grande quantia em troca de uma promessa de pagar mais dinheiro no futuro. A diferença entre esses valores é o que chamamos de "juros", mas na verdade é o preço do dinheiro (ou, em um sentido mais profundo, o preço do tempo). Normalmente, os juros têm preços indicados em porcentagem, dos quais obtemos as "taxas de juros". Se o banco cobrar do proprietário de bar 8% de juros por um empréstimo de 100 mil dólares, todos os anos o proprietário do bar terá que pagar 8 mil dólares para usufruir desses 100 mil dólares. No entanto, isso só vai ser bom para o proprietário se ele conseguir faturar o suficiente com seu novo ponto para pagar os 8 mil dólares em juros e ainda obter lucro em cima disso.

Empréstimos bancários simples como esse são apenas um exemplo das inúmeras transações de dinheiro por dinheiro que ocorrem nos mercados financeiros. Mas todas elas operam com o mesmo princípio básico. O dinheiro é fornecido em troca de uma promessa de pagamento futuro de uma quantia maior. Quando a transação é um empréstimo, a diferença entre os dois valores é chamada de juros, mas o termo mais geral é "retorno". Um "investimento" é uma transferência de dinheiro que "retorna" um lucro para a parte que fornece o dinheiro (o "investidor"). E a parte do outro lado da transação está disposta a pagar esse lucro porque acredita que pode colocar esse dinheiro em uso como capital, ganhando ainda mais do que o retorno que eles devem ao investidor (por exemplo, o proprietário do bar que ganha mais do que os 8 mil dólares em juros dos custos do empréstimo). Quando funcionam, e em uma economia saudável funcionam na maioria das vezes, essas transações geram valor para ambos os lados, e a economia cresce. Esse é um ponto crucial. Investir não é um jogo de soma zero... Investir faz o bolo crescer.

A essa altura, você provavelmente já consegue ver para onde estamos indo. Investir é um bom negócio. Você dá dinheiro a alguém e, pouco tempo depois, a pessoa lhe devolve mais dinheiro. Então você faz isso repetidas vezes e seu dinheiro cresce exponencialmente. E faz isso de modo constante e estável. Nas palavras de Gordon Gekko, personagem-símbolo do filme *Wall Street: poder e cobiça*, de Oliver Stone, "o dinheiro nunca dorme".

Porém, às vezes ele não acorda (ou seja, você não recebe o dinheiro de volta). É aqui que a "qualidade do crédito" entra em jogo. O credor deve fazer uma avaliação da probabilidade de o mutuário conseguir pagar o empréstimo, ou então fornecer garantias que o credor possa resgatar caso o mutuário não consiga pagar de volta o montante e os juros. Emprestar dinheiro é fácil, a parte difícil é avaliar a qualidade de crédito.

No entanto, para investir com sabedoria nós precisamos entender mais do que apenas a mecânica básica do capital. Os investimentos acontecem no contexto dos mercados financeiros. Existem três categorias amplas de entidades que agem nos mercados financeiros, além do governo: empresas, bancos e outras instituições financeiras.

Organização do trabalho: a empresa

Quando pensamos em investir, em geral pensamos primeiro em comprar ações de empresas. Isso é natural, porque elas são as principais usuárias do capital na nossa economia, empregam grandes grupos de pessoas, fabricam a maior parte dos nossos produtos e prestam a maior parte de nossos serviços.

Durante a maior parte da história humana, o empreendimento privado foi de pequena escala: fazendas familiares, ferreiros e sapateiros. Qualquer coisa mais ambiciosa (como uma campanha militar ou uma rede rodoviária) costumava ser do domínio de um governo ou até de uma instituição religiosa. Com o aumento da produção industrial no século XIX, a empresa privada precisou de mais escala. As fábricas exigiam dezenas ou centenas de trabalhadores, mais do que uma família ou um grupo de pessoas poderia fornecer. Portanto, os empreendedores ambiciosos precisavam de uma forma de reunir seus recursos. Mas a partilha de recursos, especialmente entre grandes grupos de pessoas sem vínculo entre si, levanta uma série de questões. Se um empreendimento for bem-sucedido, como os lucros serão alocados? Se for mal, quem será responsável por fornecer mais capital? Mais importante ainda, quem está no comando? Com o tempo, quem evoluiu para resolver esses desafios foi a empresa.

Uma empresa é um construto legal. Não tem existência física — não é um edifício ou um grupo de pessoas, mas tem personalidade jurídica. Pode possuir propriedades, celebrar contratos, pedir dinheiro emprestado ou emprestá-lo, processar e ser processada em tribunal e precisa pagar impostos. Não é exatamente o mesmo que uma pessoa — as empresas não podem votar, por exemplo, nem casar ou assumir a guarda de uma criança. Mas, para quase tudo de que um negócio precisa, uma empresa pode ocupar o lugar do empreendedor individual.

Uma empresa possui regras internas, escritas nos chamados estatutos, que determinam quem toma as decisões. Essas regras podem ser aplicadas por um tribunal, embora raramente chegue-se a esse ponto. Essas regras dão poder aos diretores corporativos para delegar decisões aos gestores, contratar e demitir trabalhadores e alocar o capital da corporação. Além disso, definem camadas de supervisão e de responsabilização. Isso torna as empresas *diferentes* de pessoas — muito mais previsíveis, mais transparentes em sua tomada de decisões e mais racionais. Pelo menos em teoria. Tal como os bancos transformam depósitos a curto prazo em empréstimos a longo prazo, as empresas tomam as emoções humanas e (através da "sabedoria das multidões") as transformam em decisões e ações ponderadas. E faz sentido. As empresas fazem coisas estúpidas todos os dias. Contudo, as pessoas fazem coisas malucas a cada minuto.

As características mensuradas em uma empresa — seu estatuto jurídico e sua estrutura organizacional — são essenciais para sua missão e dão a ela a capacidade de colocar grandes quantidades de capital para trabalhar. Fornecer capital às empresas é um dos principais objetivos (possivelmente o *principal* objetivo) dos mercados financeiros. Vou falar sobre como isso é feito na parte de ações e títulos, um pouco mais adiante neste capítulo.

Organização do capital: bancos

As entidades operacionais (tanto empresas quanto indivíduos) não participam diretamente nos mercados financeiros — nós usamos os serviços de bancos e outras instituições financeiras. Existem quatro tipos principais: bancos de varejo, bancos de investimento, corretoras e empresas de investimento. Porém, as diferenças entre eles não são tão claras, e os maiores bancos, como o JPMorgan Chase e o Bank of America, operam nas quatro categorias.

O negócio mais elementar é o do banco tradicional, ou o que é chamado de banco de varejo. Resumindo (muito), um banco de varejo pega capital de um conjunto de clientes para fazer empréstimos para outro conjunto de clientes. O lucro do banco vem da diferença entre os juros que oferece ao primeiro grupo e os juros que cobra do segundo grupo (além de todas aquelas taxas que conhecemos).

Inicialmente, a maioria de nós chega aos bancos de varejo como membros do primeiro grupo de clientes — emprestamos capital ao banco sob a forma de depósitos, em parte para ganhar juros, mas principalmente como um local para guardar nosso dinheiro. Há uma razão pela qual a imagem clássica de um banco é a de um imponente edifício de mármore com um grande cofre no interior: sua proposta de valor básica para os depositantes é a de que é um local mais seguro para guardar dinheiro do que embaixo do colchão. Uma vez que, independentemente de qualquer coisa, eles detêm o dinheiro, e para tornar seu serviço de retenção de dinheiro mais atrativo, os bancos também gerem a mecânica das transações financeiras: fornecem e processam cheques, efetuam pagamentos eletrônicos e aceitam depósitos eletrônicos. Esses serviços são continuamente reconfigurados e disputados por novos concorrentes — o PayPal e similares tomaram conta de uma parte do negócio das transações, por exemplo. Os entusiastas das criptomoedas afirmam que a tecnologia nos permitirá sermos nossos próprios bancos. Manter o dinheiro de forma segura e conveniente é um elemento fundamental de qualquer sistema econômico, e em grande parte isso é feito pelos bancos de varejo.

A maioria de nós também faz parte do segundo grupo de clientes, aqueles que tomam empréstimos em bancos. Os juros sobre esses empréstimos são a principal fonte de lucro dos bancos, e os empréstimos em si servem para adicionar dinheiro novo à economia. Os empréstimos podem assumir muitas formas, desde um simples empréstimo sem garantia, em que o dinheiro é emprestado apenas com base na promessa de reembolso futuro, até acordos complexos com várias obrigações e promessas ao longo do tempo. A hipoteca de uma casa é um empréstimo bancário conhecido como empréstimo garantido, porque, se você não efetuar os pagamentos, o banco poderá vender sua casa para receber o dinheiro de volta. Usar cartões de crédito configura um tipo de empréstimo bancário, conhecido como empréstimo rotativo, que você pode usar e pagar de acordo com seu próprio cronograma.

Além dos bancos de varejo, também há um tipo de banco totalmente diferente, conhecido como **banco de investimento**. Bancos de investimento, como o Goldman Sachs e o Morgan Stanley, combinam serviços de consultoria financeira com gerenciamento de capital. Eles aconselham os clientes acerca de transações financeiras grandes e complexas e ajudam a facilitar tais transações, utilizando capital próprio (geralmente em caráter provisório, até que outros investidores possam ser encontrados). Eles também negociam capital próprio e o capital de seus clientes nos mercados financeiros.

As **corretoras** facilitam as transações financeiras mais comuns dos clientes: comprar e vender ações é a transação principal, mas os corretores criaram um mercado para muitos ativos financeiros. Tanto os bancos de varejo como os de investimento muitas vezes oferecem serviços de corretagem, e existem grandes empresas de corretagem autônomas, incluindo empresas tradicionais como a Charles Schwab e startups on-line como a Robinhood e a Public (sou um investidor da Public).

Por fim, as **empresas de investimento** reúnem o dinheiro de seus clientes e elas próprias o investem, retirando uma parte dos lucros adquiridos em investimentos nos quais o gestor conseguiu identificar um desequilíbrio entre risco e retorno. Existe uma grande variedade de empresas de investimento e uma boa parcela do capital financeiro do mundo é investido através delas. É possível até que você já tenha investimentos em algumas delas — ativos das contas de aposentadoria como a 401(k), por exemplo, são investidos por empresas de investimento como a Fidelity.

Algumas dessas empresas são especializadas em um tipo específico de investimento: os capitalistas de risco são especializados em startups, por exemplo. Outras conhecem melhor um certo tipo de investidor: a Vanguard e a Fidelity atendem investidores individuais, com menor volume de dinheiro, para reunir capital e investi-lo de várias maneiras. Os fundos hedge atendem a indivíduos e instituições de maior riqueza, fazendo apostas mais ousadas e focadas com diferentes riscos e perfis de retorno em potencial. Outras empresas de investimento são especializadas em uma técnica ou filosofia de investir: A Berkshire Hathaway aplica os princípios de seu fundador, Warren Buffett, e faz investimentos grandes e a longo prazo no que considera serem empresas estáveis e duradouras. Os traders de alta frequência usam grandes quantidades de recursos de computação e algoritmos complexos na tentativa de ganhar dinheiro com pequenas alterações de preço em períodos muito curtos.

Uma das principais questões das últimas décadas tem sido a crescente importância do capital "privado" (fontes de financiamento que vão além da venda de ações ao público). Certos tipos de empresa de investimento se tornaram muito maiores e mais numerosas. O capital de risco, por exemplo, era um nicho de mercado há apenas uma geração, mas cresceu em um mercado que movimenta centenas de milhares de milhões de dólares por ano. O acesso às oportunidades de criação de riqueza nessas áreas é mais difícil para os investidores individuais, que não têm milhões de dólares para investir, mas os mercados estão sempre se renovando. Vou falar um pouco mais sobre isso na discussão sobre classes de ativos.

O papel do governo

Há outro participante importante nos mercados financeiros: o governo, que desempenha dois papéis profundamente importantes.

Primeiro, ele fornece muitas das regras básicas sob as quais os mercados operam, e as aplica por meio de ações regulatórias, litigação e, raramente, apropriações e sentenças de prisão. Ele também molda o curso das decisões de investimento por meio da política tributária. Muitas pessoas que atuam na área financeira gostariam de acreditar que a indústria está em uma bolha distinta do governo, uma esfera mais eficiente e mais admirável. Mas isso é um mito.

Para que os mercados financeiros funcionem de forma confiável, é inegociável que a autoridade do governo estabeleça e aplique as regras do jogo. Na ausência dessa autoridade, os mercados se transformam em um atoleiro de fraudes, promessas não cumpridas e infração absoluta (por exemplo, o mercado cripto, por volta de 2022). Nenhum governo desempenha essa função com perfeição, e muitos a fazem mal e porcamente, mas todos os mercados dependem da regulamentação governamental para criar a confiança necessária para encorajar a participação nesse mercado.

Um aspecto mais controverso desse papel regulatório é resgatar os participantes do mercado que se encontram em dificuldades. A maioria dos observadores concorda que é necessário algum nível de assistência. Por exemplo, a FDIC (a agência garantidora dos Estados Unidos) garante poupanças e depósitos de conta-corrente (até 250 mil dólares no momento em que escrevo este livro, mas pode ter aumentado) e tem autoridade para assumir os bancos em dificuldades para reduzir o risco de desestabilizar as movimentações bancárias. Isso é amplamente visto como uma coisa boa. Em 2008 e 2020, no entanto, os "resgates" do governo a bancos, companhias aéreas, empresas de automóveis e outros bancos geraram mais controvérsias. Goste ou não, nenhum político eleito quer governar durante uma catástrofe econômica, e, portanto, sempre há um estímulo à intervenção. E, cada vez mais, quem está sendo resgatado possui uma representação cada vez maior em Washington.

O segundo papel do governo é o de ser um ator importante nos mercados financeiros. O governo dos Estados Unidos é *de longe* o maior depositário único de capital financeiro do mundo. Enquanto este livro estava sendo escrito, quase 25 trilhões de dólares foram investidos no governo dos Estados Unidos por detentores de títulos do Tesouro.[9] Essa é quase a mesma quantidade de capital investido em todas as empresas da Bolsa de Valores de Nova York combinadas. Isso coloca o governo entre os atores mais importantes no mercado monetário, uma baleia capaz de perturbar as correntes a cada movimento em um raio de quilômetros de distância.

O braço mais ativo do governo nos mercados financeiros é o banco central, que nos Estados Unidos é o Federal Reserve (Fed), o banco do governo (que gere depósitos e viabiliza pagamentos). Ele regula os bancos comerciais, fornece muitos dos dados críticos em que os investidores confiam e contrai e empresta dinheiro no próprio sistema bancário. O Departamento do Tesouro emite a dívida do governo, e uma série de agências, incluindo a Comissão de Valores Mobiliários (SEC, nos Estados Unidos), o Departamento de Trabalho e o Departamento de Comércio, regula e auxilia vários aspectos dos mercados financeiros.

Medindo a economia

Há mais um aspecto fundamental nos mercados financeiros que os investidores devem entender: como medimos a economia. Decisões de investimento individuais (se você deve comprar uma ação, quanto você pode gastar em uma casa) dependem, em parte, das circunstâncias únicas desse investimento.

Mas elas também devem ser feitas no contexto da economia como um todo, e nós desenvolvemos um conjunto de métricas que são amplamente seguidas para esse fim. Por acaso, essa é uma função crucial do governo, que usa sua autoridade legal para coletar grandes quantidades de dados que alimentam essas métricas e, em seguida, o capital fornecido por investidores e contribuintes para processar os dados e liberá-los sem custo ao público. Diversas páginas do governo dos Estados Unidos são recursos indispensáveis para os investidores, principalmente a do Comitê de Estatísticas do Trabalho (Bureau of Labor Statistics – www.bls.gov), a do Departamento de Comércio (commerce.gov) e a do repositório de dados econômicos do Federal Reserve (fred.stlouisfed.org).

Existem dezenas de métricas seguidas de forma ampla e outras milhares nichadas. A seguir estão categorias e métricas específicas bastante úteis e que são mencionadas com frequência pela mídia.

Produto Interno Bruto (PIB). A mãe de todas as métricas. É o valor total de todos os bens e serviços realizados e produzidos em um país ao longo do ano. Não é o valor de uma economia, mas uma medida de sua *produção por ano*, a grosso modo semelhante à receita de uma empresa.

Existem várias maneiras de medir o PIB, e é complexo fazer coleta e análise de dados reais, mas esses detalhes raras vezes importam para investidores. De fato, o PIB em si não importa tanto quanto sua taxa de mudança. Quando o PIB se mostra estável ou encolhendo, os investimentos feitos nessa economia não estão gerando um retorno positivo — o que desencoraja o investimento futuro, suprimindo o crescimento. Quando o PIB diminui por vários trimestres seguidos e outros indicadores econômicos são avaliados como fracos, uma economia é considerada em "recessão". Em raras ocasiões, como na década de 1930, o período que abrange os anos de declínio do PIB é denominado "depressão".

Índice Nacional de Preços ao Consumidor Amplo (IPCA). Essa é a medida padrão dos preços em uma "cesta de mercadorias" e tenta capturar a mudança relativa nos preços ao longo do tempo — em geral seu aumento, também conhecido como "inflação". A inflação costuma ser indicada por uma porcentagem anual. Portanto, quando a mídia relata que a inflação é de 4,5%, isso significa que o IPCA está 4,5% maior do que 12 meses antes. (No entanto, como apontei no capítulo anterior, nem todos os bens e serviços mudam o preço na mesma taxa, e os economistas dissecam o IPCA em diferentes categorias para obter uma visão mais detalhada.)

Os preços aos consumidores são um indicador-chave por vários motivos. Os gastos do consumidor são o principal fator de atividade econômica, e aumentos rápidos nos preços podem sufocar esses gastos, diminuindo o crescimento econômico. Entretanto a preocupação mais imediata e prática para os investidores consiste no fato de que a inflação é uma das duas medidas influenciadas pelo Fed (o outro é o emprego, que discuto a seguir). A meta de inflação do Fed é de 2%, e, quando a inflação começa a subir muito mais do que isso, o Fed costuma responder tomando medidas para aumentar as taxas de juros (ou seja, para tornar o dinheiro mais caro). Isso pode ter efeitos profundos por toda a economia.

Taxa de desemprego. Essa é uma forma deprimente de medir o emprego — nós poderíamos reportar e discutir com facilidade a taxa de emprego, o que seria muito mais positivo —, mas, de qualquer forma, o que estamos de fato medindo é a pressão da oferta e da demanda no mercado de trabalho. Quando o desemprego é baixo, isso significa que a oferta de mão de obra é baixa em relação à demanda e, portanto, o preço do trabalho (os salários) tende a subir.

O termo enganoso "pleno emprego" refere-se a uma taxa de desemprego consistente com um equilíbrio entre oferta e demanda no mercado de trabalho. Não existe um número mágico, mas algo em torno de 5% é o que nos Estados Unidos os economistas costumam identificar como "pleno emprego". Faz sentido que sempre existam algumas pessoas desempregadas à procura de trabalho — pessoas que acabaram de abandonar um emprego ou que foram desligadas, pessoas que vão entrar no mercado de trabalho pela primeira vez ou aquelas que regressam depois de parar a busca por trabalho.

O desemprego baixo é intuitivamente preferível e pode ser uma fonte de força econômica a curto prazo, já que os trabalhadores estão com mais dinheiro para gastar. Quando o desemprego fica muito baixo (em algum ponto abaixo de 5%), no entanto, os postos de trabalho não são preenchidos e os salários aumentam, o que tende a aumentar os preços e que, por usa vez, pode causar inflação e redução da produção econômica. O alto desemprego pode ser bom (a curto prazo) para empresas com muita mão de obra de baixa ou média qualificação em suas estruturas de custo, como lanchonetes e alguns negócios de varejo, porque um alto suprimento de mão de obra vai diminuir seu preço, reduzindo as despesas operacionais das empresas. Mas o desemprego alto, em última análise, reduz os gastos do consumidor, diminuindo o crescimento econômico. Como na inflação, o Fed (e os bancos centrais de outros países) é responsável por manter o desemprego dentro de um intervalo definido e, quando perceber um desequilíbrio, promove alterações nas taxas de juros.

Taxa de juros. Já mencionei várias vezes as taxas de juros, no contexto do custo do dinheiro ou, sendo mais específico, do custo de um empréstimo. Mas os investidores não se preocupam apenas com a taxa de juros que cobram ou pagam nos próprios investimentos. Eles também se preocupam muito com aquelas que todos os outros estão pagando. As taxas de juros são como a gravidade: afetam tudo e todos o tempo inteiro e, quanto mais elevadas, mais forte é a pressão contra o crescimento e os lucros.

Não existe uma "taxa de juros" única e agregada como existe para os índices de desemprego ou para o PIB. Em vez disso, os analistas e a imprensa financeira divulgam dezenas de taxas sobre uma enorme gama de produtos financeiros: hipotecas fixas a 30 anos ou financiamento com taxa variável, títulos comerciais com vencimento de três meses, títulos do Tesouro de dez anos, certificados de depósito etc. Você precisa se importar com a maioria dessas taxas, a menos que esteja no mercado por conta dos produtos aos quais estão associadas (comece a buscar um imóvel para compra e você vai ficar *extremamente* interessado nas taxas de financiamento). É mais importante compreender como estão interligadas e, em particular, como todas se apoiam em uma taxa de juros específica, definida (digamos assim) pelo Federal Reserve.

O Fed detém o dinheiro do governo e fornece serviços de transação e outros similares. Mas lembre-se de que o governo é o maior participante da economia e também seu árbitro — ter um relacionamento especial com o governo concede ao Fed (e aos bancos centrais em outros países) superpoderes bancários. Todos os dias, os bancos processam bilhões de dólares em transações e, para garantir que tenham capital suficiente, emprestam dinheiro uns aos outros e do próprio Fed em prazos muito curtos, normalmente de um dia para o outro. Por meio de uma combinação de persuasão e incentivos econômicos, o Fed orienta os bancos a fixar uma taxa-alvo para esses empréstimos, conhecidos como taxa de fundos federais. Quando a mídia explica que o Fed está "aumentando as taxas de juros", isso significa que o banco central está aumentando a taxa de fundos federais.

Mas por que isso é importante? Porque a taxa de fundos federais é o piso sobre o qual repousam todas as outras taxas de juros. Não por decreto governamental, aliás, mas devido a um poder superior: a lei da oferta e da demanda. Imagine que você é o presidente de um banco e que deseja emprestar mil dólares. O investimento mais seguro possível é colocar o dinheiro no cofre do Fed ou emprestá-lo a um banco garantido pelo Fed. Investir no Fed é investir no governo dos Estados Unidos, que tem trezentos anos de história honrando suas dívidas, possui o direito de tributar a maior economia do mundo e, quando a situação fica grave, acesso a um orçamento militar de setecentos bilhões de dólares por ano. Emprestar dinheiro ao Tio Sam é algo efetivamente livre de riscos. Se os Estados Unidos lhe oferecem, por exemplo, uma taxa de juros de 3,5%, não há motivo racional para emprestar dinheiro a qualquer outra pessoa por uma taxa mais baixa, uma vez que essa pessoa é, por definição, um devedor mais arriscado. Esses 3,5% são conhecidos como taxa livre de risco. Quando um cliente chega em busca de um empréstimo de mil dólares, você cobrará uma taxa de juros superior à taxa livre de risco, com base no risco de seu empréstimo a ele. Se o Fed aumentar a taxa dos fundos federais para 5%, ninguém mais conseguirá um empréstimo por menos do que isso.

A ESCADA DE TAXA DE JUROS

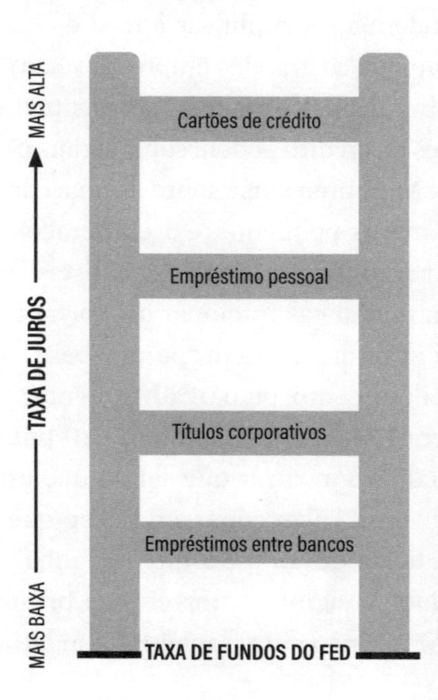

Cada empréstimo se situa em algum ponto de uma escada de riscos, e o Fed define o degrau mais baixo. Depois do governo e dos grandes bancos, as grandes empresas lucrativas e sem muitas dívidas são os credores menos arriscados. Assim, eles podem obter taxas próximas às dos fundos federais sobre seus empréstimos. Depois, há empresas com finanças menos robustas: elas precisam pagar um pouco mais. Esses empréstimos são por vezes conhecidos como "títulos podres" (junk bonds, em inglês), um termo chamativo, mas enganoso — esses títulos possuem riscos de crédito relativamente bons, mas não tão bons quanto os das companhias mutuárias mais estáveis. Consumidores que buscam empréstimos usando casas e carros como garantia são ainda mais arriscados, mas não terríveis, uma vez que possuem ativos para oferecer como garantia. Na extremidade mais arriscada estão os empréstimos ao consumidor sem garantias, como os de cartões de crédito. Quando o Fed sobe essa taxa em meio ponto, o efeito sobe a escada. Seus efeitos não são uniformes e tendem a se amplificar à medida que atingem o topo, fazendo com que as grandes empresas vejam suas taxas de empréstimo subir menos de um ponto percentual, enquanto as taxas dos cartões de crédito podem subir alguns pontos.

Mais uma coisa sobre as taxas de juros: como tendem a ser números pequenos, e até alterações muito pequenas podem surtir grandes efeitos, os analistas em geral estão interessados em mudanças fracionárias. Portanto, é comum ouvir as taxas de juros medidas em "pontos-base". Um ponto-base é 1/100 de um por cento, ou 0,01%. Aumentar uma taxa de juros de 1,5% para 1,8% é um aumento de 30 pontos-base. Às vezes, quando quero mostrar que sei do que estou falando, eu os chamo de "bips", algo como em "Acho que veremos o Fed baixando as taxas de 25 a 50 bips amanhã". Coincidentemente, bips também significa "torrei meu primeiro bônus anual em uma BMW e não me arrependo", em latim.

Índices de mercado. A última medida são os índices de ações: o Dow, o S&P 500 e o Nasdaq são os protagonistas, mas há muitos outros.

O mais antigo, e também o mais estranho, é o Dow Jones Industrial Average, muitas vezes chamado de Dow. Durante décadas, o Dow foi *a* média de tudo, o que prova algo sobre a vantagem de ser o primeiro. Originalmente criado por Charles Dow, em 1896, o índice era a soma dos preços das ações de algumas dezenas de grandes empresas de manufatura, multiplicadas pelo "Divisor Dow", um fator que Dow inventou para explicar as nuances na forma como os preços das ações são calculados. É uma maneira peculiar de avaliar o estado do mercado de ações. O S&P 500 é indiscutivelmente mais racional. É uma média ponderada do valor total de 500 das maiores empresas públicas. O composto da Nasdaq é ainda mais amplo, pois é uma média ponderada de todas as ações negociadas na Bolsa Nasdaq e também tem distorções, já que a Nasdaq, que ganhou destaque nas décadas de 1980 e 1990, apresenta um número desproporcional de empresas de tecnologia.

DESEMPENHO DOS ÍNDICES NASDAQ, S&P 500 E DOW JONES

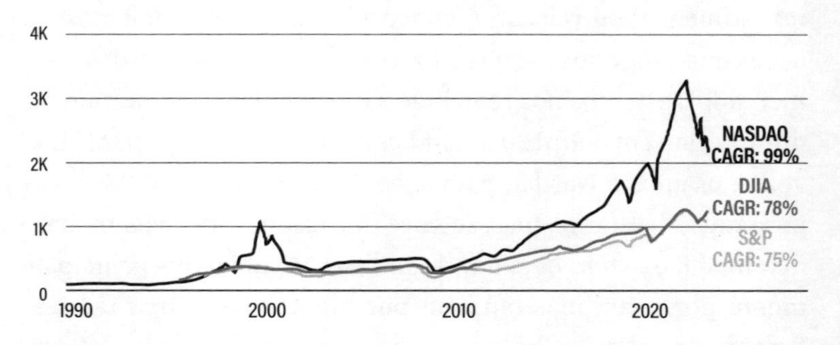

Fonte: Rogo
Nota: CAGR = Taxa Composta de Crescimento Anual

Na prática, porém, apesar das diferenças significativas no modo como são calculados, os três índices tendem a se mover de forma semelhante, embora o Nasdaq seja um pouco mais volátil e tenha superado os outros dois nas últimas décadas, devido ao rápido crescimento das ações de tecnologia.

Algumas observações sobre esses índices. Primeiro, eles são importantes, pois avaliam a confiança dos investidores no potencial de crescimento das grandes corporações, mas não são tão importantes quanto a mídia faz parecer, principalmente por serem apenas medidas parciais do mercado de ações, e não medidas da economia como um todo. A maior parte da atividade econômica é realizada por empresas não incluídas nesses índices, e nenhuma medida pode capturar um conceito tão complexo quanto a economia. Pense no mercado de ações como um cachorro em uma coleira e na economia como a pessoa segurando a coleira. Ao longo de uma caminhada, os dois acabam no mesmo lugar. Mas o cachorro (mercado) vai andando em zigue-zague e enviando muitos sinais falsos sobre a direção que a caminhada está tomando.

Segundo, esses índices fornecem aos investidores algo valioso, que é uma referência para retornos de investimento. No mercado do dinheiro, você quer obter o melhor retorno possível para seu capital de investimento, e precisa avaliar um investimento em relação à concorrência. Quando falamos de ações que "superam o mercado" ou que "foram superadas pelo mercado", estamos nos referindo a quanto elas aumentaram ou diminuíram *em relação a um índice do mercado de ações*. Muitas vezes, usamos o Nasdaq para ações de tecnologia e o S&P 500 para todo o restante, mas, se você quiser uma abordagem mais detalhada, existem dezenas de índices, organizados principalmente por setor, mas também por tamanho e outros fatores. Sempre que alguém lhe disser que a empresa X está tantos por cento acima (ou abaixo) no ano, seu primeiro instinto deve ser comparar isso com o mercado mais amplo. Observe que, a longo prazo, os índices de mercado têm um desempenho substancialmente melhor do que uma única empresa “média”, devido ao viés de sobrevivência — à medida que as empresas enfrentam problemas, elas deixam o índice e são substituídas por uma empresa mais bem-sucedida. Lembre-se: com o tempo, poucos superam o mercado.

Valuation e o valor temporal do dinheiro

Os índices de mercado refletem o valor das empresas compreendidas por eles. O conceito de valuation está no centro de todas as decisões de investimento. Cada oportunidade de investimento é uma chance de comprar um ativo: uma ação, uma barra de ouro, uma casa com três quartos perto de uma boa escola. O desafio do investidor é comprar por um preço menor ou igual a seu valor.

PREÇO *VERSUS* VALOR

Preço e valor não são a mesma coisa. O preço de um ativo é, em geral, fácil de ser visto. É a quantidade de dinheiro pelo qual ele é vendido no mercado. Os preços das ações são indicados momento a momento na bolsa, e os preços das casas são indicados nos registros fiscais. O valor de um ativo, por outro lado, é quanto dinheiro se espera que ele produza no futuro.

Ativos podem ter valores diferentes para compradores diferentes. Uma casa próxima a boas escolas vale mais para uma família com filhos pequenos do que para um casal de aposentados com filhos adultos. Uma empresa de calçados que atende um nicho com uma base de clientes fanática e um portfólio de patentes de técnicas de produção provavelmente vale mais para a Nike do que para o McDonald's. Há muitos benefícios não monetários (embora ainda possam ser mensurados). Um par de óculos de sol bonito não gera rendimento, mas tem valor: protege seus olhos do sol, torna-o mais atraente para potenciais parceiros, traz uma sensação de confiança etc.

Em um mercado eficiente, preço e valor estão alinhados. Contudo, mercados eficientes de verdade são raros e nenhum mercado de investimento é eficiente por completo. Os preços estão vinculados a seu valor subjacente, mas normalmente não correspondem a ele com precisão devido à psicologia, aos acontecimentos atuais, à dinâmica política e a informações incompletas. Esses fatores caóticos são transitórios, e o preço da maioria dos ativos tende a convergir com seu valor. O lendário guru de investimentos Benjamin Graham coloca a questão dessa forma:[10] "A curto prazo, o mercado é uma máquina de votação. A longo prazo, é uma balança." O investimento em valor, no qual Graham foi pioneiro, é a estratégia de identificar investimentos em que o preço está abaixo do valor, fazer o investimento e esperar que o preço alcance (ou até fique maior que) o valor.

A ideia de valuation tem princípios aplicáveis a quase todos os ativos e considerações específicas exclusivas para cada classe de ativos. Abordarei os princípios gerais aqui e os detalhes na próxima seção, na qual falo sobre classes de ativos.

A EQUAÇÃO BÁSICA DO VALUATION

Valuation é previsão e, especificamente, prever três coisas: renda, valor terminal e risco.

Primeiro, que rendimento o ativo vai gerar enquanto você o possuir? No caso de alguns ativos, é fácil responder. Posso dizer, com absoluta certeza, que uma nota de 100 dólares vai gerar renda zero. Por outro lado, 100 dólares em uma conta-poupança com juros de 4% vão gerar 4 dólares por ano. Muitos ativos oferecem fluxos de renda previsíveis. Um título corporativo diz claramente quanto a empresa que o emitiu vai lhe pagar. Outros são mais difíceis de prever. Uma casa pode gerar um rendimento significativo, esteja você morando de aluguel ou mesmo se for proprietário (e, portanto, poupando em aluguel). E alguns ativos, incluindo casas, também têm custos associados, os quais são necessários prever para determinar com precisão o rendimento líquido a ser gerado.

Em segundo lugar, por quanto será possível vender o ativo no futuro? Em termos de valuation, isso costuma ser conhecido como valor terminal. De novo, a dificuldade dessa previsão é variável. Tanto a nota de 100 dólares quanto os 100 dólares em uma conta-poupança valerão precisamente 100 dólares amanhã, tirando a inflação. Uma casa? Isso depende da economia, da dinâmica do bairro em questão, da manutenção da casa etc.

Terceiro, o risco, o que nesse contexto poderia ser denominado "incerteza". Qual é a probabilidade de que suas duas primeiras previsões estejam corretas? Se tiver duas oportunidades de investimento que ofereçam o mesmo fluxo de caixa futuro e o mesmo valor terminal, você vai escolher aquela em cujas projeções confia mais — ou seja, na de menor risco. Quanto mais riscos, maior o retorno necessário para fazer o investimento valer a pena.

A equação fundamental do valuation reúne estas três projeções:

VALOR =

(Renda futura + valor terminal) x dedução pelo risco

O cálculo não é exatamente esse (e há outro componente importante), mas, em princípio, é assim que você deve pensar a respeito de qualquer compra financeira. Quanto dinheiro essa compra receberá enquanto você possuí-la, por quanto poderá vendê-la no futuro e o quanto você está confiante nessas previsões?

Uma equipe esportiva (geralmente) tem renda/fluxo de caixa zero ou negativo, já que toda a receita é reinvestida no campo (ou seja, nos jogadores), mas tem um extraordinário valor terminal à medida que o valor de mercado da franquia aumenta. E, enquanto houver desigualdade econômica, nós continuaremos a produzir mais multimilionários que, durante uma crise de meia-idade, querem pagar bilhões para receber sua quarta esposa e os amigos no camarote do proprietário da equipe. A Hertz obtém uma renda decente com um carro que compra para alugar, mas o valor terminal diminui com o tempo. Os imóveis para aluguel residencial geraram uma grande riqueza nos últimos cinquenta anos, conforme a classe de ativos registrou fluxos de rendimentos crescentes (os aluguéis), preços crescentes (valor terminal) e alguma garantia (em relação a outros ativos) de que tanto os futuros valores do aluguel e de venda continuarão se valorizando.

A FLECHA DO TEMPO

O "outro componente importante" do cálculo de valuation é que o dinheiro amanhã vale menos do que hoje. E, devido ao poder da composição, o dinheiro daqui a vários anos valerá muito menos do que hoje. Isso é conhecido como valor temporal e é um princípio fundamental em investimentos.

Mesmo se você estiver 100% certo de um pagamento futuro, ainda há duas coisas que reduzem o valor desse dinheiro: inflação e oportunidade. Eu falei sobre inflação no capítulo anterior: uma vez que os preços tendem a subir ao longo do tempo, o dinheiro passa a valer efetivamente menos na mesma proporção. Cem dólares daqui a um ano não comprarão a mesma quantidade de mercadorias que 100 dólares compram hoje.

A outra razão pela qual o dinheiro futuro vale menos que o dinheiro no presente é o custo da oportunidade. O dinheiro que você tem *agora* pode ser investido para um retorno. No entanto, esse retorno em potencial não está disponível até você receber o dinheiro, tornando o dinheiro futuro menos valioso pelo montante que se esperaria ganhar caso o tivesse agora.

Como o valor de um ativo depende do dinheiro que lhe será devolvido no futuro (tudo é fluxo de caixa), nós temos que levar em consideração o valor do dinheiro no tempo. Nós já temos uma redução de valor na nossa equação básica, considerando o risco do investimento (ou seja, a nossa incerteza sobre nossas projeções), então podemos acrescentar isso também. A combinação do risco do investimento com a redução do valor, com base em quanto tempo você deve esperar para receber aquele fluxo de caixa, é chamada de "taxa de desconto".

VALOR =

(Receita futura + Valor terminal) x Taxa de desconto

Os investidores costumam falar em "descontar" um retorno esperado. Isso significa que estão aplicando uma taxa de desconto. ***Todos os fluxos de caixa futuros devem ser descontados no presente***. Mesmo um hipotético fluxo de caixa futuro sem risco carrega um custo de oportunidade.

A taxa de desconto básica é a taxa livre de risco, que é aquela que você pode ganhar sobre um capital que não possui nenhum risco. Em teoria, isso não existe, mas, como discuti antes, emprestar dinheiro ao governo dos Estados Unidos chega bem perto disso. Os bancos utilizam a taxa de fundos federais como uma taxa livre de risco na tomada de decisões sobre empréstimos, mas essa opção não está disponível para investidores. Portanto, em seus modelos de avaliação, analistas profissionais costumam usar a taxa dos títulos do Tesouro de 90 dias. No entanto, como investidor de varejo, uma taxa isenta de risco mais prática na qual confiar é a melhor taxa que se pode obter em um investimento simples e seguro em uma conta-poupança ou em um money market fund.

Independentemente do que usar como taxa livre de risco, a questão é que você sempre poderá obter no mínimo esse retorno e, por isso, nunca deve se contentar com menos. Quanto mais arriscada for a oportunidade, maior deverá ser a taxa de retorno antecipada *em relação à taxa livre de risco* para justificar o investimento.

Recapitulando: a riqueza vem da máxima conversão possível de sua receita corrente em capital de investimento. Você escolhe seus investimentos com base nos que oferecem o maior retorno (fluxos de caixa futuros), ajustados com base no risco (sua confiança nesses fluxos de caixa). Agora, voltemos às opções de investimento: as principais categorias de ativos financeiros.

CLASSES DE ATIVOS E O ESPECTRO DE INVESTIMENTOS

Para investir não é necessário um profundo conhecimento sobre finanças. O capitalismo no piloto automático possui apenas três passos. Esta não é a *única* abordagem para investir de forma bem-sucedida, mas é comprovadamente uma maneira confiável de construir sua segurança financeira. Nota: ainda assim não é fácil consegui-la, já que são necessárias a habilidade e a coragem para ganhar dinheiro e disciplina para poupar e investir.

1) Mantenha seus fundos de longo prazo (também conhecidos como seu capital de investimento) com uma corretora reconhecida, como Fidelity ou Schwab, em uma conta padrão, sem taxas.
2) Invista esse capital em meia dúzia de fundos negociados em bolsa (ETFs, em inglês) que sejam diversificados e de baixo custo, que colocam a maior parte do seu dinheiro em ações corporativas dos Estados Unidos.
3) Continue adicionando capital à conta de investimento até atingir o seu número mágico (isto é, o suficiente para que você possa viver apenas de sua renda passiva).

Essa é uma estratégia sólida, mas carece de pequenos ajustes. Desse modo, muitos investidores bem-sucedidos vez ou outra vão se desviar dela. Por duas razões. Primeiro, a vida apresenta obstáculos, e haverá momentos em que você vai precisar divergir dessa estratégia, seja para se proteger do lado negativo ou para otimizar o lado positivo: comprar sua primeira casa, custear contas médicas inesperadas, ter filhos, uma oportunidade de investimento irresistível. Quando você deve divergir dessa abordagem padrão? Como tomar essa decisão?

Em segundo lugar, quaisquer que sejam suas escolhas de carreira e estilo de vida, elas existem dentro da estrutura do capitalismo, e é preciso compreender como esse sistema mais amplo funciona para que você possa navegar melhor em meio a ele. Talvez até mesmo mudá-lo. Colocar o seu próprio dinheiro para trabalhar como um capitalista (investindo) fornece uma visão não sobre como as coisas deveriam ser, mas sobre como elas são. Isso traz não apenas conhecimento intelectual, mas também uma percepção instintiva sobre preço e valor, sobre a dinâmica do mercado e sobre sua própria capacidade de avaliar e responder ao risco.

A maioria de nós não tem a sorte de ter um mentor como Cy Cordner. Mas todos podemos e devemos cultivar esse conhecimento, quaisquer que sejam os nossos outros interesses ou posições políticas. Andy Warhol disse uma vez: "Ser bom nos negócios é o tipo de arte mais fascinante."[11] Friedrich Engels dirigia as fábricas têxteis do pai enquanto ele e Karl Marx escreviam *O capital*. Você deve desenvolver uma compreensão intuitiva das taxas de juros e deduções fiscais antes de comprar a primeira casa. E, se você está levantando capital para sua startup, não basta conhecer seu produto, seu mercado e sua estratégia. É preciso entender o ponto de vista do investidor, saber por que ele está presente, o que ele quer de você e o que você pode obter dele: valuation, diluição, governança, preferência de liquidez etc.

A abordagem equilibrada

Não há um investimento ideal para você ou qualquer outra pessoa. Você fará uma ampla gama de investimentos ao longo da vida, medindo os riscos, o retorno e outros fatores relativos às suas necessidades.

No capítulo anterior, sugeri que pensasse em seu dinheiro dividido em três baldes: consumo, gastos intermediários e gastos a longo prazo. O dinheiro no balde de consumo não permanecerá por tempo suficiente para ser investido, mas seus baldes intermediários e a longo prazo devem ser tratados como capital de investimento.

Se você iniciou uma reserva de emergência, esse dinheiro está no seu balde intermediário. E, se prevê grandes despesas, como pós-graduação ou a compra de uma casa, então você tem algumas metas adicionais para seu segmento intermediário. Mantenha essas necessidades em mente ao financiar seu balde de longo prazo: você não quer que o dinheiro que estimou precisar nos próximos um ou dois anos esteja vinculado a investimentos altamente variáveis ou sem liquidez. As melhores classes de ativos para esse dinheiro oferecem preços estáveis e é fácil entrar e sair delas: as contas-poupança de alto rendimento são as mais simples, mas considere também os títulos do Tesouro e os emitidos por companhias com alto índice de crédito.

Se você tem uma conta de aposentadoria como a 401(k), qualquer dinheiro contido nela está no seu balde de longo prazo. Você pode não ter muita escolha sobre como investir, pois os planos nesse tipo de conta normalmente o limitam a alguns veículos de investimento. No entanto, será construtivo aprender a respeito dessas opções e fazer a alocação correta, e isso terá um impacto real em seus retornos a longo prazo. Depois de ler este capítulo, sente-se com as especificações do fundo de aposentadoria que você está ignorando e veja se consegue entender as opções que ele oferece. (Novamente, uma prática recomendada é, na medida em que puder, maximizar todas as contribuições correspondentes e com impostos vantajosos, como o caso das contas 401(k) nos Estados Unidos.)

Ao começar a economizar dinheiro para além de suas contribuições ao plano de aposentadoria, você terá capital de longo prazo — um exército sob seu comando. Para muitas pessoas, isso ocorre ao receber um bônus ou outro montante inesperado. Se você tem o que precisa para sua reserva de emergência e está maximizando suas contribuições com taxas vantajosas, e progredindo nas metas de seu balde intermediário, você vai poder iniciar sua educação financeira na prática. Repito, se isso parece intimidador, não se preocupe. Sua capacidade de começar a despejar capital no segundo e no terceiro baldes vem em função de sua disciplina em viver gastando abaixo de sua receita. E isso vai levar tempo. Pergunta: Como você come um elefante? Resposta: Uma mordida de cada vez. Seja paciente, mas comece desde já.

Ajuste como preferir, mas sugiro que você divida os primeiros 10 mil dólares em dinheiro que economizar para seu orçamento de longo prazo (suas economias em dinheiro, não as contribuições para o fundo de aposentadoria) na proporção 80/20, da seguinte forma:

A maioria vai para investimentos passivos (principalmente fundos negociados em bolsa, que explico a seguir na seção "Fundos"). Você vai comprá-los e guardá-los por anos, talvez para sempre (lembre-se: capitalismo em modo fácil). Esses são os investimentos passivos.

Você deve investir ativamente 20% do dinheiro economizado (até seus primeiros 10 mil dólares em poupança). Alguns milhares de dólares são suficientes para negociar. É o suficiente para que, quando perder, você sinta a dor, mas não é tão alto a ponto de você estar colocando sua segurança financeira futura em risco desnecessário. O objetivo não é ficar rico rapidamente, mas aprender sobre os mercados, aprender sobre riscos e, mais importante, aprender sobre si mesmo — gerenciar seus investimentos a longo prazo não é para todos. O investimento ativo leva tempo (e, em especial quando se é jovem, você tem tempo). Prepare-se, pode ser emocionalmente disruptivo e cognitivamente exaustivo.

Então, por que fazer isso (investimento ativo), para começo de conversa? O meu colega Aswath Damodaran diz que a melhor regulamentação são as lições de vida. A maioria de nós, provavelmente todos os jovens, tem a ilusão de que pode superar o mercado. Tudo bem, tente fazer isso. É provável que você descubra que não consegue, e que seus investimentos ativos a longo prazo tenham desempenho inferior ao dos passivos. Porém, algumas pessoas curtem isso (o consumo), e você vai aprender. E haverá oportunidades para fazer investimentos maiores em coisas sobre as quais você terá uma noção de valor melhor do que tem o mercado (por exemplo, a casa decadente com ótima estrutura ao lado da sua entra em inventário; a amiga da sua mãe se aposenta e vende o negócio onde você trabalhou no ensino médio e cujo funcionamento você conhece bem). O ideal é que esse não seja o primeiro investimento financeiro direto que você faça.

Coloque o dinheiro ativo em uma conta de corretagem que ofereça compras fracionárias de ações e negociações com comissão zero na maioria dos investimentos. Talvez você prefira utilizar uma empresa diferente daquela em que mantém seus investimentos passivos, para reforçar a distinção e desencorajar o "empréstimo" do lado passivo para sustentar o lado ativo (não faça isso). Se você mantiver tudo em uma mesma corretora, use contas separadas.

Quando suas economias ultrapassarem os 10 mil dólares, coloque todo ou quase todo o valor adicional em seus investimentos passivos. O que você pode aprender ao gerenciar 20 mil dólares de forma ativa no mercado não é nada além do que vai aprender com 2 mil dólares. Se decidir colocar mais de 2 mil dólares em seus investimentos ativos, elabore um plano de alocação com antecedência e siga-o, para que você não precise ficar cobrindo suas perdas. Acompanhe seus *verdadeiros* retornos (contabilizando as perdas, valores líquidos de impostos, taxas etc.). Se você não tiver disciplina para manter bons registros (eles serão necessários para declarar os impostos, de qualquer maneira), então esse não é um hobby para você.

Antes de entrarmos em investimento ativo, uma rápida recapitulação de onde você deve estar economicamente antes de esbanjar todas as suas economias em opções de compra de duas semanas das ações da GameStop (não faça isso). Antes de começar a fazer investimentos ativos e individuais, você deve:

a) Estar seguindo seu orçamento básico, que reflete seus gastos reais e inclui uma categoria de poupança.
b) Estar contribuindo ao máximo para seu plano de aposentadoria livre de impostos.
c) Ter economizado uma reserva de emergência apropriada às suas circunstâncias e estar no caminho para financiar quaisquer despesas intermediárias que você esteja prevendo.
d) Começar a acumular economias adicionais em dinheiro (seu terceiro balde). Esses são os fundos que você investirá nas classes de ativos descritas a seguir, sujeitos à divisão 80/20 entre passivo/ativo.

Assim que se enquadrar em todos esses itens, você está pronto. Então, onde colocar seu dinheiro?

O espectro de investimentos

A maneira mais simples de investir o capital é emprestá-lo ao banco, colocando-o em uma conta-poupança com juros. Você deixa o banco usar seu dinheiro, principalmente para conceder empréstimos a outros clientes bancários, e, em troca, o banco lhe paga uma taxa de juros (muito) modesta. Se estiver disposto a não sacar o dinheiro por um período, como seis ou doze meses, o banco lhe pagará uma taxa de juros (ligeiramente) mais alta — um investimento que em geral é chamado de certificado de depósito bancário, ou CDB.

No entanto, os retornos das contas-poupança e dos CDBs são muitíssimo baixos, e não são o suficiente para criar riqueza real. Para isso, você vai precisar colocar seu dinheiro em investimentos que sejam mais agressivos com ele (ou seja, que corram mais riscos) e que pagarão mais em troca. A maneira clássica de fazer isso é investindo em negócios operacionais, companhias como a Microsoft ou o McDonald's, que usam o dinheiro que recebem da venda de ações para comprar matérias-primas, pagar salários e aluguéis e cobrir os custos de produção de seus produtos. No entanto, escolher em quais empresas investir pode ser muito trabalhoso e exigir conhecimento especializado; há várias corretoras de investimento que tomarão seu capital para juntá-lo com o de outros clientes e, depois, investirão as somas combinadas em diferentes companhias que a corretora de investimentos considerar boas apostas. Os fundos mútuos são o exemplo clássico disso para os consumidores (da mesma forma como os novos fundos de índice, ou ETFs, em inglês), e essa também é a ideia básica por trás dos fundos hedge e do capital de risco.

Além de investir em empresas, o que pode acontecer diretamente ou por meio das corretoras de investimento, você também tem a opção de investir de modo direto nos insumos de nossa economia, sejam eles terrenos ou uma diversidade de matérias-primas.

No extremo oposto do espectro, alguns investidores optam por investir em derivativos, o que significa essencialmente apostar nos mercados financeiros. Opções de compra e venda, vendas futuras e a descoberto são ferramentas do mercado de derivativos. Elas desempenham uma função importante na economia e no mercado monetário, mas, como efeito colateral, também oferecem maior risco e um retorno potencialmente mais elevado.

VEÍCULOS DE INVESTIMENTO DO CONSUMIDOR

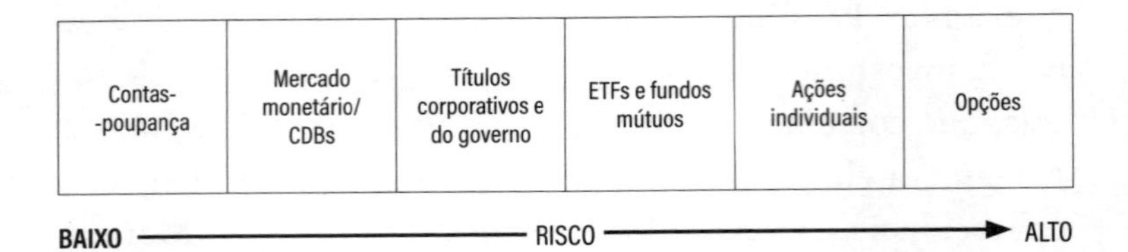

Vou falar sobre essas classes de ativos com mais detalhes, porque elas são importantes para nosso sistema financeiro, e acho que é valioso ter um entendimento básico, mesmo que você nunca invista nelas. De fato, quanto mais conhece algumas dessas classes de ativos, mais convencido você fica de que *não* deseja investir nelas diretamente. Para a maioria das pessoas, e é provável que isso inclua você, e para a maior parte do seu capital de investimento, a resposta está ao fim desta seção. Seu balde de longo prazo, o dinheiro do qual você planeja viver um dia, deve ser amplamente investido em fundos diversificados e de baixo custo negociados em bolsa. Nós vamos percorrer o longo caminho para chegar lá (e vou explicar mais sobre o que é um fundo negociado em bolsa quando chegar o momento), mas mantenha esse princípio em mente enquanto passamos pelas principais classes de ativos.

Ações

As ações são a atração principal dos investimentos, sem sombra de dúvida. A mídia que cobre o mercado financeiro, incluindo a CNBC e o *Wall Street Journal,* dedica a maior parte de sua cobertura ao desempenho corporativo e ao preço de suas ações; as mídias sociais que falam de investimentos são obcecadas por ações, que são a primeira coisa que vem à nossa cabeça quando pensamos em investir.

Por quê? Porque as ações funcionam como seu acesso mais direto ao poder de geração de riqueza bruta da economia e à maior máquina de geração de riqueza da história: as empresas dos Estados Unidos. Podemos debater sobre muitas virtudes de um sistema em que as empresas podem ter e acumulam tanto poder econômico, mas, no mundo como ele é, sua melhor chance de obter segurança financeira é amarrando sua carroça no foguete delas. Ou algo assim.

Entender por que as ações são uma linha direta até as veias da economia significa entender como as ações e a propriedade de ações funcionam. Você pode comprar e vender ações sem de fato entender em que está colocando seu dinheiro, mas é provável que as ações sejam a maior, ou segunda maior, classe de ativos (após imóveis) em seu portfólio, e vale a pena utilizar alguns minutos para entender as bases de um dos pilares de sua busca pela segurança financeira.

Expliquei antes que uma empresa é um construto legal, definido para permitir que várias partes agrupem seus recursos. As ações são o mecanismo pelo qual esse agrupamento ocorre.

PARTICIPAÇÃO

A propriedade das ações, também conhecida como participação acionária, tem duas dimensões: a ligada ao controle e a referente à economia. Como investidores de varejo, o controle é o que menos interessa para nós, por isso vou falar rapidamente sobre ele. As empresas são geridas no dia a dia pelo CEO, que responde ao conselho administrativo. Os proprietários de ações (ou acionistas, os termos são intercambiáveis) votam, em geral uma vez por ano, e elegem diretores para o conselho. Normalmente, cada parcela das ações conta um voto. Há uma tendência recente, e infeliz, na minha opinião, em direção a estruturas de "classe dupla", em que algumas ações dão direito a mais de um voto, dando aos detentores dessas ações (tipicamente os fundadores da empresa e os primeiros investidores) o controle efetivo sobre a empresa. Mas quaisquer que sejam as regras de votação, a estrutura básica é a mesma: os acionistas determinam quem fará parte do conselho; o conselho toma as decisões importantes, incluindo a contratação e a demissão do CEO; e o CEO administra a empresa de trimestre em trimestre. Certas decisões significativas, como a venda da empresa, permanecem sujeitas à votação dos acionistas.

O que importa para a maioria dos investidores é a dimensão econômica da participação acionária. Uma parte das ações representa um interesse econômico naquela empresa. Na prática, isso significa duas coisas. Primeiro, os detentores de ações têm a "reivindicação residual" sobre os ativos da empresa. As empresas não têm prazo de validade, mas no mercado dinâmico do capitalismo nada dura para sempre. E quando uma corporação é extinta, porque é comprada por outra pessoa (em geral outra corporação) ou porque sai do negócio, e uma vez que todas as dívidas da empresa são pagas, qualquer valor restante é dividido entre os acionistas. Cada parcela acionária recebe uma parcela correspondente daqueles ativos.

Mas, na maior parte das vezes, nós não compramos ações de empresas por esperar que elas acabem, mas sim por confiar que prosperem. E, tal como acontece com o valor residual do ativo, cada ação nos dá o direito a uma parte correspondente dos lucros futuros. As corporações são máquinas de fazer dinheiro, e as ações são a forma como os lucros são distribuídos. Na maioria das empresas isso não acontece de modo direto. Os acionistas não se reúnem no fim de cada dia, nem mesmo de cada trimestre ou ano, para dividir entre si o dinheiro da empresa. Em vez disso, os gestores da empresa (o CEO e o conselho administrativo) decidem quando e quanto do lucro será distribuído aos acionistas. Muitas vezes, especialmente em empresas jovens e de rápido crescimento, a administração decide que o melhor a fazer com os lucros é reinvesti-los para fazer o negócio crescer (ou seja, contratar mais pessoas, abrir novas fábricas ou escritórios de vendas). Se a gestão for inteligente nos investimentos, as perspectivas da empresa vão melhorar e, por isso, mesmo que os acionistas não recebam de imediato uma parte dos lucros em dinheiro, o valor das próprias ações aumenta, à medida que o mercado antecipa maiores fluxos de caixa no futuro.

DISTRIBUIÇÃO DE LUCROS

Em algum momento, a maioria das empresas bem-sucedidas chega a um ponto em que não consegue, de forma realista, utilizar bem todos os lucros que acumula (a empresa é "madura", por assim dizer) e começa a distribuir parte deles de volta aos acionistas. Isso pode ser feito através de dividendos, que são pagamentos diretos em dinheiro, ou de recompra de ações, em que a empresa utiliza seus lucros para comprar suas próprias ações.

Os dividendos são a abordagem tradicional, e muitas empresas grandes e estáveis os pagam hoje em dia. É importante compreender que não se trata de dinheiro grátis ou algum tipo de presente. O dinheiro sempre foi do acionista, ele apenas está sendo transferido de um tipo de propriedade, ações, para outro, dinheiro. Na verdade, quando uma empresa paga um dividendo, o valor de mercado das ações costuma diminuir no valor correspondente ao dividendo, refletindo a transferência de valor para fora das ações. As recompras de ações são uma forma indireta de devolver lucros aos acionistas — elas funcionam por meio do aumento do valor das ações em vez de pagamento de dividendos em dinheiro. Os preços das ações aumentam após uma recompra porque há menos ações "em circulação" para dividir o valor total da empresa, o que faz cada ação corresponder a uma parcela maior dos ativos e lucros futuros da empresa.

As recompras de ações estão substituindo os dividendos como meio preferido de distribuição de lucros para os acionistas. Historicamente, a vantagem dos dividendos era que permitiam aos investidores usufruírem de parte dos rendimentos de seus investimentos em dinheiro, sem terem de vender as ações. Nos tempos antigos (antes de 2020, e muito antes de 2000), a venda de ações exigia taxas altas, principalmente quando menos de cem ações eram vendidas por vez. Com a disponibilidade de negociações de ações e ações fracionárias com pouca ou nenhuma cobrança de comissões, os dividendos oferecem poucos benefícios práticos aos investidores. Agora, quando um investidor quer dinheiro de uma participação acionária, pode criar "dividendos sintéticos" por meio da venda de algumas ações, ou mesmo de uma parte de uma única ação. Enquanto o preço das ações estiver subindo, os acionistas poderão continuar vendendo quantidades cada vez menores de ações para receber um fluxo de caixa constante. Entretanto, as recompras oferecem aos acionistas um importante benefício fiscal: elas permitem que o acionista controle o cronograma de suas responsabilidades fiscais. Quando se recebe um dividendo, ele é tributado (na maioria dos casos, com taxas de imposto sobre ganhos de capital) no ano em que você o recebe. Quando a empresa recompra ações e isso aumenta o valor das suas ações, você não paga impostos sobre esse aumento até vendê-las, o que pode acontecer muitos anos mais tarde, permitindo que seu investimento cresça com impostos adiados.

Como a maior parte dos lucros de uma empresa não é efetivamente distribuída aos acionistas em dinheiro, o retorno mais importante para os acionistas é através de um aumento no preço das ações da empresa. Comprar uma ação é uma aposta de que o preço está igual ou, espera-se, abaixo do valor real da ação, e que o mercado acabará percebendo isso e aumentando o preço da ação até seu valor real. O que nos traz de volta à questão essencial do valuation. Como avaliamos o verdadeiro valor subjacente de uma ação? A resposta curta, como mencionei antes, é que ele é o valor atual de todos os fluxos de caixa futuros que as ações receberão. Mas isso levanta a questão: como sabemos o valor presente dos fluxos de caixa futuros? Isso requer uma breve introdução à ferramenta que as empresas utilizam para reportar suas operações aos acionistas: os relatórios financeiros.

RELATÓRIOS FINANCEIROS

As empresas mantêm internamente um enorme número de registros, mas sintetizam tudo em três documentos básicos ao se reportarem aos acionistas: a demonstração do resultado, o demonstrativo do fluxo de caixa e o balanço patrimonial. Empresas com ações negociadas no mercado aberto produzem esses relatórios a cada trimestre e os apresentam à Comissão de Valores Mobiliários (CVM, no Brasil) e estão disponíveis ao público através de seu site, cvm.gov.br.

Vou falar brevemente sobre balanço patrimonial e demonstrativo do fluxo de caixa (DFC), e depois vou enfocar a demonstração do resultado, que é o mais interessante e importante para os investidores da maioria das empresas. O **balanço patrimonial** lista os ativos e passivos da empresa e algumas informações básicas sobre suas ações. Os ativos são em grande parte dinheiro, seja em papel-moeda ou investimentos, e coisas, como equipamentos e fábricas. Propriedades intelectuais, como patentes e direitos autorais, são ativos, assim como os empréstimos *devidos à empresa*. Empréstimos que a empresa deve a outros (ou seja, dívidas) são chamados de "passivos", assim como outras cobranças sobre a empresa. Alguns passivos comuns são obrigações de fazer pagamentos futuros de aposentadorias e as reservas para o gerenciamento de potenciais custos identificados, como perdas devido a ações judiciais. Em uma empresa saudável, o valor total do ativo é maior que o dos passivos, e a diferença entre os dois é conhecida como patrimônio líquido do acionista. Uma informação intrigante é que o valor do balanço do patrimônio líquido do acionista *não* é igual ao valor de mercado das ações da empresa — que normalmente vale muito mais, porque representa uma projeção sobre lucros futuros, não apenas os ativos da empresa naquele momento.

O **demonstrativo do fluxo de caixa** é exatamente o que o termo diz: ele rastreia o movimento de entrada e saída de dinheiro da empresa. As empresas precisam disso porque normalmente contam com algo chamado de regime de competência para rastrear suas operações. (Se a leitura dessa frase o fez dormir, você tem minha permissão para pular o restante deste parágrafo.) O regime de competência ignora o dinheiro real pago e recebido e prioriza o registro de quando o *valor* muda de mãos. Por exemplo, se uma empresa que usa o regime de competência vende um acessório por 100 dólares em 31 de dezembro de 2023, mas não recebe o pagamento até 31 de janeiro de 2024 (um cenário comum em transações comerciais), a empresa reporta a receita da venda como ocorrendo em 2023, embora o dinheiro só chegue em 2024. O demonstrativo do fluxo de caixa concilia a afirmação de que a empresa obteve receita de 100 dólares com o fato de que os 100 dólares não aparecem na conta bancária da empresa. Assim como acontece com o balanço, o demonstrativo dos fluxos de caixa inclui informações importantes que podem ser úteis para análises detalhadas, mas ele não é a principal forma de compreender o negócio de uma empresa.

Para isso, devemos olhar a **demonstração do resultado**, ou Demonstração do Resultado do Exercício (DRE). Isso vai nos dar dá um panorama melhor de como uma empresa ganha dinheiro e quanto lucro é possível esperar obter no futuro.

Lido de cima para baixo, a demonstração do resultado mostra um rio de dinheiro, fluindo pelos negócios, irrigando suas operações. As cabeceiras do rio são receitas: o dinheiro que a empresa ganhou com a venda de seus bens e serviços. Se uma empresa vende dez acessórios por 10 dólares cada, isso dá 100 dólares em receita. À medida que descemos pelo rio da demonstração do resultado, a poderosa corrente da receita se desvia para alimentar os componentes do negócio. O primeiro, e muitas vezes maior, desvio do rio chega logo no início, no custo das mercadorias vendidas. Esse é o custo das matérias-primas usadas para fabricar os produtos da empresa e do trabalho que pode ser atribuído diretamente à produção. O que resta depois de pagar pelo custo dos bens é conhecido como margem bruta, ou lucro bruto. Em seguida, vêm as despesas operacionais, os vários custos da administração dos negócios. Normalmente, isso inclui uma linha para venda, despesas gerais e administrativas. São em grande parte salários para os departamentos de vendas e marketing, para o gerenciamento sênior e outros funcionários de apoio. Às vezes, custos de pesquisa e desenvolvimento são incluídos nessas despesas ou listados de modo separado. Uma vez que a quantidade suficiente de água foi retirada do rio para cobrir as despesas operacionais, o que permanece no rio é o lucro operacional.

O RIO DA DEMONSTRAÇÃO DO RESULTADO

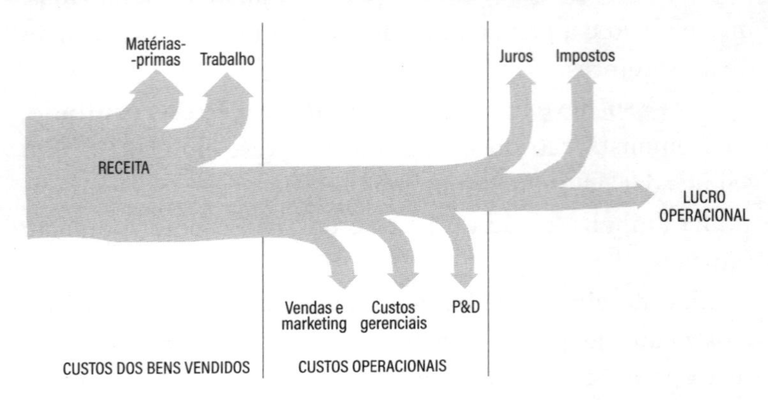

O lucro operacional é um número importante, porque mostra quanto dinheiro a empresa ganha em função de suas operações, antes que o impacto do financiamento e dos impostos entre em jogo. Financiamento e impostos são custos reais, é claro, mas também se distinguem das questões fundamentais de um negócio: os clientes desejam o produto e estão dispostos a pagar caro por isso? A empresa pode fabricar e vender o produto por menos do que os clientes vão pagar por ele? A empresa está investindo no próprio futuro através do desenvolvimento de novos produtos? Os analistas às vezes usam o termo técnico **EBIT** para lucros operacionais, que significa "ganhos antes dos juros e dos impostos".

Uma variação do EBIT, que também recebe muita atenção, é a **EBITDA**. Em inglês, a sigla significa "ganhos antes de juros, impostos, depreciação e amortização". Depreciação e amortização são outras ferramentas do método do regime de competência. Quando uma empresa compra um ativo que pretende usar por mais de um ano, ela não registra o custo desse ativo como uma despesa na demonstração do resultado. Em vez disso, ela divide o custo total do ativo ao longo do número de anos que espera usá-lo e, em seguida, leva a depreciação para declaração a cada ano nesse valor. Um computador de mil dólares do qual se espera obter cinco anos de uso aparece como uma despesa de depreciação de 200 dólares na demonstração do resultado durante cinco anos seguidos. (Na prática, a fórmula é mais complexa, mas esse é o princípio.) A amortização usa o mesmo conceito, mas aplicada a ativos intangíveis, como patentes. Como os custos de depreciação não são despesas reais incorridas pela empresa (os pagamentos em dinheiro por esses ativos aconteceram no passado), pode ser útil adicionar essa água usada de volta ao rio, se quiser ter uma noção melhor de quanto a empresa foi lucrativa em determinado período. Para calcular o EBITDA, você pega o lucro operacional da demonstração do resultado e adiciona os custos de depreciação e amortização (encontrados no demonstrativo do fluxo de caixa).

LUCRO BRUTO =
Receita - Custo das mercadorias

LUCRO OPERACIONAL ("EBIT") =
Lucro bruto - Despesas administrativas

LUCRO LÍQUIDO =
Lucro operacional - Juros - Impostos

CEOs gostam de enfatizar o EBITDA pela simples razão de que isso faz com que o negócio deles pareça mais lucrativo. Quando estava vendendo a L2, o EBITDA era o número que eu apresentava em meus argumentos de venda. No entanto, sua utilização é controversa, porque, embora a depreciação não seja uma despesa de caixa, as empresas ainda precisam realizar despesas de capital (ou seja, comprar equipamento e investir em pesquisa), e na prática o EBITDA exclui esses custos muito reais do quadro financeiro da empresa. Warren Buffett é famoso por ser crítico ao EBITDA por esta razão, tendo perguntado certa vez: "A administração acha que é a fada dos dentes que paga as despesas de capital?"[12]

Nos últimos anos, houve (em especial entre empresas em estágio inicial) uma tendência ao uso de métricas ainda mais agressivas, geralmente descritas como "EBITDA ajustado", em que custos como marketing e até salários de funcionários são removidos. A justificativa duvidosa para essas métricas é que os custos excluídos são específicos para o estágio de crescimento da empresa e não devem ser considerados parte de seu futuro modelo operacional. Seja cauteloso: a maioria dessas métricas soa como um vendedor de carros falando dos quilômetros por litro que um carro faz em uma descida.

Abaixo do lucro operacional (EBIT) na demonstração do resultado estão os custos de financiamento (principalmente os pagamentos de juros sobre dívidas) e os impostos. A essa altura, às vezes recolocam um pouco de água no rio, como se a empresa investisse parte de seu próprio dinheiro, recebesse deduções de impostos ou tivesse outras fontes de rendimento fora do padrão. Observe que o montante principal de um empréstimo (o dinheiro pego emprestado) não aparece na demonstração do resultado, apenas a despesa (ou a receita) dos juros. Os empréstimos não fazem parte do rio de receitas, uma vez que não provêm das operações reais da empresa.

Qualquer água restante no rio é lucro, normalmente chamado de lucro líquido ou ganhos. As empresas públicas reportam isso como um valor absoluto em dólares e também como "lucro por ação". Elas calculam o valor dividindo o lucro líquido pelo número de ações em circulação. Muitas vezes abreviado como LPA (ou, no inglês, EPS), o lucro por ação é a medida final da lucratividade de uma empresa – quanto de lucro corresponde a cada ação (embora a maior parte do dinheiro permaneça com a empresa).

AVALIAÇÃO DO PATRIMÔNIO

A maneira mais simples de estimar o valor de uma parcela acionária é aplicar um "múltiplo" aos ganhos por ação. Essa é uma maneira grosseira de estimar o valor do fluxo de caixa futuro da empresa com base em seus ganhos mais recentes. Quanto maior o crescimento esperado, maior o múltiplo dos ganhos atuais que você aplica. Para empresas de capital aberto, é possível mensurar a avaliação do mercado sobre as perspectivas da empresa com base na proporção do preço de negociação de uma ação e o lucro por ação da empresa. Isso é conhecido como relação preço/lucro (P/L). Quanto maior a relação P/L, mais o mercado acredita que uma empresa vai aumentar seus ganhos no futuro. Os índices P/L acima de trinta normalmente indicam uma empresa de alto crescimento, enquanto empresas de crescimento mais lento têm um P/L mais próximo de dez.

A relação P/L é conhecida como um múltiplo de mercado. É um dos mais comumente usados, mas não é o único, nem mesmo é o mais útil. Os investidores com frequência analisam múltiplos de cada um dos principais itens na demonstração do resultado. Uma empresa cuja capitalização de mercado é de mil dólares, que registrou 100 em receita, 50 em lucro bruto, 25 em EBIT e 10 em lucro líquido, tem um múltiplo de receita de 10, um múltiplo de lucro bruto de 20, um múltiplo do EBIT de 40, e um múltiplo do lucro líquido de 100.

Você pode calcular um múltiplo com base em qualquer número presente nas demonstrações financeiras. Às vezes, empresas cujo negócio é baseado na venda de assinaturas são avaliadas com base no valor por assinante. As ações que pagam dividendos podem ser avaliadas com base no rendimento de seus dividendos: o total de dividendos anuais dividido pelo preço da ação. Além do valor de mercado, os analistas também avaliam a razão de outros números: o percentual da margem bruta é a parcela da receita convertida em lucro bruto, que informa sobre o potencial de precificação da empresa, enquanto o giro de estoque (custo dos produtos vendidos dividido pelo estoque) lhe informa sobre a eficiência de produção e venda dos produtos da empresa.

MÚLTIPLOS DE AVALIAÇÃO DO PATRIMÔNIO

	LUCRO	VALOR DE MERCADO	MÚLTIPLO
RECEITA	$100	$1.000	**10**
LUCRO BRUTO	$50	$1.000	**20**
EBIT	$25	$1.000	**40**
LUCRO LÍQUIDO	$10	$1.000	**100**

Por si só, os múltiplos não dizem muito, mas, se você estiver familiarizado com um determinado setor da economia, vai aprender a identificar os típicos daquele setor. Eles são úteis principalmente como meio de comparação. Se você tiver duas empresas no mesmo setor, e uma tiver um múltiplo de EBIT de 20, enquanto a outra tem um múltiplo de 35, isso indica que o mercado está mais otimista em relação à segunda empresa. Nesses casos, costumamos dizer que a primeira empresa é "barata" e a segunda, "cara". Mas tudo é relativo.

Geralmente, os múltiplos baseados nas partes finais da demonstração do resultado são mais significativos, pois refletem a verdadeira lucratividade de uma empresa. Mas, como os ganhos podem ser afetados por fatores não operacionais (atividades fiscais e de financiamento), investidores mais sofisticados em geral se concentram no múltiplo do EBIT como o melhor indicador para o valuation de uma empresa. Mas para empresas de alto crescimento, ou para empresas que estão sendo consideradas alvos de aquisição, um múltiplo de receita pode ser o melhor indicador de valor.

Ao calcular um múltiplo, é importante entender a distinção entre capitalização de mercado e valor da empresa. A capitalização de mercado é o preço das ações de uma empresa multiplicado pelo número total de ações. Esse é o valor das ações da empresa.

CAPITALIZAÇÃO DE MERCADO =
Preço das ações x número de ações

Para uma empresa sem dívidas significativas ou sem grandes ativos em caixa, o valor de suas ações é equivalente ao valor da empresa. Mas dívida e dinheiro complicam o cálculo. É contraintuitivo, mas, para chegar ao valor de mercado de uma empresa, você precisa *adicionar* sua dívida de longo prazo à sua capitalização de mercado e *subtrair* o caixa. O resultado é o valor da firma. É mais preciso usar o valor da firma do que a capitalização de mercado ao calcular um múltiplo, mas, repito, para empresas sem muita dívida ou caixa, a capitalização de mercado é um bom indicador.

VALOR DA FIRMA =
(Capitalização de mercado + Dívida) - Caixa

Embora um único múltiplo forneça algumas informações (quanto maior for, maior a expectativa de crescimento), os múltiplos são, acima de tudo, uma medida relativa. Isso quer dizer que um múltiplo precisa de "comps": empresas que são *comparáveis* à que está sendo objeto da valuation. Escolher essas comparações nem sempre é tão fácil quanto pode parecer. Algumas empresas têm características comparáveis óbvias em seu conjunto competitivo: a Home Depot e a Lowe's, por exemplo, são empresas de dimensão semelhante no mesmo negócio, e, se estiverem negociando em múltiplos diferentes, isso é um sinal claro de que o mercado acredita que uma (aquela com os múltiplos mais elevados) está melhor posicionada para o crescimento do que a outra. Mas qual seria uma boa comparação para a Microsoft? A empresa compete ferozmente com a Amazon em serviços em nuvem, mas não atua no principal negócio da Amazon, o varejo. O Microsoft Office compete com o Google Docs e Planilhas, mas o Google distribui esses produtos gratuitamente. Como se compara financeiramente as duas empresas quando uma delas não cobra pelo produto?

Múltiplos são relativos e limitados pelas comparações disponíveis. Um método de avaliação mais direto é construir um "modelo de fluxo de caixa descontado" (no inglês, DCF). Construir um DCF é uma competência essencial para investidores profissionais, embora não seja algo que os investidores de varejo precisem entender em detalhes. Em resumo, um DCF começa com uma demonstração do resultado, mas, em vez de mostrar os resultados da empresa para o passado recente, ele projeta esses resultados no futuro. Então, como *todos os fluxos de caixa futuros devem ser descontados*, conforme discutido antes, é aplicada uma taxa de desconto a esses ganhos futuros, que são totalizados para chegar ao valor atual da empresa. Se você calcular o valor presente de uma companhia aberta e o resultado for diferente do preço de mercado, isso indica que suas suposições são diferentes do consenso do mercado — o que pode significar que há uma oportunidade de investimento.

Qualquer forma de avaliação exige que você entenda, em algum nível, em que negócio a empresa de fato atua. Assim como no caso de encontrar empresas para comparação, isso pode ser mais complicado do que parece. Mas diferentes tipos de negócio exigem tipos muito diferentes de empresa. Por exemplo, uma empresa petrolífera global, como a Exxon ou a Chevron, tem de investir bilhões de dólares em operações em campos petrolíferos que, mesmo em décadas, podem não recuperar o valor esperado. Isso requer enormes quantidades de adiantamento de capital, mas, quando o petróleo começar a fluir, vai gerar enormes lucros. Nesse sentido, as empresas petrolíferas não são diferentes de algumas empresas de software. Ambas precisam investir por anos apenas na etapa de desenvolvimento, mas, uma vez que tenham um produto, podem distribuir infinitas cópias dele quase sem nenhum custo. Compare esses modelos com um escritório de advocacia. Desde o primeiro dia, uma pequena empresa com um único advogado e um assessor pode obter lucro, porque seus custos indiretos são insignificantes — alguns laptops, seguro contra negligências, aluguel do escritório, talvez alguns ternos bonitos —, e eles podem cobrar muito dinheiro por cada hora trabalhada. No entanto, você lembra o que falamos no capítulo "Foco", quando eu disse que as empresas de serviços não escalam bem seus negócios? Se o advogado fundador estiver com a agenda cheia e quiser dobrar a receita do escritório, ele terá que contratar outro advogado. Para aumentar a receita em 10x, eles terão que contratar 10x mais advogados. E, se o tal sócio não conseguir vender trabalho suficiente para esses novos funcionários, além de tudo eles ainda estarão à espera de seus salários.

Algumas empresas não estão de verdade no negócio em que parecem estar. O Google, por exemplo, é o mecanismo de pesquisa líder, mas não vende mecanismos de pesquisa, e sim publicidade. Esse é seu verdadeiro negócio. Embora desenvolva e implante sistemas avançados em tecnologia, da perspectiva de negócios o Google se parece mais com uma rede de televisão tradicional ou uma editora de jornais do que com empresas de tecnologia como Microsoft e Apple, porque seus principais negócios de geração de receita são ligados à criação de conteúdo para atrair a atenção e, em seguida, vender o acesso a essa chamada para os anunciantes. Compreender como uma empresa gera receita de fato, e qual é seu custo, é fundamental para entender suas finanças, suas perspectivas de crescimento e, por fim, seu valor.

INVESTIMENTO EM AÇÕES

Na maior parte dos casos, acionistas não compram ações diretamente de uma empresa. A maioria das vendas de ações ocorre no "mercado secundário" (terceiros vendendo ações entre si). E o dinheiro gasto para comprar ações não vai realmente para a empresa, mas para o acionista de quem você comprou as ações. Você ainda está investindo na empresa; entretanto, está assumindo um investimento feito anteriormente por outra pessoa. Mesmo que uma empresa não receba o dinheiro gasto em suas ações no mercado secundário, a administração ainda se concentra intensamente no preço das ações. Como essa é normalmente uma parte importante de sua remuneração e da forma como elas atraem funcionários, o valor das ações pode ser usado para comprar outras empresas, e as vendas adicionais de ações são uma fonte potencial de capital para a empresa. Além disso, as empresas vendem ações para angariar capital novo. A primeira vez que fazem isso costuma ser conhecida como a "oferta pública inicial" da empresa, ou IPO, em inglês, e se trata de um evento significativo para o progresso da corporação. As vendas subsequentes são conhecidas como ofertas secundárias, e acontecem com muito menos alarde.

Comprar e vender ações de empresas específicas é uma boa maneira de se arriscar nesse jogo e serve de motivação para aprender sobre empresas e investimentos. Eu possuo ações individuais e, em geral, sou a favor de investidores de varejo informados e prudentes que também possuem. O que desaconselho muitíssimo, e os dados confirmam que não funciona, é o entra e sai no mercado de ações. Quanto mais se negocia, mais se perde. É algo exaustivo do ponto de vista cognitivo e emocional. Também não é eficiente em termos de impostos, pois os ativos mantidos durante menos de um ano não se enquadram nas vantagens tributárias para ganhos de capital. Não faça day trade.

Há uma boa chance de que, em algum momento da sua carreira, você não tenha escolha a não ser possuir ações de uma determinada empresa, afinal você trabalha lá e parte da sua bonificação é dada por meio de ações (hoje em dia, isso costuma significar receber ações restritas, as chamadas RSUs). Meu conselho nessa situação é vender suas ações o mais rápido possível da maneira mais vantajosa em relação a impostos. Levar essas taxas em conta pode fazê-lo manter essas ações em compensação, mas, caso contrário, raramente faz sentido manter ações da empresa em que trabalha. Por quê? Porque você já está absolutamente exposto a essa empresa e precisa diversificar seus riscos, não concentrá-los ainda mais. Você está exposto a essa empresa porque seu futuro salário, sua reputação no mercado de trabalho e suas recompensas psicológicas pelo trabalho dependem do sucesso dessa empresa. As ações são altamente líquidas, portanto não trate sua bonificação de maneira diferente só porque ela foi recebida em ações, e não em dinheiro. Pense desta maneira: se você não tivesse recebido bonificação em ações, mas sim em dinheiro, teria usado essa quantia para comprar as ações da sua empresa? Eu duvido.

No entanto, a quem interessaria manter as ações da empresa? Os fundadores ou primeiros funcionários e os investidores têm de ter cuidado com as vendas de ações porque a venda agressiva pode sinalizar dúvidas sobre as perspectivas da empresa para o mercado (e pior, para os funcionários). Entretanto, não supervalorize essa avaliação. Os capitalistas de risco e os banqueiros sempre dizem aos fundadores para deixarem seu dinheiro na empresa. Isso é do interesse deles, porque desejam que o preço das ações seja o mais alto possível e que o fundador seja o mais dependente possível do negócio. Sempre digo aos fundadores para tirarem algumas fichas da mesa, porque o interesse do fundador é alcançar segurança financeira para sua família, e as ações com grande potencial de crescimento de risco. Para os proprietários de pequenas empresas de longo prazo (ou seja, as empresas de economia local, que descrevi no capítulo “Foco”), uma preocupação existencial deveria ser a conversão gradual de ativos corporativos em ativos pessoais, para que sua segurança financeira não dependa de um único evento, como uma venda ou a passagem do negócio para um herdeiro.

Alguns funcionários são grandes especialistas em seu setor e entendem o potencial da empresa melhor do que analistas externos. Se você tiver bons motivos para acreditar que sua empresa vai aumentar os lucros de forma mais rápida do que sugere o preço atual das ações, isso pode ser um motivo para aumentar sua exposição a essa empresa, mantendo (ou mesmo comprando) ações dela. Tenha cuidado para que sua afinidade natural com o próprio trabalho, os seus colegas ou os produtos que você desenvolveu não esteja prejudicando seu ponto de vista. E certifique-se de não estar negociando com "informações privilegiadas", como ter conhecimento antes do público sobre a aprovação de um medicamento ou sobre um novo contrato com um grande cliente. As pessoas podem parar na cadeia por causa disso.

Além de ser um funcionário, existem outras maneiras de desenvolver um profundo conhecimento sobre uma empresa ou um setor. Grandes clientes às vezes têm uma visão de empresas que ninguém mais possui. Acadêmicos e cientistas podem ter um entendimento único de certas indústrias. Em meados dos anos 2000, eu havia passado vinte anos trabalhando em estreita colaboração com algumas das melhores empresas do varejo, enquanto elas faziam sua transição para o comércio on-line, e também fundei várias empresas de comércio on-line, incluindo uma que abriu seu capital no mercado de ações. Eu tinha desenvolvido uma profunda compreensão do potencial dessa área e do que seria necessário para realizá-lo. Ficou claro para mim que o mercado estava subvalorizando demais a Amazon, e apostei uma parte significativa do meu patrimônio líquido em Jeff Bezos e sua equipe. Esse investimento teve um retorno 25 vezes maior que o valor inicial nas últimas duas décadas. Não fiz aquele investimento por acaso; tive duas décadas de experiência como base.

Uma tendência que ganhou impulso nos últimos anos é o investimento orientado por políticas e, em particular, os chamados investimentos ambientais, sociais e de governança corporativa (ESG, na sigla em inglês). Não recomendo essa tendência para investidores individuais de varejo. Os seus investimentos individuais não vão moldar as decisões das empresas das quais você compra ações, mas vão determinar sua segurança financeira futura. Entendo se preferir não tomar parte dos lucros de uma pequena lista de empresas que você considera destrutivas para a sociedade — eu tive ações do Facebook por muitos anos, mas acabei as vendendo quando me convenci de que a empresa estava causando danos reais aos jovens e à nossa sociedade em geral. Mas peço a você que não oriente todo o seu portfólio com base em suas preferências políticas. Vote, faça lobby com seus representantes, promova ações em sua comunidade. Mas o seu capital significa muito mais para você do que para seus investimentos. O rótulo ESG, especificamente, foi transformado em arma pelas áreas de Relações Públicas das corporações, e não significa nada. (O investimento com base em políticas tem um cálculo diferente no caso das grandes instituições, cujas escolhas de investimento têm impactos reais — mas isso é assunto para outro livro.)

Títulos

Tanto empresas quanto governos emitem títulos, e o mercado de títulos é enorme: soma mais de 120 trilhões de dólares. Os títulos são um tipo de dívida, mas, em vez de ser um empréstimo entre apenas duas partes, as dívidas foram transformadas em ativos conhecidos como "securities". Um security é um direito sobre algum ativo subjacente que pode ser comprado e vendido de forma independente do próprio ativo. As ações corporativas são um tipo de security — é um direito sobre o patrimônio líquido de uma empresa, mas muda de mãos no mercado sem o envolvimento dessa empresa. No entanto, ele é uma garantia legal e vinculativa sobre aquela empresa. Os títulos seguem a mesma ideia, mas aplicados a empréstimos.

MERCADO DE AÇÕES DOS EUA *VERSUS* CRESCIMENTO DO MERCADO DE TÍTULOS

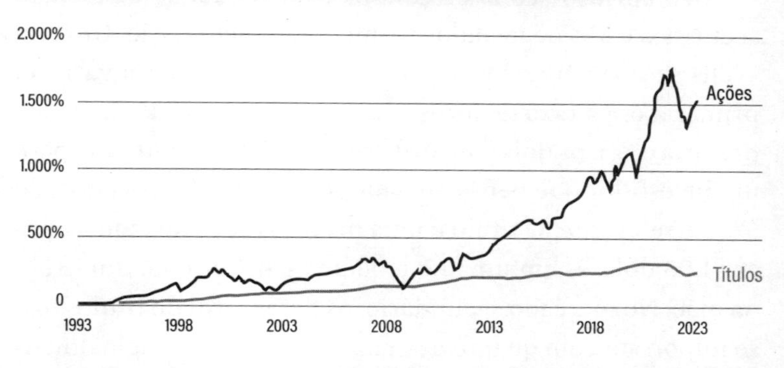

Fonte: Morningstar, Títulos = Vanguard Total Bond Market Fund, Ações = Vanguard Total Stock Market Index Fund

Veja no gráfico acima um exemplo simples de como um título funciona. Digamos que a Amazon quer 100 dólares emprestados. A empresa vai até um banco, como o Wells Fargo. O banco analisa os balanços da Amazon, decide qual é um bom risco de crédito para a empresa e oferece um empréstimo a 6%. A Amazon volta e diz: "Ei, somos a empresa dominante de comércio on-line em nuvem, temos um fluxo de caixa incrível, então que tal 4%?" Por fim, os dois lados negociam um empréstimo a 5% — o que significa que o Wells dá à Amazon 100 dólares agora, em troca de uma promessa de que a empresa pague 105 em um ano. No entanto, em vez de apenas manter a promessa de 105 da Amazon, o banco a divide em 100 pequenas promessas, cada uma prometendo pagar 1,05 dólares em um ano (5% de juros sobre 1 dólar). E então o Wells Fargo vende essas 100 pequenas promessas no mercado aberto. Esses são os títulos. Os investidores que os compram podem segurá-los até que o ano acabe para coletar seus 1,05 dólares, ou podem vendê-los mais uma vez a outros investidores, assim como as ações são negociadas em um mercado secundário.

Algo curioso acontece com os títulos quando se tornam securities e são negociados no mercado secundário. Quando Wells e Amazon negociaram os termos originais, a variável primária era a taxa de juros — a Amazon queria 4%, o banco preferia 6%, e os dois concordaram com 5%. No entanto, para um investidor que pensa em comprar um título, essa taxa de 5% é irrelevante. O título é uma promessa da Amazon de pagar 1,05 dólares em um ano a quem aparecer com um título na mão. No mercado secundário, os detentores de títulos não se importam com quanto a Amazon emprestou originalmente ou qual foi a taxa de juros cobrada. Todos os detentores de títulos se preocupam apenas com o valor de uma promessa da Amazon de pagar 1,05 dólares em um ano. Esse é o preço pelo qual eles comprarão e venderão o título.

Se a Amazon começar a ter sérios problemas de negócios (problemas na cadeia de abastecimento, rotatividade na gestão, violações de dados), os investidores podem ficar preocupados com a possibilidade de a empresa não conseguir fazer aquele pagamento de 1,05 dólares e, por isso, vão precificar o título a um valor menor. Os fluxos de caixa projetados do título não mudaram, mas o risco e, portanto, a taxa de desconto aumentaram, de modo que o valor corrente do título diminui. Talvez valesse 1 dólar quando o banco o negociou, mas alguns meses depois a empresa está em apuros e sua promessa vale apenas 0,90 centavos de dólar. O risco de que isso aconteça é conhecido como risco de crédito, ou risco de inadimplência.

Os preços dos títulos podem mudar mesmo que a percepção dos investidores sobre a empresa continue igual. Quando as taxas de juro sobem, os compradores têm opções melhores para investir o dinheiro e agora não pagarão tanto para receber 1,05 dólares em um ano. Se um investidor puder pagar ao governo dos Estados Unidos 1 dólar agora pela promessa de 1,06 em um ano, ele não pagará 1 dólar à Amazon pela promessa de receber apenas 1,05 em um ano. Não importa o quanto a Amazon seja sólida como devedora, ela não é mais confiável do que o governo dos Estados Unidos. Assim, o preço dos títulos da Amazon cairá abaixo de 1 dólar. Por outro lado, se as taxas de juros *caírem*, então a promessa de 1,05 dólares em um ano por parte da Amazon parece melhor (uma vez que o governo dos Estados Unidos agora está oferecendo menos de 1,05 dólares), e o preço do título subirá acima de um dólar. O potencial de alteração dos preços dos títulos devido a mudanças mais amplas nas taxas de juros é chamado de risco de taxa de juros.

Independentemente do que esteja acontecendo com a Amazon ou com o mercado em geral, à medida que nos aproximarmos da data de recebimento, o preço do título vai se nivelar a 1,05 dólares devido ao valor temporal do dinheiro e porque menos coisas podem dar errado em menos tempo. Uma promessa da Amazon de pagar 1,05 amanhã vale 1,05, a menos que a Amazon esteja em sérias dificuldades.

Alguns termos técnicos: o valor que um título pagará ao final do prazo é conhecido como valor de face, ou valor nominal. Em nosso exemplo, o valor nominal é 1 dólar. A taxa de juros negociada a princípio é a taxa de cupom (que nesse caso foi de 5%). A maioria dos títulos tem duração superior a um ano, e, portanto, o emissor fará pagamentos de juros ao longo do caminho. No nosso exemplo, há apenas um pagamento, de 0,05 centavos de dólar ao final do ano. O momento em que um título vence (ou seja, quando o montante principal é reembolsado) é conhecido como data de vencimento. Nesse caso, também é depois de um ano, quando a Amazon paga o principal de 1 dólar junto daquele único pagamento de juros de 0,05 centavos de dólar.

O termo mais importante, entretanto, é "rentabilidade", ou "yield". A rentabilidade refere-se à taxa de juros anual *efetiva* que será obtida se você comprar o título a preço de mercado. Para nosso exemplo da Amazon, se você comprar o título um ano após o vencimento por 1 dólar, o rendimento será de 5%, porque ele pagará 1,05 em um ano. Se o comprar por 1 dólar a apenas seis meses do vencimento, o rendimento será de 10%, porque você terá um retorno de 5% em apenas seis meses, o que representa um retorno *anualizado* de 10%. A rentabilidade de um título muda todos os dias com base em seu preço de mercado, e mede quanto a promessa de pagamento do emissor é atraente para o mercado. Às vezes, o mercado de títulos e o acionário se movem em direções opostas, porque quando as ações vão bem os investidores estão menos inclinados a comprar títulos, os quais tendem a ter retornos mais baixos, porém mais estáveis. Isso empurra os preços para baixo, aumentando assim sua rentabilidade, até que os retornos dos títulos ajustados ao risco sejam competitivos com os das ações. Entender essas relações exige um pouco de prática, e a melhor maneira de internalizar a mecânica é comprar alguns títulos e acompanhar seu preço (e sua rentabilidade) ao longo do tempo.

Os governos também emitem títulos. Na verdade, grande parte do mercado de títulos é composta de títulos do governo, com o governo federal dos Estados Unidos sendo um grande emissor. A maioria dos títulos do governo do país é emitida pelo Tesouro em incrementos de 100 dólares e com vencimentos variando de quatro semanas a trinta anos. (Os títulos de duração mais curta são conhecidos como T-bills, enquanto aqueles com duração mais longa são chamados de *bond*, embora sejam funcionalmente iguais.) O Tesouro emite novos títulos a cada semana e define a taxa de juros com base em um leilão aos investidores. No entanto, uma vez que se tornam securities no mercado, eles oferecem um fluxo fixo de pagamentos, assim como um título corporativo, e são negociados a qualquer preço determinado pelo mercado. Uma vantagem notável dos títulos do Tesouro é que os juros pagos são isentos de imposto de renda.

Os títulos proporcionam uma forma alternativa de investir em empresas e são a única forma de investir em governos. Eles são menos arriscados do que as ações, com um retorno mais previsível, e, na maioria dos casos, há muito pouco risco de perder dinheiro — caso você os mantenha até seu vencimento. A desvantagem, contudo, é que eles oferecem retornos apenas modestos, e há muito pouco potencial de valorização. Não importa o quanto o emissor seja bem-sucedido, ele nunca vai precisar pagar *mais* do que está designado no título. O máximo que um detentor de títulos recebe da empresa é o que está impresso no próprio título. Quaisquer lucros extras acima do necessário para os pagamentos dos títulos vão para os acionistas. O risco, como sempre, está associado à recompensa.

Setor imobiliário

O mercado imobiliário é o soberano entre todas as classes de ativos. Embora o preço de cada propriedade possa subir e descer, a longo prazo é uma opção à prova de balas. Terrenos (e edifícios) podem gerar renda (através de aluguéis ou de construções, ou pela própria utilização) e têm um valor terminal quase garantido: a terra é um recurso finito. Além disso, o setor imobiliário desfruta de tratamento fiscal favorável de várias maneiras. Para investidores que podem pagar seu preço, o mercado imobiliário é incomparável como investimento de longo prazo.

Porém, como acontece com todo investimento, há uma armadilha. Duas, na verdade. Primeiro, o mercado imobiliário é menos líquido do que quase qualquer outro investimento. É difícil encontrar um comprador e os custos de transação são elevados. Na verdade, quando você compra um terreno, normalmente começa com prejuízo em seu investimento, porque deve pagar corretores, avaliadores, às vezes agrimensores e uma série de agências governamentais. Além disso, você terá que fazer outra rodada desses pagamentos quando quiser vendê-lo. Em segundo lugar, só o fato de possuir imóveis custa dinheiro: impostos sobre a propriedade, seguros, manutenção. Mesmo terrenos baldios podem ter custos de manutenção: cercas e segurança, combate a incêndios e inundações, o risco de um proprietário anterior despejar resíduos etc. No entanto, olhando pelo lado positivo, você talvez encontre petróleo ou ouro. Apenas certifique-se de ter obtido os direitos minerais quando comprou a propriedade.

Em resumo, imóveis podem ser um investimento incrível, mas, tal como na maioria dos grandes investimentos em um sistema capitalista, você precisa de dinheiro para ganhar dinheiro. Investir em imóveis exige que você tenha muito capital que possa manter vinculado ao terreno, potencialmente por anos, além de dinheiro líquido suficiente para manter a propriedade. Supondo que você não seja um magnata bilionário do setor imobiliário, existem apenas algumas maneiras de encontrar oportunidades viáveis para investir em imóveis.

O investimento imobiliário mais importante para a maioria das pessoas é a casa própria. Para muitos leitores deste livro, sua casa será o maior componente da sua carteira de investimentos durante grande parte da vida. Para quase todas as pessoas, é a maior compra da vida, o maior empréstimo contraído e a maior despesa no orçamento mensal. Esse tipo de investimento pode ser uma poderosa força estabilizadora, e, por isso, comprar uma casa é muitas vezes visto como um importante trampolim para a segurança financeira. Essa percepção moldou a política fiscal e econômica nos Estados Unidos e em outros países, incentivando a aquisição da casa própria. Hoje há mais debate em torno dos pontos positivos em possuir uma casa ou alugar, e há situações em que comprar uma casa não é sensato. Mas, ainda assim, o meu forte conselho é fazer da compra de uma casa um componente central de seu plano para alcançar a segurança financeira. Como grande parte deste livro, meus conselhos sobre a aquisição da casa própria estão enraizados em dois domínios: o econômico e o pessoal.

Primeiro, o econômico. Historicamente, os imóveis residenciais têm sido um bom investimento de longo prazo. É complicado comparar os valores das casas com outros investimentos por causa dos diferentes tratamentos fiscais, pelos custos e benefícios da propriedade imobiliária (como falei antes: evitar aluguel, pagar imposto sobre a propriedade) e pelo fato de os imóveis dependerem muito de sua localização. Lares em bairros que possuem um histórico de valorização de preços em áreas desejáveis (devido ao clima e a outros recursos naturais, proximidade de emprego etc.) são um melhor investimento nesse aspecto. A casa inicial de baixo custo em um loteamento novo e construída a quilômetros de qualquer lugar é uma casa de baixo custo por um motivo. Os investimentos imobiliários em regiões periféricas destruíram a segurança financeira de muitas famílias quando os preços das propriedades despencaram em 2008. Mas, a longo prazo, o investimento imobiliário goza de vantagens fiscais e tem uma confiabilidade que nenhuma outra classe de ativos possui.

Nos Estados Unidos, os primeiros 250 mil dólares em *ganhos* (500 mil para casais) recebidos na venda de uma casa são isentos de impostos (e você pode reduzir o valor declarado como ganho, abatendo o custo das melhorias que fez na casa), e qualquer coisa acima disso é tributado como ganho de capital. Portanto, se você comprar uma casa por 400 mil dólares e vendê-la cinco anos depois por 500 mil dólares, não pagará imposto de renda sobre a venda, pois seu ganho é de apenas 100 mil dólares. Investir em imóveis (nesse caso, nos que você não mora) tem sua própria gama de estratégias para abater e adiar o pagamento de impostos. Também existem diversos programas federais e estaduais para quem compra a primeira casa e para compradores de baixa e média renda. Aqui também é possível retirar parte (não muito) do seu capital de planos de aposentadoria como IRA e 401(K) sem abatimentos para usar em sua entrada — assim como o FGTS é usado no Brasil.

Mas a valorização dos preços não é o único benefício econômico em ser um proprietário de imóvel. Esse investimento é o único em que *você pode morar*, e você precisa morar em algum lugar. A geração millennial está gastando mais de 50% da renda com aluguel nas áreas urbanas de maior custo. A economia com o custo de aluguel é compensada pelos gastos com impostos sobre a propriedade, seguros e custos de manutenção. O verdadeiro custo de possuir uma casa é algo que muitos compradores de imóveis de primeira viagem subestimam, mas, a menos que você seja extremamente azarado ou tolo, o dinheiro que você vai deixar de gastar em aluguel vai superar o que precisa gastar para manter sua casa.

Para a maioria das pessoas, comprar uma casa significa entrar em um financiamento, e os pagamentos de juros são substanciais. Ao longo da década de 2010, as baixas taxas de juros nos Estados Unidos tornaram a compra de casas ainda mais atraente e, apesar da alta nas taxas após a pandemia de

Covid-19, não parece provável retornarmos às taxas de juros de dois dígitos da década de 1970. Como financiamentos são um empréstimo "garantido" (ou seja, se não fizer seus pagamentos, o banco poderá expulsar você/vender sua casa), as taxas de juros são baixas em relação a outras formas de crédito ao consumidor, refletindo o menor risco para o credor. Mesmo que você possa comprar uma casa sem financiamento, esse capital não pode ser investido em outros lugares (o investimento sempre carrega um custo de oportunidade), então, se a taxa de financiamento for menor do que você pode obter em outros investimentos, o financiamento ainda pode ser a melhor escolha do ponto de vista econômico.

A política fiscal dos Estados Unidos oferece outro bônus significativo para a compra da casa própria, embora nos últimos anos ele tenha sido reduzido. Desde que o imposto sobre rendimentos foi instituído em 1913, os proprietários de imóvel foram autorizados a deduzir os juros hipotecários de seus rendimentos para efeitos fiscais. Isso ainda acontece, mas, devido a alterações no código tributário, a dedução só compensa economicamente para uma minoria de proprietários. A Lei de Reduções de Impostos e Empregos de 2017 (também conhecida como redução de impostos de Trump) dobrou a "dedução padrão" (de 6 mil dólares para 12 mil dólares, e o dobro disso para casais), o que neutralizou os benefícios da dedução de juros de hipotecas residenciais, a menos que se tenha uma hipoteca muito grande ou outras grandes deduções. O impacto foi avassalador. No ano anterior ao da mudança, 21% dos contribuintes deduziram a hipoteca. Em 2018, apenas 8% o fizeram.[13] Entre os contribuintes com rendas familiares entre 100 mil dólares e 200 mil dólares por ano, a porcentagem de dedução da hipoteca despencou de 61% para 21%.

Eu enfatizei as mudanças na dedução de juros hipotecários porque temos mais de cem anos de experiência em um mundo em que a dedução foi um componente importante da decisão de comprar uma casa. Por isso, esse histórico vai se refletir nos conselhos que você ouve de amigos e familiares e em qualquer coisa publicada antes de 2018 (e em muitas publicadas depois). A dedução da hipoteca *ainda pode* se aplicar à sua situação, mas não presuma que isso vá acontecer só porque seu tio Carlos... ou o outro tio... lhe disse que vai. As leis tributárias mudam com frequência. Portanto, antes de comprar uma casa, observe como as regras atuais se aplicam a você. Se estiver pronto para comprar uma casa, provavelmente também chegou o momento em que os conselhos tributários profissionais se tornam dignos do que custam.

Dito isto, a dedução da hipoteca nunca foi a principal razão para a compra de uma casa, e a lógica econômica da casa própria ainda faz sentido para muitas pessoas. Mas, além disso, existem fatores pessoais. O pagamento de um financiamento é uma forma de "poupança forçada". Isso significa que você tem uma *grande* motivação para efetuar o pagamento do financiamento e, portanto, quase certamente vai fazê-lo. Apesar de suas melhores intenções, é difícil tirar mil dólares por mês de sua renda para aplicar em um fundo de investimento. Com o tempo, os pagamentos do financiamento diminuem junto com o valor que você deve ao banco, e, assim, sua participação no valor da casa aumenta.

Possuir uma casa é um compromisso com a segurança e a estabilidade financeira. A falta de liquidez de uma casa pode ser algo bom, uma vez que você se compromete com um bairro, talvez até com um emprego, depois de comprar uma. As restrições incentivam o foco, e o foco o levará para onde deseja mais rápido do que a flexibilidade. Lembre-se de quando comentei, no capítulo "Tempo", que você vai mudar. Uma das camadas de mudança é que você provavelmente se tornará mais estável, mais interessado em criar raízes e em estabilidade de modo geral. Então, mesmo que uma casa pareça um impedimento à sua liberdade agora, é muito provável que você a veja como um refúgio na próxima década. Se você é jovem, não presuma que vai querer morar em um apartamento e estar pronto para se mudar com trinta dias de aviso prévio pelo resto da vida.

Assim como na economia, aqui também existem fatores compensatórios. Criar raízes é ótimo, até você querer se mudar. A venda de uma casa é algo custoso no melhor dos momentos e, se você precisar vender em um mercado em queda, pode ser brutal. Portanto, se comprar uma casa, talvez você precise renunciar a uma oportunidade de emprego ou a uma melhoria da qualidade de vida, porque não vai poder arrancar suas raízes. (Nota: colocar uma casa para alugar pode resolver esse quebra-cabeça e até render dinheiro em algumas condições de mercado, mas é um risco e é necessário um gerenciamento cuidadoso.) Por fim, as casas requerem manutenção, trazem obrigações tributárias, e, eu garanto, você vai acabar gastando mais em móveis e reformas do que planeja.

Além de sua própria casa, é possível investir em outros tipos de imóvel. Possuir propriedades como investimento pode ser uma *excelente* maneira de converter renda em capital e construir segurança financeira. O desafio é que isso vem com muitos custos. Para uma renda "passiva", é um trabalho bastante ativo. Foi por isso que no capítulo "Foco" discuti minhas próprias experiências com as propriedades como investimento, porque é como ter uma segunda (ou primeira) carreira. Se você é disciplinado e dedicado aos detalhes, prático e/ou confortável em lidar com empreiteiros, durão ou durona o suficiente para negociar com inquilinos e fazer valer seus acordos, caso você tenha um conhecimento profundo e contatos em um mercado regional e, acima de tudo, se tiver tempo para fazer do jeito certo, pense seriamente em comprar propriedades como investimento para alugar ou revender. Comece pequeno, cresça aos poucos.

Você também pode investir em imóveis por meio de empresas financeiras. Os fundos de investimentos imobiliários são (geralmente) holdings imobiliárias de capital aberto, e há muitos grupos privados que possuem imóveis em todo o mundo. Eles vão desde pequenos consórcios formados para financiar um único empreendimento, como um centro ou um edifício comercial, até holdings multinacionais com muitos bilhões em ativos. Fundos imobiliários negociados publicamente possuem maior regulamentação, o que oferece alguma segurança adicional, enquanto investimentos imobiliários privados exigem mais diligência de sua parte. Em geral, porém, esses investimentos se assemelham mais a investimentos em ações do que a investimentos imobiliários, no sentido de que você está investindo em uma equipe de gestores e em um modelo de negócio que, por acaso, está relacionado ao setor imobiliário, e não ao de softwares ou calçados.

Commodities, moedas e derivativos

Nas margens em que você pode investir, existem classes de ativos que estão mais afastadas da atividade econômica. As próprias mercadorias e as moedas são ativos reais. As commodities são matérias-primas como o petróleo, o ouro ou o milho, e a moeda é o dinheiro em si. E (geralmente) elas mudam de mãos em mercados com liquidez. Os preços das matérias-primas são bastante influenciados por avaliações do mundo real: o clima tem uma enorme influência no preço do gás natural e de muitas commodities agrícolas, por exemplo. As mudanças nos padrões de produção globais alteram os preços das matérias-primas.

Os preços das moedas tendem a refletir as condições econômicas dos países que as utilizam, em particular as taxas de juros — taxas de juros mais elevadas tornam uma moeda mais valiosa, uma vez que os investimentos nessa moeda passam a gerar retornos mais elevados. As criptomoedas, das quais a mais conhecida é o Bitcoin, são negociadas em grande parte com base no sentimento do mercado em relação às criptos como classe de ativos, e têm apresentado alta volatilidade ao longo de sua história. É possível que esse mercado acabe se estabelecendo ao lado das moedas emitidas pelo governo como um meio de troca ou reserva de valor estável e durável, mas, pelo menos até 2023, elas seguiram limitadas por obstáculos técnicos e sociais significativos.

Ao investir na maioria desses ativos, normalmente você não terá contato direto com o ativo subjacente. Em vez disso, você vai negociar *títulos* derivativos projetados para capturar o risco de futuras alterações nos preços desses ativos. Os contratos "futuros" são títulos derivativos baseados em commodities, enquanto chamamos aqueles baseados em ações de "opções". Na prática, você está apostando em futuros movimentos de preços.

Os derivativos possuem um papel interessante nos mercados financeiros, porque são uma ferramenta tanto para reduzir como para aumentar o risco. O objetivo principal deles é permitir que empresas e investidores "protejam" sua exposição a mercados específicos. O exemplo clássico é o produtor de uma única mercadoria, como um agricultor de soja ou um minerador de ouro. A subsistência desses produtores depende do preço da mercadoria e, se o valor cair drasticamente, eles podem ser tirados do jogo. Os derivativos oferecem apostas com alta alavancagem que empresas com esse tipo de exposição a risco fazem *contra* o resultado que pretendem. Por isso, caso os preços se movam contra elas, o retorno de sua aposta em derivativos vai compensar os custos de seu negócio operacional. Uma mineradora de ouro pode apostar que os preços do ouro cairão, protegendo sua exposição aos preços do ouro, enquanto uma empresa que compra muito ouro pode apostar que os preços vão subir. Em essência, isso funciona como um seguro. Da mesma forma, as empresas que fazem negócios em vários países estão expostas a flutuações de preços cambiais — se você pagar seus funcionários em dólares, mas vender a maior parte de seus produtos a clientes que pagam em euros, será muito negativo para a empresa se o dólar subir significativamente em relação ao euro (ou seja, ela vai conseguir comprar menos dólares necessários para cumprir a folha de pagamento por cada euro que receber de receita). Então você aposta que o dólar *vai* ficar mais forte, protegendo-se do risco.

Alguém tem de ficar do outro lado dessas apostas, e muitos agentes ligados exclusivamente à atividade financeira operam nesses mercados, à procura de oportunidades para, na prática, comprar os riscos e os retornos potencialmente elevados que os acompanham. Os derivativos podem se tornar muito complicados, e os exemplos mais extremos são, por vezes, descritos como "exóticos"; eles desempenharam um papel importante na Grande Crise Financeira de 2008: os bancos que negociavam "obrigações de dívida garantidas" que nem eles mesmos compreendiam se viram confrontados por perdas de bilhões de dólares quando o mercado imobiliário entrou em declínio.

Um título derivativo que os investidores de varejo podem encontrar são opções sobre ações. (Essas são diferentes das opções de ações que se pode receber como remuneração do empregador.) Você compra a opção de comprar ou vender uma ação específica a um preço definido (conhecido como preço de exercício) por um período definido. Uma opção de compra de ações é conhecida como "call option", e é basicamente uma aposta em que o preço das ações subirá. Por outro lado, a venda de uma ação a um preço específico é a chamada "put option", uma aposta de que o preço da ação cairá.

A negociação de opções é tentadora para o investidor de varejo porque oferece alta alavancagem. Algumas centenas de dólares em opções de compra podem produzir um lucro de muitos milhares de dólares em um curto período. Mas, dependendo do tipo de contrato, também é possível sofrer perdas astronômicas que excedem em muito o investimento inicial. Não há muitas maneiras de perder *mais* do que o apostado, mas isso pode acontecer quando se negocia opções.

O mercado de opções, e todos os mercados de derivativos, é dominado por profissionais sofisticados cujo trabalho de tempo integral é conhecer os mínimos detalhes do seu mercado. Esses traders costumam ganhar dinheiro não com compras de contratos individuais, mas sim por meio da conexão de um conjunto de contratos com termos diferentes, criando estruturas com nomes curiosos como "straddle", "strangle" e "iron butterfly". Os investidores de varejo que compram contratos individuais são peixinhos que esses peixes grandes engolem em busca de lucro fácil.

Há situações em que, para se proteger do risco, indivíduos podem usar derivativos da mesma maneira que instituições. Se você mora e trabalha em diferentes países, por exemplo, pode ser exposto ao risco do câmbio. Ações sem liquidez do seu empregador podem expor você a riscos indevidos em determinado setor ou região, ou seus outros investimentos podem deixá-lo exposto a um risco significativo relacionado à taxa de juros. Nessas circunstâncias, os derivativos operam como um seguro: você paga uma pequena quantia em uma base altamente alavancada para protegê-lo de uma perda em potencial. Eu usei opções para criar um fluxo de renda com um grande investimento em um único tipo de ações que queria manter a longo prazo.

Existem inúmeras formas de utilizar derivativos, incluindo opções de ações, para ajustar suas atividades de investimento. Mas a negociação pontual de opções no varejo não é um investimento no sentido estrito da palavra, nem em qualquer outro sentido. Trata-se de uma aposta. E apostas podem ser uma diversão, um vício paralisante, ou algo no meio do caminho... mas não são um investimento.

Fundos

A última categoria entre os ativos financeiros relevantes para o investidor de varejo não é tanto uma classe de ativos específica, mas um meio de acesso a outras classes de ativos. E deve ser o principal meio de acesso a esses ativos também. **Grande parte do seu balde de longo prazo, o dinheiro com o qual você planeja viver um dia, deve ser investido em fundos**. Deixei essa conversa para o final da discussão sobre classes de ativos porque os fundos são um conjunto de outros ativos, e eu acredito na importância de compreender nosso sistema financeiro. Mas, para efeitos práticos de investimento a longo prazo, essa é a categoria mais importante.

Embora existam diversas variações, o modelo básico de um fundo é uma reunião de capital de pequenos investidores que é, então, investido em blocos maiores por uma equipe de investidores profissionais, normalmente de acordo com uma estratégia de investimento publicada. Fundos variam de acordo com a forma como você os compra, com os tipos de taxas que eles cobram e com o modo de fazer investimentos.

O modelo clássico de fundo é o fundo mútuo. Mais recentemente, os fundos de índice (ETF, na sigla em inglês) simplificaram o processo, e eles em geral oferecem uma forma mais econômica de acesso a uma carteira de investimentos diversificada através de um único título. Além de serem mais fáceis de comprar e vender, os ETFs podem oferecer uma vantagem fiscal sobre os fundos mútuos, uma vez que algumas negociações de fundos mútuos vão gerar rendimentos tributáveis para os investidores, mesmo que você detenha as cotas do fundo de modo passivo.

Os fundos buscam uma variedade de estratégias de negociação. Os "gerenciados ativamente" costumam ser complexos e dependem da análise humana — além de cobrar taxas mais altas, então devem ser evitados. "Fundos passivos" são alocados com base em um algoritmo, e a estratégia mais simples é estar referenciado a um índice popular, como o S&P 500. Na verdade, diversas empresas de investimento oferecem um ETF da S&P 500, com taxas muito baixas. O mais famoso deles (embora não seja o mais barato) é o ETF original, SPDR (código: SPY), que oferece aos investidores um único título para acompanhar o S&P 500 desde 1993. Existem ETFs que acompanham outros índices, como o Russell 3000, abrangendo quase todas as ações das empresas de capital aberto, as que buscam várias estratégias de negociação definidas e as que investem em moedas e commodities.

Todos os fundos cobram taxas, que muitas vezes têm várias camadas e são difíceis de analisar. As estruturas de taxas de fundos mútuos podem ser mais complexas do que as cobradas pelos ETFs, outro ponto a favor dele. Sua principal preocupação deve ser a **taxa de despesa** (expense ratio). Ela deve ser baixa, bem abaixo de 1%, e quanto menor, melhor. Às vezes, os fundos mútuos cobram por comprar e vender ou por outros serviços, enquanto as negociações dos ETFs funcionam hoje em dia como uma ação, e isso geralmente significa que não há custos de comissão.

Outra inovação recente são os fundos que usam "robôs consultores", em que você guarda o dinheiro em uma conta e a empresa de investimento o investe de acordo com um algoritmo. As taxas costumam ser muito baixas, mas mesmo assim aumentam com o tempo, graças à composição. E tudo o que a maioria dos robôs consultores faz é alocar seu dinheiro em vários ETFs ou fundos mútuos. Se você chegou até aqui, em um livro sobre investimentos, é provável que esteja suficientemente informado e interessado para lidar com os princípios básicos da compra de ETFs sem pagar os honorários de um robô consultor.

Na discussão sobre valuation, expliquei o conceito de taxa livre de risco. Esse é o parâmetro de retorno que você tem que exigir de qualquer investimento. Ele precisa ter desempenho melhor que o da sua conta-poupança. Se esse é o parâmetro, então, um ETF S&P 500 deve ser a referência para seus investimentos de longo prazo. O que quero dizer com isso é que você não vai criar riqueza com o retorno de uma conta-poupança. Seu dinheiro de investimento precisa correr mais riscos para obter mais retorno. Acompanhar os retornos do índice S&P 500 é uma maneira comprovada de obter retornos de investimentos substanciais (cerca de 11% desde que foi criado em 1957, e 8% nos últimos vinte anos).[14] No curto prazo, trata-se de um investimento arriscado. Não coloque no S&P 500 os 10 mil dólares de que você precisa para pagar financiamento neste ano. É para isso que serve sua conta-poupança livre de riscos. Mas, pensando no longo prazo, o dinheiro que você quer ver superar a inflação e se transformar em riqueza, um ETF S&P 500 é ideal. Avalie qualquer alternativa em relação ao índice com base em uma perspectiva de risco e retorno. Se um investimento oferecer mais de 8% de retorno, quanto risco adicional você está assumindo? Isso pode valer a pena para adicionar algum potencial positivo ao seu dinheiro de longo prazo. Se oferece menos, até que ponto é mais seguro? Você vai desejar essa segurança adicional para o dinheiro de que provavelmente precisará em menos de algumas décadas, mas, para o dinheiro de longo prazo, direcione seu viés a favor do risco.

Existem diversas abordagens para alocar seus investimentos de longo prazo em diferentes classes de ativos. Economistas defenderam todas as abordagens possíveis, mas os consultores financeiros em geral recomendam que, quando jovem, você invista principalmente em ações corporativas, com uma minoria de seus ativos em investimentos de menor risco, como títulos corporativos, e depois mude a alocação para um risco mais baixo, à medida que se aproximar da aposentadoria. Uma das abordagens usa a regra "100 menos idade", o que significa que você deve ter a porcentagem de seus ativos em ações igual a 100 menos sua idade (portanto, se você tem 35 anos, então 65% de seus investimentos de longo prazo devem estar em ações e 35%, em títulos). Em 2005, contudo, o economista Robert Schiller (que mais tarde ganharia o Prêmio Nobel por sua análise dos preços das ações) analisou diversas estratégias diferentes e descobriu que a abordagem com melhor desempenho, por uma ampla margem, era investir 100% em ações de empresas, e que a inclusão de investimentos mais conservadores em uma carteira apenas reduzia os retornos.[15]

Se sua carreira estiver em direção a uma renda mais alta, e você está sendo disciplinado em relação ao financiamento de suas despesas intermediárias, recomendo direcionar os investimentos de longo prazo para um risco maior enquanto ainda é jovem: mais ações de alto potencial de crescimento, poucos ou nenhum investimento de baixo risco, como títulos.

O DESAFIO FINAL DO INVESTIDOR: IMPOSTOS

Provavelmente não há entidade com a qual eu tenha um relacionamento mais conflituoso do que com a Receita Federal. Seus funcionários fazem o trabalho duro e ingrato de garantir a receita de todos. Cicero descreveu os impostos como "os tendões do estado", porque financiam nossa segurança, nossa infraestrutura e nossos investimentos sociais. O patriotismo está fora de moda hoje em dia, e isso é tema para outra conversa, mas, se há algo que você acha que o governo dos Estados Unidos faz bem, sejam suas previsões climáticas, controlar porta-aviões ou investir em energia limpa (e acho que todas essas coisas são ótimas), ele está fazendo essas coisas apenas porque a Receita está por aí coletando impostos. Meu Deus, eu amo a Receita Federal.

Mas a Receita também está cobrando impostos de mim. Toda vez que tomo uma decisão de investimento inteligente, toda vez que vendo uma empresa, cada dólar que já ganhei, sem mencionar todo dinheiro que já paguei às centenas de pessoas incríveis que trabalharam duro para minhas empresas e me ajudaram a chegar à posição em que estou... lá está a Receita espiando por cima do meu ombro, tirando uma casquinha. Meu Deus, eu odeio a Receita Federal.

A única maneira de lidar com isso é minimizar sua carga tributária por todos os meios legais possíveis, e pagar as taxas com a satisfação de saber que você está fazendo sua parte. Os soldados dos Estados Unidos que são mantidos como prisioneiros de guerra têm a obrigação de tentar escapar. Eu acredito que os cidadãos também têm uma dupla obrigação, para com seu país e com sua família, de pagar o mínimo de impostos legais. Eu realmente acabei de comparar o governo com um inimigo de guerra? Eu avisei que sou afrontoso.

De qualquer forma, colocando meus valiosos sentimentos de lado, como você pode minimizar legalmente sua carga tributária? Existem três passos básicos na estratégia tributária: conscientização, entendimento e assistência.

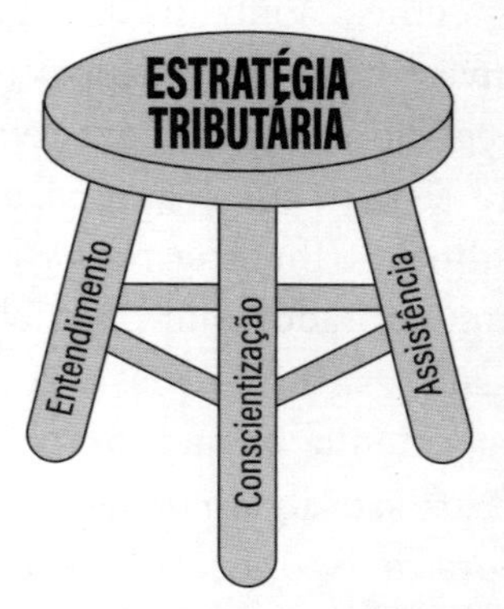

Você precisa estar sempre **consciente** de que impostos atravessam seus ganhos, investimentos e gastos. Cada decisão financeira tomada (e isso inclui decisões de *não* fazer algo) tem implicações fiscais. Algumas são óbvias, mas muitas não são e podem mudar radicalmente os seus resultados a longo prazo. Fomente sua conscientização beirando a paranoia.

Para direcionar essa consciência, você precisa de um **entendimento** básico de como funciona a tributação em geral e das principais partes que movimentam seu sistema tributário. Esse entendimento deve ser a base das decisões que você toma ao longo do ano, e não apenas ao preparar suas declarações fiscais — a essa altura, o jogo já está quase ganho ou perdido. Minha experiência e minha compreensão recaem principalmente sobre o cenário dos Estados Unidos, então é nisso que vou me concentrar aqui, mas muitas dessas questões são universais.

A seguir, eu discuto os conceitos básicos que você precisa entender, mas, em resumo, o terceiro passo é que você não deve enfrentar essas questões sozinho. No início de sua carreira, em especial quando é um trabalhador assalariado, provavelmente seus impostos são simples e suas opções, limitadas. O que explico a seguir deve ajudá-lo a percorrer a maior parte do caminho, embora você deva fazer pesquisas adicionais sobre sua situação específica. À medida que sua renda aumentar e você começar a investir, se você trabalha como freelancer ou possui o próprio negócio, se compra imóveis ou outros ativos complexos, prepare-se para começar a pagar por **assistência** na forma de consultoria tributária profissional. A princípio, pode ser apenas um contador que preenche seus impostos para ajudá-lo com sua restituição, mas logo você vai perceber que precisa de uma orientação mais ampla. Busque-a. Meus advogados tributários são algumas das pessoas mais inteligentes e trabalhadoras que conheço. Eles também são um dos meus melhores investimentos, com um retorno muitas vezes superior ao que lhes pago.

Imposto de renda

O pai de todos é o imposto de renda. Nos Estados Unidos, paga-se imposto de renda federal (na maioria dos estados), estadual *e* (em algumas áreas, incluindo a cidade de Nova York) local. (Viver em um estado sem imposto sobre a renda pode ser um *enorme* gerador de riqueza, falaremos sobre isso mais adiante.) Os impostos federais são a maior mordida, e os estaduais são versões em miniatura do sistema federal, por isso vou me ater ao caso federal. Se você declara o próprio imposto de renda há vários anos, a maior parte provavelmente já lhe é familiar, mas, tal como acontece com os mercados financeiros em geral, pode ser útil dar um passo atrás e ver o panorama mais amplo.

O imposto de renda faz o que diz: pega uma porcentagem da sua renda. Existem duas partes nessa equação: a porcentagem e a renda. As conversas políticas sobre impostos costumam se concentrar na porcentagem, que é o elemento visível e fácil de entender. Mas, para ter uma ideia, saiba que o código tributário dos Estados Unidos abrange mais de 2.600 páginas, e as taxas de imposto de renda pessoal são descritas em tabelas que ocupam menos de uma página. (Elas estão bem no início, título 26, subtítulo A, capítulo 1, subcapítulo A, Parte 1.) Grande parte do restante é dedicada ao cálculo da renda.

No mundo tributário, a "renda" não significa quanto dinheiro você ganhou. Em vez disso, é um número (geralmente um pouco menor do que o dinheiro que você ganhou) usado como base para seu cálculo tributário. Eu não pago meus advogados tributários para descobrir minha taxa de imposto. Eu os pago para minimizar a quantidade de dinheiro que conta como renda tributável. Você deveria fazer o mesmo.

A primeira linha de defesa contra a tributação é o dinheiro que não conta como renda. A maior fonte de dinheiro que não é renda é o dinheiro vindo de empréstimos; como não é considerado renda, não é tributado. Quando se usa uma hipoteca como garantia para comprar uma casa, não é necessário pagar impostos sobre o dinheiro emprestado. Isso também se aplica se você pegar um empréstimo sobre sua casa, o que significa que o banco lhe oferece dinheiro. Não é um dinheiro gratuito, pois você paga juros e precisa pagá-lo de volta, mas ele é isento de impostos. Esse artifício é um dos que os super-ricos mais usam para evitar pagar impostos — magnatas da tecnologia como Jeff Bezos e Elon Musk, por exemplo, dependem em grande parte de ações para sua compensação, mas raramente vendem essas ações. Em vez disso, eles as usam como garantia para grandes empréstimos a taxas de juros muito baixas e financiam seus estilos de vida luxuosos com recursos de empréstimos isentos de impostos (e deduzem os custos de juros). Isso tem o benefício adicional de que eles mantêm o poder de voto em suas empresas. Os proprietários de empresas privadas costumam depender das operações da empresa para complementar seus estilos de vida — viagens e entretenimento pagos pela firma. Em última análise, o proprietário paga de qualquer maneira, já que os custos saem dos lucros do negócio, mas ele não paga imposto de renda sobre o dinheiro, pois isso reduz os lucros da empresa. No entanto, o uso agressivo dessa estratégia pode chegar aos limites da fraude fiscal e colocar os ativos pessoais do proprietário em risco por problemas de responsabilidade da companhia.

Outra maneira de impedir que o dinheiro apareça no cálculo da renda é garantir que outro alguém (ou algo) o receba. Alguns investidores e empreendedores são capazes de criar entidades corporativas que recebem a receita de várias atividades, e não do próprio indivíduo. Fazer isso em jurisdições de baixo imposto, como as Ilhas Cayman, pode fazer parte dessa estratégia, mas não necessariamente. Em algumas circunstâncias, os membros da família podem ser instituídos para receber dinheiro. Sociedades profissionais, como escritórios de advocacia e consultórios médicos, usam as empresas para receber sua receita tributável, minimizando e adiando a tributação.

No entanto, a maior parte do dinheiro que recebemos é tributável. Existem dois tipos principais de renda para fins fiscais: renda corrente e ganhos de capital. A renda corrente é, sobretudo, o salário. Os ganhos de capital são lucros com a venda de ativos, como ações e casas. Embora as taxas relativas mudem de tempos em tempos, nos Estados Unidos os ganhos de capital são tributados a taxas mais baixas que a receita corrente.

As taxas de imposto sobre ganhos de capital variam de acordo com a renda e a jurisdição. No âmbito federal, os impostos sobre ganhos de capital variam de zero, para domicílios de baixa renda, a 23,8%, para os mais onerosos. No âmbito estadual, os ganhos de capital variam de 0% a 10%, ou mais.* Perdas de capital (quando você vende um ativo por menos que o valor pago) podem ser deduzidas de sua renda, embora hoje o limite seja de 3 mil dólares em perdas ao ano (você pode deixar perdas adicionais para os anos seguintes).

Então, obviamente é melhor ganhar um dólar em ganhos de capital do que um dólar em renda corrente. No entanto, nós normalmente não podemos alterar a classificação da renda de uma categoria para outra depois de recebê-la. Por isso, você deve levar essa diferença em consideração ao fazer seu planejamento financeiro. O tratamento tributário favorável para os ganhos de capital é uma das razões pelas quais o investimento geralmente é muito importante para a construção de riqueza. Ele também favorece carreiras em que o dinheiro é feito pela compra e venda de ativos: por exemplo, fundos hedge, private equity, imóveis. No entanto, um imposto a uma taxa mais baixa ainda é um imposto — é fácil esquecer os impostos quando seu portfólio de ações dispara em um mercado em alta ou se você tem uma propriedade para alugar em um mercado valorizado. Mas a Receita não vai esquecer.

E por fim temos a renda corrente. A principal forma de reduzi-la é com deduções, que são, principalmente, despesas que o Congresso decidiu que devem reduzir o seu rendimento tributável. Elas foram criadas por muitas razões, ou por nenhuma razão compreensível — as justificativas políticas variam de indiscutíveis a totalmente absurdas.

---

* No entanto, existem dois limites importantes a serem conhecidos: primeiro, você precisa manter um ativo por, pelo menos, um ano para obter a taxa mais baixa. E, segundo, os lucros de investimento obtidos no âmbito de um programa de imposto diferido como os planos 401(k) ou o IRA não são tributados, mas todos os saques são tributados a taxas de rendimento normais, mesmo os lucros obtidos com a venda de ativos.

No entanto, hoje as deduções funcionam muito menos como um meio de minimizar os impostos da maioria das pessoas do que costumavam ser. Na verdade, apenas 10% dos contribuintes utilizam algo além da opção conhecida como dedução padrão.[16] Em 2023, foram 13.850 dólares por adulto (ou seja, o dobro para casais). Uma única pessoa com um rendimento corrente de 100 mil dólares teve um rendimento tributável de apenas 86.150 dólares, simplesmente por operação da dedução padrão. Há um problema, entretanto: se você aplicar a dedução padrão, não poderá aceitar a maioria das outras deduções. (As contribuições para planos de aposentadoria como o 401(k) e o IRA ainda são deduzidas.) Na prática, isso significa que as chamadas deduções discriminadas precisam somar mais do que a dedução padrão, ou então não valem a pena. Esse não é o caso de nove em cada dez contribuintes nos Estados Unidos.

Para os 10% que especificam as deduções, as duas maiores costumam ser os impostos de renda estaduais e os juros pagos sobre uma hipoteca doméstica. Não são os *pagamentos* da hipoteca, apenas a parte que vai para os juros (no início de uma hipoteca, isso é a maior parte do pagamento). Despesas médicas, a maior parte das doações de caridade, algumas despesas educacionais e contribuições do plano de aposentadoria também são importantes deduções fiscais. Muitas deduções, como as de juros dos empréstimos para estudantes, são eliminadas em níveis mais altos de renda.

É importante levar em conta o papel da dedução padrão e a natureza do que as deduções fiscais de fato fazem quando apresentadas com a promessa de que algo é "dedutível". A maioria delas, incluindo doações de caridade, só é benéfica se você discriminá-la, e não usar a dedução padrão — lembre-se de que é algo que 90% dos contribuintes não fazem. É muito improvável que você tenha deduções detalhadas suficientes para evitar a dedução padrão, a menos que tenha a hipoteca da casa. E mesmo assim, muitas deduções, como as de dívidas de empréstimos para estudantes, estão sujeitas a limites de renda, em geral próximos de 100 mil dólares. Por fim, se você consegue deduzir, é uma dedução da sua *renda*, não de seus impostos — então ele vai reduzir apenas em torno de um terço do valor da dedução, dependendo da sua faixa de tributação.

Existem também diferentes tipos de "crédito" fiscal que beneficiam sobretudo os contribuintes com rendas mais baixas, alguns dos quais podem até resultar em pagamentos do governo, quando o rendimento tributável do contribuinte fica abaixo de zero. O crédito fiscal sobre a renda do trabalho e o crédito fiscal infantil são ambos importantes programas de seguridade social fornecidos como créditos através do sistema de tributação sobre a renda.

As pessoas que trabalham por conta própria (também conhecidas como freelancers) enfrentam uma situação fiscal mais complexa. A boa notícia é que as despesas relacionadas ao seu trabalho, como viagens e equipamento, são deduzidas de seus rendimentos (mesmo que façam a dedução padrão). A má notícia é que elas estão sujeitas a impostos adicionais, que cobram os impostos que seu empregador pagaria, caso existisse um empregador. Elas também precisam fazer pagamentos de impostos por estimativa ao longo do ano, e não apenas um único pagamento em 15 de abril, no caso dos Estados Unidos. Se você tiver uma renda substancial pelo trabalho autônomo, é bastante provável que a orientação de um consultor fiscal lhe seja útil.

Depois que todos esses cálculos forem feitos, seu rendimento tributável determina sua taxa de imposto. No entanto, ela não é determinada como um único número. As taxas de imposto de renda nos Estados Unidos possuem "faixas", o que significa que as taxas aumentam à medida que a renda aumenta, mas você paga a taxa mais alta apenas sobre a renda excedente. Em 2022, um único contribuinte pagou 10% sobre os primeiros 10.275 dólares, 12% sobre os *próximos* 31.500 dólares, 22% sobre os *próximos* 47.300 dólares e assim por diante, até atingir a taxa superior de 37% em rendas acima de 539.900 dólares. Esse fato é importante porque, embora ganhar mais dinheiro aumente sua taxa geral de imposto, isso não muda o quanto você já foi tributado — você não é punido por ganhar mais, mas esse "mais" tem uma tributação maior.

A armadilha da alta renda

Os sistemas tributários que aumentam a cobrança de acordo com a renda são conhecidos como progressivos. (É um termo econômico, não político.) O imposto de renda progressivo é amplamente adotado porque os sistemas são responsáveis pela utilidade marginal da renda. Para alguém que ganha 30 mil dólares por ano, cada dólar em impostos é uma mordida significativa retirada de sua qualidade da vida. Para alguém que ganha 300 mil, um dólar em impostos é muito menos custoso, e, para alguém que ganha 3 milhões de dólares, é irrelevante. Portanto, os sistemas tributários progressivos pesam menos sobre aqueles que podem pagar menos e pesam mais sobre quem possui mais. Observe que apenas os impostos de renda são progressivos. Imposto sobre vendas, imposto sobre a propriedade, registro de carros e praticamente todas as outras formas de tributação são "regressivas": todo mundo paga o mesmo independentemente de qual seja a renda. Por isso, eles pesam mais em pessoas de baixa renda.

IMPACTO DO IMPOSTO DE RENDA

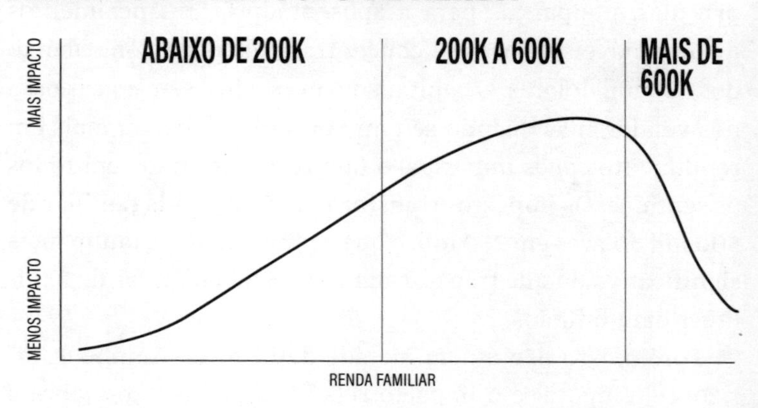

O sistema de taxas dos Estados Unidos é progressivo até certo ponto, mas se estabiliza quando se atinge a faixa superior (atualmente, uma renda de 539.900 dólares). Como resultado, o *impacto* do imposto sobre o rendimento é maior sobre os trabalhadores com rendimentos elevados: médicos, advogados, engenheiros, gestores seniores; aqueles cuja remuneração os coloca *perto* da faixa de imposto mais elevada, mas não acima dela. E isso antes de considerarmos os meios que os verdadeiramente ricos têm para manter seus impostos baixos. Warren Buffett deu a famosa declaração sobre sua alíquota de imposto ser inferior à de sua secretária.[17]

Vamos pensar em duas famílias, uma com uma renda anual de 500 mil dólares e outra de 2 milhões. A segunda família pagará uma taxa de imposto *ligeiramente* mais elevada (se eles não tiverem os advogados tributários de Warren Buffett), mas, partindo do pressuposto que ambas vivem em estados com impostos elevados, as duas pagarão *cerca de* 50% de sua renda em impostos. A taxa é a mesma, mas o impacto na qualidade de vida será muito maior para as famílias com rendimentos mais baixos. Isso se deve ao declínio da utilidade marginal do dinheiro, mas também porque as despesas que acompanham a prosperidade (mensalidades em escolas privadas, poupanças para a aposentadoria, financiamentos de automóveis e casa) se concentram todas na zona abaixo dos 500 mil dólares. O capitalismo nunca fica sem coisas para nos vender, mas quando se tem 500 mil dólares ou mais em rendimentos *após impostos*, o que resta são luxos em todos os sentidos. Os impostos transformam uma renda familiar de 500 mil dólares em 250 mil, o que é uma mudança muito mais significativa do que transformar uma renda familiar de 2 milhões em 1 milhão.

Porém, isso não é nem metade da história. Amplie o horizonte temporal e o impacto relativo dos impostos sobre a família de 500 mil dólares ficará ainda maior, porque ***quem ganha mais pode converter muito mais renda em capital***. Uma família com renda de 2 milhões que vive com 500 mil por ano desfruta de um padrão de vida bastante alto, muito fora do alcance da família com renda de 500 mil (que tem apenas 250 mil por ano para gastar após o pagamento de impostos). E, mesmo nesse nível de consumo, gastando mais de 40 mil dólares por mês, a família ainda poupa 500 mil por ano. Em apenas dez anos, 500 mil dólares por ano investidos com um retorno de 8% produzirão um fundo de investimento de quase 8 milhões, gerando mais de 600 mil por ano em rendimentos (tributados com base nas taxas de ganhos de capital). Pessoas com rendimentos muito elevados costumam pagar taxas elevadas de imposto sobre a renda, mas isso quase não prejudica sua qualidade de vida nem atrasa sua rápida criação de riqueza, porque elas são capazes de converter grande parte de seu rendimento em capital.

Há um motivo para o sistema ser chamado de "capitalista", e não de "trabalhista". A riqueza vem do investimento de capital, não dos salários da mão de obra. A partir do momento em que se consegue converter quantidades significativas dos seus salários em capital para investimento, você atinge a velocidade da luz.

Impostos sobre a folha de pagamento

Os impostos sobre a folha de pagamento são uma forma de imposto de renda, mas são muito mais simples em princípio e em execução, em especial para funcionários assalariados, que têm os valores descontados automaticamente de seu salário. Porém, podem ser uma surpresa desagradável para os trabalhadores autônomos.

Nos Estados Unidos, existem dois impostos federais sobre a folha de pagamento: o Seguro Social e o Medicare. O valor do Seguro Social é de 12,4%, mas metade é "paga pelo empregador", então você só vê um imposto de 6,2% no seu recibo de pagamento. Eu coloquei isso entre aspas, porque, não se deixe enganar, quando o contrataram sua empresa estava ciente de que pagaria pelos outros 6,2%. No entanto, os impostos sobre o pagamento do Seguro Social são limitados. Em 2023, o limite era de 160.200 dólares anuais em salários — se você ganhar mais do que isso, o imposto sobre o Seguro Social desaparece pelo restante do ano. A alíquota do Medicare é de 2,9%, e é dividida da mesma maneira. Não há limite para os impostos sobre o Medicare, e a taxa de imposto aumenta um pouco para quem ganha mais. A maioria dos estados também possui impostos sobre a folha de pagamento, embora em geral sejam muito baixos e limitados em níveis mínimos.

Se você recebe salário, não há como fugir dos impostos retidos na folha de pagamento — não há deduções e as taxas até se aplicam ao dinheiro que você usa para contribuir em um plano 401(k). É fácil ignorar os impostos sobre a folha de pagamento se você trabalha por conta própria, mas eles dão uma mordida grande, já que é preciso pagar as partes do empregador e do empregado, totalizando mais de 15% nos primeiros 160 mil dólares em renda.

Taxas de imposto efetivas *versus* marginais

A combinação das faixas das taxas de imposto sobre renda com os impostos limitados sobre os salários deixa evidente que nem todos os dólares de rendimento são tributados pela mesma taxa e, para algumas pessoas, essa diferença pode ser substancial o bastante para influenciar suas decisões de vida.

O conceito-chave é a diferença entre sua taxa de imposto "efetiva" e sua taxa de imposto "marginal". Isso é complexo, mas tenha paciência, é importante. Sua taxa efetiva de imposto é o que você pagou no total; sua taxa marginal de imposto é o que você paga sobre o próximo dólar incremental. Pense em um casal no qual um dos cônjuges ganha 200 mil dólares, enquanto o outro fica em casa em tempo integral com os filhos. Se eles tiverem uma hipoteca e algum planejamento tributário sensato, a renda tributável deles será de apenas 130 mil, e seu imposto de renda federal e o imposto sobre a folha de pagamento serão de cerca de 32 mil dólares, para uma alíquota de imposto federal efetiva de 16%.*

---

* Supondo juros hipotecários suficientes e outras deduções para deduzir na declaração, além de uma contribuição máxima ao plano de aposentadoria 401(k), seu lucro tributável é de 130 mil dólares, fazendo seu imposto de renda federal chegar a 19.800, mais impostos sobre a folha de pagamento de cerca de 12.800 e uma alíquota de imposto federal efetiva de 16%: (19.800 + 12.800) / 200.000. Porém, tenha em mente que o código tributário muda a cada ano e esses números específicos ficarão cada vez mais desatualizados.

Mas o que acontece se o segundo cônjuge voltar a trabalhar? Essa taxa efetiva de 16% já se aproveita das deduções do casal, do limite máximo de imposto do Seguro Social do primeiro cônjuge e da natureza gradual do imposto sobre a renda. O dinheiro incremental é tributado a uma taxa muito mais elevada. Se o segundo cônjuge conseguir um emprego que pague 100 mil dólares ao ano, tudo será renda tributável e vai trazer um aumento de 30 mil dólares em impostos federais, ou uma alíquota *marginal* de imposto de 30%. Isso representa 14 mil dólares a mais em impostos do que você pagaria caso presumisse que a taxa efetiva de imposto de 16% se aplicaria a ganhos adicionais. Em estados com impostos elevados, essa variação pode ser ainda maior.

Esses tipos de resultados desiguais estão em toda parte no código tributário, e tornam arriscado extrapolar a partir de suas circunstâncias atuais. Os aumentos na renda podem desencadear vários impostos e eliminar o que foi economizado de maneiras surpreendentes. Do mesmo modo, pequenas mudanças no código tributário podem tornar algumas estratégias obsoletas e trazer novas à tona. Tudo isso faz com que o *tempo* tenha um aspecto crucial para o planejamento tributário.

Diferir? Eu nem sei quem é esse!

O tempo é o aspecto mais importante na dinâmica do planejamento tributário. A ideia básica é esta: você deve distribuir sua renda ao longo do tempo para que sua taxa de imposto efetiva seja a mais baixa possível ao longo da vida. Para seu rendimento ordinário, isso costuma significar diferir, ou seja, postergar a renda dos anos com seus maiores rendimentos (ou dos locais com maiores rendimentos, caso preveja uma mudança saindo ou entrando em um território com impostos mais elevados ou mais baixos). Nos anos em que você tiver rendimentos elevados, sua taxa marginal de imposto será elevada — no caso dos Estados Unidos, 37% na faixa federal mais alta (que chega a 540 mil dólares em rendimento tributável), mais outros 10% ou mais em estados com impostos elevados. Para cada dólar de renda que postergar de um ano com taxa marginal de imposto de 47% para outro em que sua taxa marginal de imposto é de apenas 20%, você estará economizando 27 centavos. Um retorno de 27% apenas sobre contribuição fiscal é algo incrivelmente poderoso. Quando se soma o poder dos juros compostos ao investir esses 27% extras, a economia fiscal por si só é capaz de dobrar seu dinheiro.

No caso estadunidense, este é o benefício de planos de aposentadoria como o 401(k) e o IRA. Eles oferecem controle sobre quando você paga impostos em cima de parte de sua renda. Existem dois planos desse tipo, o modelo tradicional e o modelo Roth, e a melhor escolha varia de acordo com a pessoa e a situação.

A diferença mais simples é entre os planos 401(k) e os IRAs. Um plano 401(k) é oferecido por um empregador, que retém as contribuições de seu salário e os deposita em sua conta no plano. No caso do IRA, você mesmo faz esse procedimento. Além disso, os planos 401(k) permitem contribuições anuais muito mais altas, mas seu empregador precisa oferecer esse benefício. (Trabalhadores autônomos podem criar os próprios planos.)

A diferença mais complexa é entre as variações do modelo tradicional e o modelo Roth. Quando se contribui com dinheiro para um plano *tradicional*, o valor é deduzido de sua renda tributável no ano em que você faz a contribuição. Portanto, se sua taxa de imposto de renda for de 30% e você contribuir com mil dólares para um IRA, sua receita tributável será reduzida em mil dólares e você economiza 300 dólares em impostos. E, enquanto estiver no plano, você também não paga impostos sobre os ganhos de investimento que o dinheiro rende. Em algum momento, quando sacar o dinheiro, você paga imposto de renda sobre esses saques. O dinheiro não tem liquidez até seus 59,5 anos, porque você não pode sacá-lo antes disso sem pagar impostos e uma tarifa, e você deve começar a sacar seu dinheiro aos 73 anos.

O modelo Roth funciona ao contrário. Você não pode deduzir as contribuições de seus impostos quando as realiza, mas, quando passa a sacar o dinheiro mais tarde, tudo fica isento de impostos. Além disso, você pode sacar o dinheiro da contribuição para um plano no modelo Roth a qualquer momento (mas não os rendimentos de investimento que ele obteve) e você nunca é obrigado a sacar o dinheiro. Os IRAs do modelo Roth são limitados a pessoas de renda média e baixa, enquanto os planos 401(k) do modelo Roth não têm essa limitação.

Nos anos em que seus ganhos alcançam o pico, você provavelmente vai querer fazer as contribuições máximas nos modelos tradicionais 401(k) e IRA, porque não vai pagar impostos sobre o dinheiro na faixa mais alta de imposto. Mas no início de sua carreira, se sua renda for baixa, é provável que seja melhor fazer contribuições depois dos impostos no modelo Roth tanto para um plano IRA como para um 401(k), porque sua taxa de imposto é baixa naquele momento e provavelmente será maior na aposentadoria, quando você já acumulou riqueza. Além disso, os planos Roth oferecem o benefício adicional de deixar você acessar parte do dinheiro mais cedo, se necessário.

Também existem planos de poupança e impostos específicos para determinadas situações. Nos Estados Unidos, o plano

401(K) TRADICIONAL	IRA TRADICIONAL
ROTH 401(K)	ROTH IRA

- Menos impostos agora
- Multas por saques antes dos 59,5 anos
- Saques obrigatórios aos 73 anos

- Menos impostos mais tarde
- Sem multas por saques antes dos 59,5 anos
- Sem saques obrigatórios

• Empregador • Limite de contribuição alto • Autônomo • Limite de contribuição baixo

de poupança universitária 529 pode ajudar as famílias a poupar para a faculdade e reduzir impostos. As contas-poupança de saúde (HSAs, em inglês) podem ser utilizadas para evitar impostos sobre uma renda destinada a despesas e cuidados de saúde. Esses tipos de planos são a base do diferimento de rendimentos, o conceito que está no cerne de todos os tipos de estratégia fiscal. Uma das vantagens do capital sobre o trabalho é a simples capacidade de programar as restituições: você pode manter a valorização dos ativos até precisar do dinheiro, diferindo assim os impostos, enquanto sua renda é tributada no ato do recebimento.

Entre planos de aposentadoria e outros veículos financeiros, é preciso pensar em sua renda como algo que você pode movimentar ao longo do tempo — pague as taxas quando as taxas marginais de imposto estiverem baixas, postergue quando estiverem altas. Nos anos de ganhos mais altos, seu objetivo deve ser o adiamento, mas a resposta certa para você pode mudar a cada ano. O objetivo é minimizar seus impostos ao longo da vida, e não em um ano específico. Dito isso, os impostos pagos no início de sua carreira são mais caros do que aqueles que você paga mais tarde devido ao custo de oportunidade associado ao não investimento desse dinheiro.

CONSELHOS DE UMA VIDA INTEIRA DE INVESTIMENTOS

Vá enquanto os outros voltam

Quando todos estão fazendo a mesma escolha, nos tornamos idiotas e perdemos dinheiro. Vá enquanto os outros voltam. Inicialmente, o dinheiro investido em um setor pode criar um mercado, pois uma certa quantidade de capital é necessária para obter tração. Mas logo, quanto mais dinheiro investido, maior é o preço de entrada e menor é seu retorno. Quando todos estão comprando imóveis em Miami, ou quando todos podem pedir empréstimos estudantis, o preço dos condomínios e da educação aumenta (inflação) e o retorno diminui. Com a dívida estudantil, quanto mais se paga, menor o valor do diploma. Nos últimos oitenta anos, um diploma de faculdade possibilitou um enorme retorno sobre investimento (ROI, em inglês). No entanto, meus colegas de faculdade e eu há décadas nos perguntamos todos os dias: "Como faço para aumentar meus ganhos enquanto reduzo minhas responsabilidades?" A consequente busca por status e os aumentos massivos no valor das mensalidades sugaram grande parte do ROI de um diploma de faculdade. Aproximadamente um terço das pessoas não consegue pagar seus financiamentos estudantis, pois o excesso de investimento prejudicou o retorno.

Não confie em suas emoções

Qualquer coisa mais arriscada do que uma conta-poupança terá dias ruins. Saiba que isso faz parte do processo, não reaja de forma exagerada. No fim das contas, é a sua tolerância às perdas que determina até que ponto você deve subir na escala de riscos.

Ao sofrer uma perda, aprenda com ela. Aprenda primeiro sobre si mesmo. Qual foi o impacto psicológico, e quanto tempo você vai levar para se recuperar? Esse é o indicador de sua adequação para investimentos ativos. Aprenda também sobre sua estratégia. O investidor bilionário Ray Dalio é obcecado em aprender com as perdas. Seu livro *Princípios* é uma aula de 500 páginas sobre como analisar seus erros com rigor e aprender com eles. Ele sugere anotar seu processo de tomada de decisão em detalhes e revisá-lo, pois isso lhe oferece a vantagem de ver as coisas em retrospectiva para entender onde errou e como evitar esse erro no futuro: "O erro mais comum que vejo as pessoas cometerem é lidar com os problemas como se eles fossem isolados, em vez de usá-los para diagnosticar como seu processo está funcionando para que possam melhorá-lo... Fazer um diagnóstico completo e preciso, embora seja mais demorado, vai pagar muitos dividendos no futuro."[18] Eu não tenho a disciplina de Ray (poucos a têm), mas sempre que dediquei um tempo para pensar com seriedade sobre onde errei em um investimento, em uma decisão de negócios, em um relacionamento, obtive "grandes dividendos" em retorno, como ele prometeu.

Isso também tem implicações para os dias de ganhos. Esteja disposto a retirar os lucros. Se um investimento disparar, seja porque você adivinhou direito em uma ação que viralizou ou porque sua startup abriu capital, tire uma boa parte do crescimento desse ativo e diversifique. A psicologia vai lutar contra isso — se você venceu ontem, vai começar a acreditar que a vitória é um hábito, e que portanto você vai ganhar de novo amanhã. Mas a gravidade e a reversão para a média são as leis máximas do universo financeiro. Para cada história que você ouve sobre um empresário que hipotecou a casa para comprar ações de uma empresa e se tornou megamilionário, há centenas de pessoas que fizeram o mesmo e faliram. Eu continuei apostando na Red Envelope (a empresa que comecei em 1997), e isso me deixou perto da falência aos 40 anos. Retire os lucros (você mereceu) e torça para estar errado na venda.

Não faça day trade

A linha entre fazer investimentos ativos e fazer day trade é tênue, mas ela ficará clara depois que você cruzá-la. Provavelmente, você não será o único. Nos mercados em alta, confundir sorte com talento e dopamina com investir são coisas contagiosas. E as corretoras estão bastante dispostas a saciar o seu vício. Diabetes, pressão alta e compartilhar uma captura de tela de seus ganhos no mercado são doenças da era da produção industrial que excedem nossos instintos. Especular (diferente de "investir") pode parecer trabalho e produtividade. Mas não é. Trata-se de apostar, mas com menos chances e sem bebidas grátis. Um estudo constatou que, durante um período de dois anos, apenas 3% dos traders de varejo ativos obtiveram lucro.[19] Durante a epidemia mais recente de day trading, milhões de homens jovens (principalmente) presos em casa pela Covid-19, descobriram aplicativos como o Robinhood. Com seus chamativos gatilhos de dopamina, essas ferramentas transformaram a negociação no volátil mercado de criptomoedas, 24 horas por dia, na droga preferida de muitos.

A maioria dos day traders não terá problemas por sofrer perdas aceitáveis... a maioria. No entanto, para muitos, existem resultados mais sombrios. Homens jovens são vulneráveis em especial, pois são mais agressivos. Nove em cada dez day traders são homens[20] e 14% dos jovens que apostam se tornam viciados (contra 3% das mulheres).[21] A maioria de nós pode jogar sem ficar viciado, assim como a maioria de nós pode beber sem se tornar um alcoólatra. Mas repito: a maioria de nós.

Mudança

Uma das ferramentas de construção de riqueza mais poderosas à sua disposição é alocar seu recurso mais importante (seu tempo), ainda mais quando se é jovem, para mercados que oferecem retornos maiores. Uma das razões pelas quais a economia dos Estados Unidos cresceu com mais rapidez — com mais consistência do que qualquer economia nos últimos dois séculos — é que mudanças estão no DNA dos norte-americanos. "Vá para o oeste, jovem." Se você for jovem, deixe a flexibilidade geográfica ser uma vantagem em relação a seus colegas mais velhos, que provavelmente têm mais raízes e menos flexibilidade. Seja qual for sua idade, mantenha um olho no horizonte, em busca de oportunidades.

A diferença na arbitragem trazida pela mudança de um estado com altos impostos para um no qual os impostos são baixos pode ser algo que muda sua vida. Vários estados, incluindo a Flórida, o Texas e Washington, não têm imposto de renda. (Há pouco tempo Washington criou um imposto sobre ganhos de capital, mas com uma alta dedução.) O imposto de renda não é a única coisa a ser levada em conta — os serviços do governo precisam ser pagos por alguém, e muitas vezes há impostos mais altos sobre vendas ou impostos sobre a propriedade em estados com impostos de renda mais baixos. Mas a carga tributária total varia de modo substancial de estado para estado e, dependendo da sua renda e do seu perfil de gastos, as diferenças podem ser significativas.

Deixar estados com impostos reconhecidamente altos, como Nova York e Califórnia, pode levar à economia de mais de 10% de sua renda bruta a cada ano. Se você conseguir manter sua trajetória de renda e tiver a disciplina para investir o que economizar desses impostos, estará no caminho certo rumo aos seus objetivos de investimento de longo prazo. Obviamente, escolher onde morar tem consequências econômicas para além dos impostos e desdobramentos pessoais significativos. Mas, no mínimo, se você estiver comparando ofertas de emprego, preços de moradia e outros fatores entre diferentes oportunidades, mantenha as implicações fiscais em mente.

PONTOS DE AÇÃO EM TÓPICOS

- **Converta sua renda em capital.** O capital é o dinheiro colocado para trabalhar, criando valor. Investir é fornecer capital em troca de uma parte desse valor. A riqueza é alcançada pelos investimentos, não apenas pela renda.
- **Aprenda sobre a economia.** De operações de negócios individuais aos movimentos de taxa de juros do Fed, o ecossistema econômico afeta a todos nós. Ele deve ser a base para suas decisões em todas as áreas.
- **Diversifique para maximizar os retornos, não o potencial de alta.** Seu objetivo é gerar ganhos constantes e de longo prazo para que os juros compostos possam exercer seu poder. Isso significa diversificar seu capital em diferentes investimentos, em vez de concentrar tudo naquele que você acha que proporcionará o maior retorno.
- **Pense no dinheiro como uma forma de negociar seu tempo.** O tempo é nosso ativo básico, e nós o vendemos em troca de dinheiro, que usamos para comprar os frutos do tempo de outras pessoas. Quando fizer um investimento, valorize o tempo que gasta com ele assim como valoriza o dinheiro que investiu nele. Ao tomar uma decisão de compra, pense no custo em termos de horas que levou para ganhar aquele dinheiro.
- **Risco é o preço de um retorno.** Risco é uma medida de probabilidade: a de ganhar ou perder dinheiro. Não há investimento sem risco, por isso certifique-se de que o retorno potencial justifica o nível de risco.
- **Valor retorna dependendo da probabilidade e do tempo.** O dinheiro que você tem hoje vale mais do que o dinheiro prometido para amanhã. O dinheiro prometido para amanhã vale mais do que o dinheiro prometido para daqui a um ano. O dinheiro prometido por uma fonte confiável vale mais do que o dinheiro prometido por uma fonte desconhecida ou não confiável.
- **Invista principalmente em títulos passivos, diversificados e de baixo custo.** Os fundos de índice (ETFs) são o melhor amigo do investidor de varejo. Eles fornecem diversificação passiva com riscos transparentes.

- **Reserve uma pequena parte de suas economias para investimentos ativos no mercado.** Eu recomendo 20% dos primeiros 10 mil dólares que você economizar. Compre e venda ações individuais, assuma posições em commodities, "jogue" de acordo com o mercado. Aprenda na prática e sinta o sabor das vitórias e das derrotas. Mantenha registros precisos de seus investimentos, taxas, ganhos, perdas e impostos.

- **Compre uma casa quando for a hora certa.** O setor imobiliário é o rei das classes de ativos, e possuir uma casa é a maneira como a maioria das pessoas investe em imóveis. Trata-se de uma economia forçada, um investimento de cujo valor você desfruta todos os dias e pode ser a âncora do seu portfólio. Mas uma âncora não é boa quando se deseja velejar. A propriedade de uma casa é, em primeiro lugar, uma decisão para certo estágio da vida e, em segundo lugar, uma decisão de investimento.

- **Tenha cuidado com as taxas.** Os mercados financeiros são baseados em taxas, pequenas fatias retiradas de seu capital à medida que ele se move de um lugar para outro. Muitas vezes escondidas nas letras miúdas e calculadas a partir de números enganosamente pequenos, as taxas podem causar grandes perdas em seus retornos.

- **Esteja ciente dos impostos.** Maior taxa de todas, a tributação pode alterar significativamente o retorno de seu investimento. Você não entende um investimento a menos que entenda suas implicações fiscais.

- **Programe seus impostos ao longo do tempo.** Investir em planos de aposentadoria como o IRA tradicional ou 401(k), nos Estados Unidos, aumenta seus retornos por meio da postergação da tributação, potencialmente por décadas. Por outro lado, investir em um modelo como o Roth faz o imposto ser pago agora em troca de receita isenta de impostos no futuro. A escolha certa para você depende de suas circunstâncias atuais e suas expectativas.

- **Desconte suas emoções.** Emoções são valiosas e essenciais para uma boa tomada de decisão. Mas investir provoca fortes emoções, que podem interferir nos cálculos necessários para o sucesso.

- **Não faça day trade**. Se você deseja negociar títulos todos os dias, transforme isso em seu trabalho de tempo integral. Pode ser uma ótima carreira se for adequada aos seus talentos. Mas, se for um hobby, não deixe que se torne uma obsessão. Você perderá não só dinheiro, mas também algo mais valioso: seu tempo.

EPÍLOGO

O JOGO QUE IMPORTA

Tudo o que é significativo na vida tem a ver com os outros. Sua capacidade de apoiar e amar os outros e sua disposição de permitir que eles o amem. Quando se vive sozinho, é impossível conquistar algo importante.

Quando minha mãe foi diagnosticada com câncer pela terceira vez, sabíamos que tinha chegado "a hora" dela. Em sua última semana de vida, ela sentia um frio incontrolável e tremia. Não importava o quanto aumentássemos o termostato, ou quantos cobertores colocássemos, ela ainda tremia. Por fim, por instinto, segurei minha mãe nos braços, como um pai seguraria uma criança que pegou no sono antes da hora. Seus tremores diminuíram. Consumida pelo câncer e com menos de quarenta quilos somando-se o peso de suas roupas enxarcadas, essa mulher só conseguiu encontrar calor nos braços do filho. Pela primeira vez, o sucesso e a relevância que eu estava buscando havia tanto tempo tinham algum significado. Eu era um homem. Um homem de quem as pessoas poderiam depender.

No fim de semana passado, ofereci ao meu filho o poder da escolha: "O que você quiser fazer." Isso nos levou a um jogo de futebol do Chelsea e a dois passeios nos shoppings Battersea Power Station e Coal Drops, em Londres. Ir ao shopping... quem diria? Comprar chuteiras de futebol da Nike, esperar na fila do sorvete e pegar o "elevador da chaminé" que leva ao topo da estação de Battersea. Alerta de spoiler: todas as crianças devem ir ao topo de qualquer estrutura que tenha um "topo" de onde você possa observar o que está em volta.

Minha capacidade de cuidar de minha mãe e de mimar meu filho (que recebeu o nome dela como nome do meio) resulta de senso de humanidade e de instinto paterno. E a capacidade de permitir que esses instintos aumentem seu alcance decorre da minha segurança financeira. Eu pude tirar uma licença do trabalho e dispor dos recursos substanciais necessários para que minha mãe pudesse morrer em casa, e não sob luzes fortes, cercada por estranhos. Sem dinheiro é possível ter a capacidade de ser o filho ou o pai que você imagina, mas é mais provável que você consiga ser presente (sem se distrair com o imenso estresse jogado sobre você por uma sociedade capitalista) se tiver alguma segurança financeira.

Encontre algo em que seja bom e pelo qual as pessoas paguem e vá com tudo, tudo mesmo. Gaste menos do que ganha para poder criar uma tropa, depois uma divisão e, em seguida, um exército de capital que luta por você e por seus entes queridos enquanto você dorme. Diversifique para poder suportar o desconhecido que nos rodeia. E tenha uma perspectiva a longo prazo: adote a sabedoria de admitir que o tempo passará mais rápido do que você pensa.

Tudo isso pode levar você para águas mais profundas, permitindo-lhe que se encontre na companhia, no momento, na profundidade... dos outros. Este é o jogo que importa.

A vida é muito rica,
Scott

AGRADECIMENTOS

Os livros, assim como a riqueza, não se fazem sozinhos.

Reconhecer que a grandeza está na ajuda dos outros e gastar o capital (tempo e dinheiro) para atrair e reter pessoas, profissionais e relacionamentos é um superpoder.

Toda a equipe da Prof G Media tornou este livro possível. As seguintes pessoas colocaram as mãos nele diretamente:

PRODUTORES EXECUTIVOS: Jason Stavers
Katherine Dillon

PESQUISA E PRIMEIROS LEITORES: Ed Elson
Claire Miller
Caroline Schagrin
Mia Silverio

DESIGN GRÁFICO: Olivia Reaney
SUPORTE ADMINISTRATIVO Mary Jean Ribas

Meu agente, meu publisher e minha editora são os mesmos desde que oferecemos a ideia do livro *Os quatro* pela primeira vez, há muitos anos e livros atrás:

Jim Levine
Adrian Zackheim
Niki Papadopoulos

Agradeço também ao meu bom amigo Todd Benson, à minha colega Sabrina Howell, da NYU Stern School of Business, e a Joe Day, da Bear Mountain Capital, por suas sugestões atenciosas ao longo do livro. A Tyler Comrie, que criou a arte da capa.

Eu contei a história de Cy Cordner no capítulo quatro, um corretor de bolsa que se interessou por mim quando eu tinha 13 anos. Os mentores têm um valor único. Não apenas para conselhos e apoio práticos, mas também pela conexão humana que oferecem. Quarenta anos depois que Cy me ajudou a comprar minhas primeiras ações, vejo a prosperidade todos os dias, graças a ele e às muitas outras pessoas que plantaram árvores em cuja sombra elas nunca se sentariam. De todas as coisas pelas quais fui abençoado, ter tantos mentores foi algo especial. Cy foi o primeiro deles.

Ao professor David Aaker, que me inspirou a abrir uma empresa de estratégia de marca e foi fundamental para o sucesso dela. A Warren Hellman, que me levou às primeiras reuniões de conselho corporativo e me ensinou quando falar e quando ouvir. A Pat Connolly, que acreditou em mim e em nossa empresa emergente, a Prophet, ao nos conectar com a Williams-Sonoma na década de 1990. A lista continua até os dias atuais. Este livro é uma homenagem às muitas pessoas que me ajudaram a construir segurança financeira e a me concentrar em ser um bom cidadão e um bom pai.

NOTAS

INTRODUÇÃO

1 CROW, Sheryl Crow e TROTT, Jeff Trott. "Soak Up the Sun", *C'mon, C'mon*, A&M Records, 2002.

2 DYLAN, Bob."It's Alright, Ma (I'm Only Bleeding)", *Bringing It All Back Home*, Columbia Records, 1965.

3 TEKIN, Eylul. "A Timeline of Affordability: How Have Home Prices and Household Incomes Changed Since 1960?" Clever, 7 ago. 2022. Disponível em: listwithclever.com/research/home-price-v-income-historical-study.

4 KAYSEN, Ronda. "'It's Never Our Time': First-Time Home Buyers Face a Brutal Market", *New York Times*, 11 nov. 2022. Disponível em: www.nytimes.com/2022/11/11/realestate/first-time-buyers-housing-market.html.

5 GIOVANETTI, Erika. "Medical Debt Is the Leading Cause of Bankruptcy, Data Shows: How to Reduce Your Hospital Bills", Fox Business, 25 out. 2021. Disponível em: www.foxbusiness.com/personal-finance/medical-debt-bankruptcy-hospital-bill-forgiveness.

6 ADAMY, Janet e OVERBERG, Paul. "Affluent Americans Still Say 'I Do.' More in the Middle Class Don't", *Wall Street Journal*, 8 mar. 2020. Disponível em: www.wsj.com/articles/affluent-americans-still-say-i-do-its-the-middle-class-that-does-not-11583691336.

7 "The American Dream Is Fading", Opportunity Insights, Harvard University. Disponível em: opportunityinsights.org/national_trends. Acesso em: 31 ago. 2023.

8 "How the Young Spend Their Money", *Economist*, 16 jan. 2023. Disponível em: www.economist.com/business/2023/01/16/how-the-young-spend-their-money.

9 EVANS, Gary W. "Childhood Poverty and Blood Pressure Reactivity to and Recovery from an Acute Stressor in Late Adolescence: The Mediating Role of Family Conflict", *Psychosomatic Medicine* 75, nº 7 (2013): 691–700.

ESTOICISMO

1 GATHERGOOD, John. "Self-Control, Financial Literacy and Consumer Over-Indebtedness", *Journal of Economic Psychology* 33, nº 3 (jun. 2012): 590-602. Disponível em: doi.org/10.1016/j.joep.2011.11.006.

2 COVEY, Stephen R. *The 7 Habits of Highly Effective People*: Powerful Lessons in Personal Change, 30th anniversary edition. Nova York: Simon & Schuster, 2020, 18–19. [No Brasil: *Os 7 hábitos das pessoas altamente eficazes* (edição comemorativa). Rio de Janeiro: BestSeller, 2022]

3 GE, Long et al. "Comparison of Dietary Macronutrient Patterns of 14 Popular Named Dietary Programmes for Weight and Cardiovascular Risk Factor Reduction in Adults: Systematic Review and Network Meta-Analysis of Randomised Trials", *BMJ* (1 abr. 2020): 696. Disponível em: doi.org/10.1136/bmj.m696.

4 CLEAR, James. *Atomic Habits*: An Easy & Proven Way to Build Good Habits & Break Bad Ones. Nova York: Avery, 2018, 36. *Hábitos atômicos*. Rio de Janeiro: Alta Life, 2019.

5 BRICKMAN, Philip et al. "Lottery Winners and Accident Victims: Is Happiness Relative?" *Journal of Personality and Social Psychology* 36, nº 8 (ago. 1978): 917–27. Disponível em: doi.org/10.1037/0022-3514.36.8.917.

6 LINDQVIST, Erik et al. "Long-Run Effects of Lottery Wealth on Psychological Well-Being", *Review of Economic Studies 87*, nº 6 (nov. 2020): 2703–26. Disponível em: doi.org/10.1093/restud/rdaa006.

7 KAHNEMAN, Daniel e DEATON, Angus. "High Income Improves Evaluation of Life but Not Emotional Well-Being", *Proceedings of the National Academy of Sciences of the United States of America* 107, nº 38 (set. 2010): 16489–93. Disponível em www.pnas.org/doi/full/10.1073/pnas.1011492107; KILLINGSWORTH, Matthew A. "Experienced Well-Being Rises with Income, Even Above $75,000 Per Year", *Proceedings of the National Academy of Sciences of the United States of America* 118, nº 4 (2021): e2016976118. Disponível em: www.pnas.org/doi/full/10.1073/pnas.2016976118; KILLINGSWORTH Matthew A.; KAHNEMAN, Daniel e MELLERS Barbara. "Income and Emotional Well-Being: A Conflict Resolved", *Proceedings of the National Academy of Sciences of the United States of America* 120, nº 10 (mar. 2023): e2208661120. Disponível em:

www.pnas.org/doi/full/10.1073/pnas.2208661120. Veja também: PICCHI, Aimee. "One Study Said Happiness Peaked at $75,000 in Income. Now, Economists Say It's Higher—by a Lot", CBS News Money Watch, 10 mar. 2023. Disponível em: www.cbsnews.com/news/money-happiness-study-daniel-kahneman-500000-versus-75000 (resumo do artigo de 2023).

8 RØYSAMB, Espen et al. "Genetics, Personality and Wellbeing: A Twin Study of Traits, Facets, and Life Satisfaction", *Scientific Reports* 8, nº 1 (17 ago. 2018). Disponível em: doi.org/10.1038/s41598-018-29881-x.

9 PILLEMER, Karl. "The Most Surprising Regret of the Very Old—and How You Can Avoid It", *Huff Post*, 4 abr. 2013. Disponível em: huffpost.com/entry/how-to-stop-worrying-reduce-stress_b_2989589.

10 HOLIDAY, Ryan. *The Obstacle Is the Way*. Nova York: Portfolio, 2014, 22.

11 ETEMADI, Maryam et al. "A Review of the Importance of Physical Fitness to Company Performance and Productivity", *American Journal of Applied Sciences* 13, nº 11 (nov. 2016): 1104-18. Disponível em: doi.org/10.3844/ajassp.2016.1104.1118.

12 YEMISCIGIL, Ayse e VLAEV, Ivo. "The Bidirectional Relationship between Sense of Purpose in Life and Physical Activity: A Longitudinal Study", *Journal of Behavioral Medicine* 44, nº 5 (23 abr. 2021): 715–25. Disponível em: doi.org/10.1007/s10865-021-00220-2.

13 SINGH, Ben et al. "Effectiveness of Physical Activity Interventions for Improving Depression, Anxiety and Distress: An Overview of Systematic Reviews", *British Journal of Sports Medicine* 57 (16 fev. 2023): 1203–09. Disponível em: doi.org/10.1136/bjsports-2022-106195.

14 KOTLER, Steven. *The Art of Impossible*: A Peak Performance Primer. Nova York: Harper Wave, 2023, 47. [No Brasil: *A arte do impossível*. Rio de Janeiro: Alta Life, 2023.]

15 Sobre flexibilidade, veja: LEITE, Thalita B. et al. "Effects of Different Number of Sets of Resistance Training on Flexibility", *International Journal of Exercise Science* 10, nº 3 (1º set. 2017): 354–64. Para outros benefícios, veja: LOHMEYER, Suzette "Weight Training Isn't Such a Heavy Lift. Here Are 7 Reasons Why You Should Try It", NPR, 26 set. 2021. Disponível em: www.npr.org/sections/health-shots/2021/09/26/1040577137/how-to-weight-training-getting-started-tips.

16 MCCRATY, Rollin et al. "The Impact of a New Emotional Self-Management Program on Stress, Emotions, Heart Rate Variability, DHEA and Cortisol", *Integrative Physiological and Behavioral Science* 33, nº 2 (abr. 1998): 151–70. Disponível em: doi.org/10.1007/bf02688660; BUCHANAN, Kathryn E. e BARDI, Anat. "Acts of Kindness and Acts of Novelty Affect Life Satisfaction", *Journal of Social Psychology* 150, nº 3 (mai. – jun. 2010): 235–37. Disponível em: doi.org/10.1080/00224540903365554; WHILLANS, Ashley

V. et al. "Is Spending Money on Others Good for Your Heart?" *Health Psychology* 35, nº 6 (jun. 2016), 574–83. Disponível em: doi.org/10.1037/hea0000332.

17 LAW, Yao-Hua. "Why You Eat More When You're in Company", BBC Future, 16 mai. 2018. Disponível em: www.bbc.com/future/article/20180430-why-you-eat-more-when-youre-in-company.

18 MCGUIGAN, Nicola; MACKINSON, J. e WHITEN, A. "From Over--Imitation to Super-Copying: Adults Imitate Causally Irrelevant Aspects of Tool Use with Higher Fidelity than Young Children", *British Journal of Psychology* 102, nº 1 (fev. 2011): 1–18. Disponível em: doi.org/10.1348/000712610x493115.

19 COUNCIL, Ad. "New Survey Finds Millennials Rely on Friends' Financial Habits to Determine Their Own", PR Newswire, 30 out. 2013. Disponível em: www.prnewswire.com/news-releases/new-survey-finds-millennials-rely-on-friends-financial-habits-to-determine-their-own-229841261.html.

20 ZAGORSKY, Jay L. "Marriage and Divorce's Impact on Wealth", *Journal of Sociology* 41, nº 4 (dez. 2005): 406-24. Disponível em: doi.org/10.1177/1440783305058478.

21 JIA, Haomiao e LUBETKIN, Erica I. "Life Expectancy and Active Life Expectancy by Marital Status Among Older U.S. Adults: Results from the U.S. Medicare Health Outcome Survey (HOS)", *SSM-Population Health* 12 (ago. 2020): 100642. Disponível em: doi.org/10.1016/j.ssmph.2020.100642; STONE, Lyman. "Does Getting Married Really Make You Happier?" Institute for Family Studies (7 fev. 2022). Disponível em: ifstudies.org/blog/does-getting-married-really-make-you-happier.

22 Zagorsky. "Marriage and Divorce's Impact on Wealth."

23 ORTH, Taylor. "How and Why Do American Couples Argue?" YouGov, 1º jun. 2022. Disponível em: today.yougov.com/society/articles/42707-how-and-why-do-american-couples-argue?.

24 "Relationship Intimacy Being Crushed by Financial Tension: AICPA Survey", AICPA & CIMA, 4 fev. 2021. Disponível em: www.aicpa-cima.com/news/article/relationship-intimacy-being-crushed-by-financial-tension-aicpa-survey.

25 YAU, Nathan. "Divorce Rates and Income", FlowingData, 4 maio 2021. Disponível em: flowingdata.com/2021/05/04/divorce-rates-and-income.

FOCO

1 CORLEY, Thomas C. "I Spent 5 Years Analyzing How Rich People Get Rich–and Found There Are Generally 4 Paths to Wealth", *Busi-*

ness Insider, 3 set. 2019. Disponível em: http://www.businessinsider.com/"om/personal-finance/how-people-get-rich-paths-to-wealth.

2 BURNETT, Bill e EVANS, Dave. *Designing Your Life*: How to Build a Well-Lived, Joyful Life. Nova York: Alfred A. Knopf, 2016, xxiv-iv. [No Brasil: *O design da sua vida*. Rio de Janeiro: Rocco Digital, 2017.]

3 CHERYAN, Sapna e MORTEJO, Therese Anne. "The Most Common Graduation Advice Tends to Backfire", *New York Times*, 22 mai. 2023. Disponível em: nytimes.com/2023/05/22/opinion/stem--women-gender-disparity.html.

4 WILLIAMS, Oliver E.; LACASA, L. e LATORA, V. "Quantifying and Predicting Success in Show Business", *Nature Communications* 10, nº 2256 (jun. 2019). Disponível em: doi.org/10.1038/s41467-019-10213-0; MULLIGAN, Mark. "The Death of the Long Tail: The Superstar Music Economy", 14 jul. 2014. Disponível em: www.midiaresearch.com/reports/the-death-of-the-long-tail; "Survey Report: A Study on the Financial State of Visual Artists Today", The Creative Independent, 2018. Disponível em: thecreativeindependent.com/artist-survey; BÄRTL, Mathias. "YouTube Channels, Uploads and Views", *Convergence: The International Journal of Research into New Media Technologies* 24, nº 1 (jan. 2018): 16–32. Disponível em: doi.org/10.1177/1354856517736979; FRANKEL, Todd C. "Why Almost No One Is Making a Living on YouTube", *Washington Post*, 2 mar. 2018. Disponível em: www.washingtonpost.com/news/the-switch/wp/2018/03/02/why-almost-no-one-is-making-a-living-on-youtube.

5 ZHANG, Yi; SALM, M. e SOEST, A. V. "The Effect of Training on Workers' Perceived Job Match Quality", *Empirical Economics* 60, nº 3 (mai. 2021), 2477–98. Disponível em: doi.org/10.1007/s00181-020-01833-3.

6 KOTLER, Steven. *The Art of Impossible*: A Peak Performance Primer. Nova York: HarperCollins, 2021, 157. *A arte do impossível*. Rio de Janeiro: Alta Life, 2023.

7 GRANT, Adam. "MBTI, If You Want Me Back, You Need to Change Too", Medium, 17 nov. 2015. Disponível em: medium.com/@AdamMGrant/mbti-if-you-want-me-back-you-need-to-change-too--c7f1a7b6970; CHAMORRO-PREMUZIC, Tomas. "Strengths-Based Coaching Can Actually Weaken You", *Harvard Business Review*, 4 jan. 2016. Disponível em: hbr.org/2016/01/strengths-based-coaching-can-actually-weaken-you.

8 ANTONCIC, Bostjan et al. "The Big Five Personality—Entrepreneurship Relationship: Evidence from Slovenia", *Journal of Small Business Management* 53, nº 3 (2015): 819–41. Disponível em: doi.org/10.1111/jsbm.12089.

9 NIEß, C. e BIEMANN, T. "The Role of Risk Propensity in Predicting Self-Employment", *Journal of Applied Psychology* 99, nº 5 (set. 2014): 1000–9. Disponível em: doi.org/10.1037/a0035992.

10 NICOLAOU, Nicos et al. "Is the Tendency to Engage in Entrepreneurship Genetic?" *Management Science* 54, nº 1 (1º jan. 2008): 167–79. Disponível em: doi.org/10.1287/mnsc.1070.0761.

11 BURNETT, Bill. "Bill Burnett on Transforming Your Work Life", Literary Hub, 1º nov. 2021, YouTube video, 37:11. Disponível em: www.youtube.com/watch?v=af8adeD9uM

12 MAZZUCATO, Mariana. *The Entrepreneurial State*: Debunking Public vs. Private Sector Myths. Londres: Anthem Press, 2013.

13 U.S. Bureau of Labor Statistics, Business Employment Dynamics. Disponível em: www.bls.gov/bdm/us_age_naics_00_table7.txt.

14 YOUNG, Joshua. "Journalism Is 'Most Regretted' Major for College Grads", Post Millennial, 14 nov. 2022. Disponível em: thepostmillennial.com/journalism-is-most-regretted-major-for-college--grads.

15 TAYLOR, Derrick Bryson. "A Cobra Appeared Mid-Flight. The Pilot's Quick Thinking Saved Lives", *New York Times*, 7 abr. 2023. Disponível em: www.nytimes.com/2023/04/07/world/africa/snake-plane-cobra-pilot.html.

16 KOBE, Kathryn e SCHWINN, Richard. "Small Businesses Generate 44 Percent of U.S. Economic Activity", U.S. Small Business Administration Office of Advocacy, 30 jan. 2019. Disponível em: advocacy.sba.gov/2019/01/30/small-businesses-generate-44-percent-of-u-s--economic-activity.

17 BREITZMAN, Anthony e THOMAS, Patrick. "Analysis of Small Business Innovation in Green Technologies", U.S. Small Business Administration Office of Advocacy, 1º out. 2011. Disponível em: advocacy.sba.gov/2011/10/01/analysis-of-small-business-innovation--in-green-technologies.

18 "Electricians: Occupational Outlook Handbook", U.S. Bureau of Labor Statistics, 15 mai. 2023. Disponível em: www.bls.gov/ooh/construction-and-extraction/electricians.htm.

19 WOHLT, Judy. "Plumber Shortage Costing Economy Billions of Dollars", *Ripple Effect: The Voice of Plumbing Manufacturers International* 25, nº 8 (2 ago. 2022). Disponível em: issuu.com/pmi-news/docs/2022-august-ripple-effect/s/16499947.

20 GOLDEN, Ryan. "Construction's Career Crisis: Recruiters Target Young Workers Driving the Great Resignation", Construction Dive, 25 out. 2021. Disponível em: www.constructiondive.com/news/construction-recruiters-aim-to-capitalize-on-young-workers-driving-great-resignation/608507.

21 BALLAND, Pierre-Alexandre et al. "Complex Economic Activities Concentrate in Large Cities", *Nature Human Behavior* 4 (jan. 2020). Disponível em: doi.org10.1038/s41562-019-0803-3.

22 "Urban Development", World Bank, 6 out. 2022. Disponível em: www.worldbank.org/en/topic/urbandevelopment/overview. Acesso em: ago. 2023.
23 DRAPKIN, Aaron. "41% of Execs Say Remote Employees Less Likely to Be Promoted", Tech.Co, 13 abr. 2022. Disponível em: tech.co/news/41-execs-remote-employees-less-likely-promoted; "Homeworking Hours, Rewards and Opportunities in the UK: 2011 to 2020", Office for National Statistics, 19 abr. 2021. Disponível em: www.ons.gov.uk/employmentandlabourmarket/peopleinwork/labourproductivity/articles/homeworkinghoursrewardsandopportunitiesintheuk2011to2020/2021-04-19.
24 RAMSEY, Dave. *The Total Money Makeover Journal*. Nashville, TN: Nelson Books, 2013, 93. [No Brasil: *A transformação total do seu dinheiro*. Campinas: Auster, 2021.]
25 CLEAR, James. *Atomic Habits*. New York: Avery, 2018, 24. [No Brasil: *Hábitos atômicos*. Rio de Janeiro: Alta Life, 2019.]
26 BASHANT, Jennifer. "Developing Grit in Our Students: Why Grit Is Such a Desirable Trait, and Practical Strategies for Teachers and Schools", *Journal for Leadership and Instruction* 13, nº 2 (set.–dez. 2014): 14–17. Disponível em: eric.ed.gov/?id=EJ1081394.
27 KOTLER, Steven. *The Art of Impossible*: A Peak Performance Primer. Nova York: HarperCollins, 2023, 72; veja também: HWANG, Mae-Hyang e KARIN NAM, JeeEun. "Enhancing Grit: Possibility and Intervention Strategies", em *Multidisciplinary Perspectives on Grit*, eds: Llewellyn Ellardus van Zyl, Chantal Olckers e Leoni van der Vaart. Nova York: Springer Nature, 2021, 77–93. Disponível em: link.springer.com/chapter/10.1007/978-3-030-57389-8_5. [No Brasil: *A arte do impossível*. Rio de Janeiro: Alta Life, 2023.]
28 REID, Don. "The Gambler", de Don Schlitz, performado por Kenny Rogers, United Artists, 1978.
29 DUKE, Annie. *Quit*: *The Power of Knowing When to Walk Away*. Nova York: Portfolio, 2022.
30 EPSTEIN, David J. *Range*: Why Generalists Triumph in a Specialized World. Nova York: Riverhead Books, 2021.
31 "Wage Growth Tracker", Federal Reserve Bank of Atlanta. Disponível em: www.atlantafed.org/chcs/wage-growth-tracker. Acesso em: jun. 2023.
32 COPELAND, Craig. "Trends in Employee Tenure, 1983–2018", *Issue Brief nº 474*, Employee Benefit Research Institute, 28 fev. 2019. Disponível em: www.ebri.org/content/trends-in-employee-tenure-1983-2018.
33 Bureau of Labor Statistics, "Employee Tenure in 2022", U.S. Department of Labor, 22 set. 2022. Disponível em: www.bls.gov/news.release/tenure.nr0.htm.

34 CHAPMAN, Cate. "Job Hopping Is the Gen Z Way", LinkedIn News, 29 mar. 2022. Disponível em: www.linkedin.com/news/story/job--hopping-is-the-gen-z-way-5743786.
35 WOO, Sang Eun. "A Study of Ghiselli's Hobo Syndrome", *Journal of Vocational Behavior* 79, nº 2 (2011): 461–69. Disponível em: doi.org/10.1016/j.jvb.2011.02.003.
36 QUAST, Lisa. "How Becoming a Mentor Can Boost Your Career", *Forbes*, 31 out. 2012. Disponível em: http://www.forbes.com/sites/lisaquast/2011/10/31/how-becoming-a-mentor-can-boost-your-career.
37 BENNET, James. "The Bloomberg Way", *Atlantic*, nov. 2012. Disponível em: www.theatlantic.com/magazine/archive/2012/11/the--bloomberg-way/309136.
38 KOWARSKI, Ilana e CLAYBOURN, Cole. "Find MBAs That Lead to Employment, High Salaries", *US News & World Report*, 25 abr. 2023. Disponível em: www.usnews.com/education/best-graduate--schools/top-business-schools/articles/mba-salary-jobs.
39 Ramsey. *Total Money Makeover*, 107. [No Brasil: *A transformação total do seu dinheiro*. Campinas: Auster, 2021.]

TEMPO

1 SCHWARTZ, Delmore. "Calmly We Walk Through This April's Day", Selected Poems (1938–1958): Summer Knowledge. Nova York: New Directions Publishing Corporation, 1967.
2 TAUSEN, Brittany. "Thinking About Time: Identifying Prospective Temporal Illusions and Their Consequences", Cognitive Research: Principles and Implications 7, nº 16 (fev. 2022). Disponível em: doi.org/10.1186/s41235-022-00368-8.
3 TAUSEN. "Thinking About Time."
4 WALTERS, Daniel J. e FERNBACH, Philip. "Investor Memory of Past Performance Is Positively Biased and Predicts Overconfidence", PNAS 118, nº 36 (2 set. 2021). Disponível em: www.pnas.org/doi/10.1073/pnas.2026680118.
5 BRYSON, Alex e MACKERRON, George. "Are You Happy While You Work?" Economic Journal 127, nº 599 (fev. 2017). Disponível em: doi.org/10.1111/ecoj.12269.
6 Embora Drucker acreditasse fortemente em medir resultados, não há evidências de que ele tenha falado isso. Veja: ZAK, Paul. "Measurement Myopia", Drucker Institute, 4 set. 2013. Disponível em: www.drucker.institute/thedx/measurement-myopia.
7 HOWARD, Ray Charles et al. "Understanding and Neutralizing the Expense Prediction Bias: The Role of Accessibility, Typicality, and

Skewness", Journal of Marketing Research 59, nº 2 (6 dez. 2021). Disponível em: doi.org/10.1177/00222437211068025.

8 ALTER, Adam e SUSSMAN, Abigail. "The Exception Is the Rule: Underestimating and Overspending on Exceptional Expenses", Journal of Consumer Research 39, nº 4 (1º dez. 2012). Disponível em: doi.org/10.1086/665833.

9 TAM, Leona e DHOLAKIA, Utpal M. "The Effects of Time Frames on Personal Savings Estimates, Saving Behavior, and Financial Decision Making", SSRN (ago. 2008). Disponível em: doi.org/10.2139/ssrn.1265095.

10 REINICKE, Carmen. "56% of Americans Can't Cover a $1,000 Emergency Expense with Savings", CNBC.com, 19 jan. 2022. Disponível em: www.cnbc.com/2022/01/19/56percent-of-americans-cant-cover-a-1000-emergency-expense-with-savings.html.

11 "What Is Credit Counseling", Consumer Financial Protection Bureau, disponível em: www.consumerfinance.gov/ask-cfpb/what-is-credit-counseling-en-1451.

12 LOEWENSTEIN, George; DONOGHUE, T. e RABIN, M. "Projection Bias in Predicting Future Utility", Quarterly Journal of Economics 118, nº 4 (nov. 2003): 1209–48. Disponível em: doi.org/10.1162/003355303322552784.

13 ORWELL, Brent. "The Age of Re-retirement: Retirees and the Gig Economy", American Enterprise Institute, 3 ago. 2021. Disponível em: www.aei.org/poverty-studies/workforce/the-age-of-re-retirement-retirees-and-the-gig-economy.

14 "The Nation's Retirement System: A Comprehensive Re-Evaluation Is Needed to Better Promote Future Retirement Security", U.S. Government Accountability Office, 18 out. 2017. Disponível em: www.gao.gov/products/gao-18-111sp.

15 HOUSEL, Morgan. The Psychology of Money. Hampshire, UK: Harriman House, 2020, 127–28. [No Brasil: *A psicologia financeira*. Rio de Janeiro: HarperCollins, 2021.]

DIVERSIFICAÇÃO

1 BUFFET, Warren. Berkshire Hathaway Letter to Shareholders 2017. Disponível em: www.berkshirehathaway.com/letters/2017ltr.pdf.

2 PERRY, Mark. "The SP 500 Index Out-Performed Hedge Funds over the Last 10 Years. And It Wasn't Even Close", American Enterprise Institute, 7 jan. 2021. Disponível em: www.aei.org/carpe-diem/the-sp-500-index-out-performed-hedge-funds-over-the-last-10-years-and-it-wasnt-even-close.

3 AUER, Raphael et al., "Crypto Trading and Bitcoin Prices: Evidence from a New Database of Retail Adoption", BIS Working Papers, nº 1049, nov. 2022. Disponível em: www.bis.org/publ/work1049.htm.

4 MALKIEL, Burton. A Random Walk Down Wall Street. Nova York: W. W. Norton & Company, 2023), p. 180. [No Brasil: *Um passeio aleatório por Wall Street*. Rio de Janeiro: Sextante, 2021.]

5 MALKIEL. A Random Walk Down Wall Street. p. 176. [No Brasil: *Um passeio aleatório por Wall Street*. Rio de Janeiro: Sextante, 2021.]

6 WIMMER, Brian et al. "The Bumpy Road to Outperformance", Vanguard Research, jul. 2013. Disponível em: static.vgcontent.info/crp/intl/auw/docs/literature/research/bumpy-road-to-outperformance-TLRV.pdf.

7 HEILBRONER, Robert L. "The Wealth of Nations", Encyclopedia Britannica. Disponível em: www.britannica.com/topic/the-Wealth-of-Nations. Acesso em: jun. 2023.

8 ROMANO, Fabrizio. "Cristiano Ronaldo Completes Deal to Join Saudi Arabian Club Al-Nassr", Guardian, 30 dez. 2022. Disponível em: www.theguardian.com/football/2022/dec/30/cristiano-ronaldo-al-nassr-saudi-arabia.

9 "Debt to the Penny", FiscalData.Treasury.Gov. Disponível em: fiscaldata.treasury.gov/datasets/debt-to-the-penny/debt-to-the-penny. Acesso em. 7 abr. 2023.

10 "Did Benjamin Graham Ever Say That 'The Market Is a Weighing Machine'?" Investing.Ideas's Blog, Seeking Alpha, 14 jul. 2020. Disponível em: seekingalpha.com/instablog/50345280-investing-ideas/5471002-benjamin-graham-ever-say-market-is-weighing-machine.

11 GACHMAN, Dina. "Andy Warhol on Business, Celebrity and Life", Forbes, 6 ago. 2013. Disponível em: www.forbes.com/sites/dinagachman/2013/08/06/andy-warhol-on-business-celebrity-and-life.

12 BUFFET, Warren. Chairman's Letter, 28 fev. 2001. Disponível em: www.berkshirehathaway.com/2000ar/2000letter.html.

13 CASSELMAN, Ben e TANKERSLEY, Jim. "As Mortgage-Interest Deduction Vanishes, Housing Market Offers a Shrug", *New York Times*, 4 ago. 2019. Disponível em: www.nytimes.com/2019/08/04/business/economy/mortgage-interest-deduction-tax.html.

14 MAVERICK, J. B. "S&P 500 Average Return", Investopedia, 24 mai. 2023. Disponível em: www.investopedia.com/ask/answers/042415/what-average-annual-return-sp-500.asp.

15 SCHILLER, Robert J. "The Life-Cycle Personal Accounts Proposal for Social Security: An Evaluation", National Bureau of Economic Research, mai. 2005. Disponível em: www.nber.org/papers/w11300. Veja também: KINTZEL, Dale. "Portfolio Theory, Life-Cycle Investing, and Retirement Income", Social Security Administration Policy Brief nº 2007–02.

16 SAUNDERS, Laura e RUBIN, Richard. "Standard Deduction 2020–2021: What It Is and How It Affects Your Taxes", *Wall Street Journal*, 8 abr. 2021. Disponível em: www.wsj.com/articles/standard-deduction-2020-2021-what-it-is-and-how-it-affects--your-taxes-11617911161.

17 ISIDORE, Chris. "Buffett Says He's Still Paying Lower Tax Rate Than His Secretary", CNN Business, 4 mar. 2013. Disponível em: https://money.cnn.com/2013/03/04/news/economy/buffett-secretary-taxes/index.html.

18 DALIO, Ray. Princípios. Rio de Janeiro: Intrínseca, 2018.

19 CHAGUE, Fernando; DE-LOSSO, R. e GIOVANNETTI, B. "Day Trading for a Living?" 11 jun. 2020. Disponível em: papers.ssrn.com/sol3/papers.cfm?abstract_id=3423101.

20 "Day Trader Demographics and Statistics in the US", Zippia. Disponível em: www.zippia.com/day-trader-jobs/demographics. Acesso em: jun. 2023.

21 WONG, Gloria et al. "Examining Gender Differences for Gambling Engagement and Gambling Problems Among Emerging Adults", Journal of Gambling Studies 29, nº 2 (jun. 2013): 171–89. Disponível em: doi.org/10.1007/s10

BIBLIOGRAFIA

Uma das coisas que minha equipe e eu nos propusemos a fazer com este livro foi cobrir todo o escopo do que é preciso para construir riqueza. Trata-se de um projeto completo para uma pessoa, e não de um problema de matemática ou um conjunto ideal de "truques" para a vida. No entanto, em todos os tópicos que abordamos há muito mais a dizer. Os livros a seguir nos ajudaram a refinar nossos próprios pensamentos, e nós os recomendamos se você quiser ir mais fundo. Vá mais fundo.

Estoicismo e habilidades para a vida

ALLEN, David. *A arte de fazer acontecer*. Rio de Janeiro: Sextante, 2015.

CIPOLLA, Carlo M. *As leis fundamentais da estupidez humana*. São Paulo: Planeta 2020.

CLEAR, James. *Hábitos atômicos*. Rio de Janeiro: Alta Life, 2019.

COVEY, Stephen R. *Os 7 hábitos das pessoas altamente eficazes*. Rio de Janeiro: BestSeller, 2017.

DALIO, Ray. *Princípios*. Rio de Janeiro: Intrínseca, 2018.

DUHIGG, Charles. *O poder do hábito*. Rio de Janeiro: Objetiva, 2012.

HOLIDAY, Ryan. *O obstáculo é o caminho*. Rio de Janeiro: Intrínseca, 2022.

KOTLER, Steven. *A arte do impossível*. Rio de Janeiro: Alta Life, 2023.

Foco e planejamento de carreira

BOLLES, Richard N. *De que cor é o seu paraquedas?* Rio de Janeiro: Sextante, 1998.

BURNETT, Bill e EVANS, Dave. *O design da sua vida.* Rio de Janeiro: Rocco Digital, 2017.

MULCAHY, Diane. *The Gig Economy*. Nova York: AMACOM, 2016.

NEWPORT, Cal. *Bom demais para ser ignorado.* Rio de Janeiro: Alta Books, 2022.

TIEGER, Paul D.; BARRON-TIEGER, Barbara e TIEGER, Kelly. *Do What You Are*. Nova York: Little, Brown and Company, 1992.

Planejamento financeiro e investimentos

ALICHE, Tiffany. *Get Good with Money*. Nova York: Rodale Books, 2021.

DAMODARAN, Aswath. *Narrative and Numbers*. Nova York: Columbia University Press, 2017.

GRAHAM, Benjamin. *O investidor inteligente.* Rio de Janeiro: Harper Collins, 2023.

GREENBLATT, Joel. *You Can Be a Stock Market Genius.* Nova York: Simon & Schuster, 1997.

HOUSEL, Morgan. *A psicologia financeira.* Rio de Janeiro: Harper Collins, 2021.

MALKIEL, Burton G. *Um passeio aleatório por Wall Street.* Rio de Janeiro: Sextante, 2021.

MOSS, David. *A Concise Guide to Macroeconomics.* Boston: Harvard Business School Press, 2007.

ORMAN, Suze. *The 9 Steps to Financial Freedom.* Nova York: Crown Publishers, 1997.

RAMSEY, Dave. *A transformação total do seu dinheiro.* Campinas: Auster, 2021.

ROBBINS, Tony. *Dinheiro: domine esse jogo.* Rio de Janeiro: BestSeller, 2017.

ÍNDICE REMISSIVO

Nota: Os números de página em itálico indicam material em tabelas ou ilustrações.

1ª edição AGOSTO DE 2024
impressão IMPRENSA DA FÉ
papel de miolo LUX CREAM 60G/M²
papel de capa CARTÃO SUPREMO ALTA ALVURA 250G/M²
tipografia MERCURY TEXT